KB274542

목회 마스터 시리즈 · 10

갈등과 논쟁, 어떻게 할 것인가

에드워드 돕슨
스피드 리스 공저
마샬 셀리

임상훈 옮김

MASTERING
CONFLICT & CONTROVERSY

Edward G. Dobson
Speed B. Leas
Marshall Shelley

66

여러 가지 다양한
의견과 문제점들을
성령의 지혜로 잘 극복하고
주님의 몸된 교회를 세워가기를
원하시는 ________님께
이 책을 드립니다.

99

MASTERING CONFLICT AND CONTROVERSY
1992 by Christianity Today, Inc.
Published by Multnomah Press
Portland, Oregon 97266
Printed in Korea

Translated by Permission
All rights reserved
Korean Copyright
© 1994 by Torch Publishers

목 차

제 4 부 / 특별한 경우들

제 5 부 / 회복된 갈등

머리말

내가 새로 목회하게 된 교회에서 갈등의 첫 징조는 이러했다. 내가 예배를 마친 후 커피를 한 잔 하려고 친교실로 가는데 오랫동안 성가대에서 봉사해 온 제인이 나를 옆으로 불러냈다.

"목사님. 제가 목사님이라면 조심할 거예요." 그녀는 조용한 소리로 말했다. "목사님이 성가대 찬양이 끝난 다음에 박수 치는 것은 좋지 않다고 말씀하신 것을 좋지 않게 생각하는 사람들이 있어요."

나는 그 문제에 대해서 예배 광고시간에 언급했었다. 예배 광고는 예배 순서 가운데 하나였는데 나는 이 시간에 예배의 의미를 간략하게 가르쳐 주곤 했다. 우리 교회 성도들은 특별히 감동적인 찬양 후에는 갈채를 보내는 습관이 있었다. 나는 젊은 목사로서 하나님께 영광을 돌리는 일에 있어 무엇이 적절한 표현인지, 그리고 무엇이 적절치 못한 표현인지를 알고 있었다. 나는 성가대 찬양 후에 박수 치는 것은 마음에 들지 않았다.

이에 나는 광고시간에 장로교에서 전통적으로 이해해 온 성가대의 목적을 교인들에게 부드러운 말로 상기시켰다. 즉, 성가대는 회중을 향해 찬양을 하는 것이 아니라 하나님께 하는 것이라는 점이다. 나는 외교적인 완곡한 말로 결론을 내렸다. "바로 그런 까닭이 있기에 특별한 음악 연주가 끝난 후 박수 치는 일을 반대하는 사람들도 있는 겁니다. 하나님께 대한 집중을 흐트러뜨리는 듯이 보이기 때문이죠."

나는 신경을 곤두세우고 커피 한 잔을 마시기 위해 친교실로 들어갔다. 무언가 쏘아보는 눈매를 하고 나에게 제일 먼저 덤벼드는 사람이 누구인지 보려고 긴장한 자세를 한 채로였다. 그러나 새로 나의 적이 된 그들은 그 날 아침에는 관대했다. "스스로 의로운 체" 하고 '무감각한' 내 말에 대해 그 달의 위원회 모임이 열릴 때까지는 공박을 참아주었다.

이 사건은 교회의 갈등에 대해 항상 나를 크게 놀라게 하는 사건의 하나이다. 교회의 갈등은 종종 겉보기에는 별로 중요하지 않은 일에 의해 일어난다. 예배중에 박수를 쳐야 하나 말아야 하나, 크리스마스 연극 공연에서 마리아 역할은 누가 해야 되나, 예배는 아홉 시에 시작해야 하나 아홉 시 삼십 분에 시작해야 하나 하는 문제들, 그리고 청년들이 교회 주방에서 프라이팬 두 개를 갖다 쓰고는 치워 놓지 않은 일 등등.

갈등의 다른 측면들도 나를 당황케 한다. 예를 들어 박수 치는 것 때문에 일어난 다툼이 참으로 신학적인 문제인지, 정치적인 문제인지, 아니면 사람들의 개성 때문에 일어난 문제인지를 어떻게 알 수 있는가? 그리고 두 사람이 다투고 있을 때 나는 언제쯤 개입해야 하는가? 어떻게 해야 문제를 악화시키지 않고 논쟁에 대해 설교할 수 있는가?

많은 목회자들이 붙들고 씨름하는 교회 갈등의 이러저러한 비밀들이 이 책에서 밝혀질 것이다. 이에 갈등이 무엇인지를 알고 그것을 어떻게 다루어야 하는지를 아는 세 사람의 저자를 소개한다.

에드워드 돕슨

에드 돕슨(Ed Dobson)의 배경을 보면 무엇보다도 먼저 그는 투사라는 인상을 받게 된다.

그는 북 아일랜드에서 태어나고 자랐는데 그곳은 아직도 갈등이 끝나지 않은 곳이다.

그는 또한 버지니아 주의 린치버그(Lynchburg, Virginia)에 있는 리버티 대학교(Liberty University)의 부총장으로 수년간 일했는데 그가 모시고 있던 제리 파웰은 논쟁을 즐기는 사람이었다.

그는 수많은 텔레비전과 라디오 쇼에 출연했다. 종종 적대적인 대접을 당하는 경우도 있었지만 거기서 그는 그의 안에 있는 소망에 대한 이유를 (부드럽게) 말해 달라는 부탁을 받곤 했다.

그러나 에드는 비록 갈등과 논쟁에 익숙한 사람이긴 하지만 무엇보다도 먼저 투사라고는 할 수 없다.

우선 그는 목회자이다. 지금은 미시간 주 그랜드 래피즈(Grand Rapids, Michigan)에 있는 갈보리 교회(Calvary Church)에서 목회하고 있다. 다음으로 그는 전도자이다. 그리스도를 위해 사람들에게 접근하려고 적극적으로 노력하는 사람이다.

이러한 일들을 우선순위로 삼고서 그는 갈등, 특히 이슈들에 대한 갈등에 대한 전망을 토로한다.

그는 최근에 이렇게 말했다. "90년대에 우리는 이슈들에 대한 성실한 관심을 보여야 합니다. 그러나 어떠한 정치적인 정당이나 한 가지 이슈에만 관심을 보여서는 안됩니다. 내가 그랜드 래피즈에 다가가는 것은 전국여성기구(National Organization for Women)에 다가가는 것이기도 하고, 가족계획(Planned Parenthood)에 접근하는 것이기도 합니다. 또한 민주당원과 공화당원들에게 가까이 다가가는 것이기도 하며, 중남미계 미국인들과 흑인들에게 다가가는 것이기도 합니다. 또한 종교를 가진 사람들과 종교를 갖지 않은 사람들에게 다가가는 것이기도 한 것입니다. 나는 사회 공동체의 한 구성 부분에 대해 불필요하게 나의 신용을 잃지 않고도 내 가치관에 충실할 수 있는 방법을 찾아내야만 합니다."

그래서 에드는 성경이 그렇게 하도록 하는 경우에는 분명하고도 강력하게 말하며 그렇지 않을 경우에는 외교적인 화법으로 부드럽게 말하는 법을 배웠다. 에드는 목회 사역중 여러 번 다툼에 빠져 들었으나 이러한 경험들로부터 잘 처신하는 법을 배워서, 갈등이 있음에도 불구하고 그리스도의 메시지와 사랑이 드러나게 하였다.

그는 목회 사역을 하고 행정 관리 업무를 보는 중에도 시간을 내어 제리 파웰(Jerry Falwell)및 다른 사람들과 공동으로 「근본주의자들의 현상」(*The Fundamentalist Phenemenon : Revell*)을 저술했으며 에드 힌슨(Ed Hindson)과는 「권력의 유혹」(*The Seduction of Power : Revell*)을 공동 저술했다. 그밖에 혼자 저술한 저작도 여러 권에 이른다.

에드는 이 책에서 다른 저자들과 마찬가지로 넉 장을 저술했다. 그 중 가장 흥미를 끄는 장은 "실족한 동료의 회복"(Restoring a Fallen Colleague)이다.

이 장의 이야기는 트루만 돌라(Truman Dollar)가 실족했다가 다시 회복된 이야기이다. 이는 철저하게 개인적인 이야기인데 준비하는 과정에서 에드는 트루만과 긴밀히 손잡고 작업해 왔다. 적지 않은 수의 목회자들이 부딪히는 갈등이라 판단해서 이 책에 삽입하였다.

스피드 리스

스피드 리스(Speed Leas)의 할아버지는 조슈아 스피드(Joshua Speed)로서 농부이자 아브라함 링컨의 친구였다. 실제로 조슈아 스피드와 링컨은 정기적으로 서신을 주고 받았으며 당시 사회에 분열을 가져온 큰 문제인 노예제도에 대하여 뜨겁게 논쟁하였다. 이들의 생각은 크게 달랐지만 주고 받은 편지를 보면 서로에 대하여 정중함과 진심어린 존경이 있었음을 알 수 있다.

다른 사람들과 기꺼이 의견을 달리할 수 있는 능력은 분명히 리스 집안의 특징이라고 할 수 있다. 아마도 스피드가 그 예를 보여 줄 것이다. 그러나 스피드가 하는 말을 들어보면 그도 갈등을 맞게 되었을 때 편하게 느껴지지 않는 것을 알 수 있다.

"나는 일생 동안 갈등과 투쟁해 왔습니다. 나에게 있어 갈등은 참으로 참기 어려운 것이었습니다. 나는 갈등에 빠져들 때면 그 갈등을 이해할 수 없었고 또한 갈등에 빠진 나 자신도 이해할 수 없었습니다. 내가 하고

있는 일 가운데에 부분적으로는 내가 갈등에 빠졌을 때 나 자신에게 일
어나는 일을 이해하려 애쓰는 일도 들어 있습니다. 그리하여 내가 더 나
은 삶을 살아갈 수 있도록 하기 위한 것입니다."

이러한 노력 가운데 그는 예일(Yale)대 신학부에 들어가 M. Div.와
S.T.M. 학위를 받은 후 남부 캘리포니아 왓츠에 있는 연합 임마누엘 교
회(United Immanuel Church)에서 사역하였다(그가 사역하는 기간
중 왓츠 폭동이 있었다).

그는 또한 사울 앨린스키(Saul Alinsky)와 같이 지내면서 공동체를
조직하는 일을 배우기도 하였다. 그러나 앨리스키가 제정한 「급진파의
규례」(*Rules for Radicals*)가 교회에 별 도움이 안된다는 사실을 알게
되었다.

수년이 지나는 동안 이 행동주의자는 화평케 하는 자가 되었다. 그는
조직의 변화와 경영을 연구하여 「교회의 투쟁」(Westerminster, 폴 키
틀라우스와 공저)를 저술했으며 그 후에는 「리더십과 갈등」(*Leadership
and Conflict* : Abingdon)을 저술하기도 하였다. 그리고 곧 교회들을
상담해 주고 신학교에서 강의도 하게 되었다. 1977년 그는 알반 연구소
(Alban Institute)에 들어갔는데 거기서 계속 사역해 오면서 교회들로
하여금 부딪히는 긴장들을 처리하는 법을 배우도록 돕고 있다(그리고
그 자신 스스로도 배운다).

마샬 셸리

마샬 셸리(Marshall Shelley)는 무엇보다도 우선 편집자라고 할 수
있다. 그는 원고를 검토하고 위치가 틀린 구두점을 바로 잡으며 기사를
어느 부분에서 늘려야 하는지 또는 줄여야 하는지 결정을 하는 일로 나
날을 보내고 있다. 그가 처한 환경은 교회의 격심한 갈등이 어떤 것인지
를 알기에는 매우 부적절한 환경이다.

마샬은 또한 9년 동안 「리더십」(*Leadership*)이라는 특색 있는 잡지를

편집해 오고 있다. 이 잡지는 교회 지도자들을 위한 실제적인 성격의 잡지이다. 그는 지금까지 교회 생활에 대한 수많은 기사들을 훑어 왔으며 매년 「리더십」지(誌)를 준비하기 위해 수천 명의 목회자들과 광범위한 대화를 가져 왔다. 한마디로 그렇게도 다양한 상황에 처한 많은 목회자들을 마샬만큼 많이 만난 사람은 미국에는 없다고 할 수 있다.

마샬은 교회가 무엇인가를 알며 교회 갈등이 무엇인가도 안다. 그는 2년간의 목회 경험이 있으며 그의 교회에 계속해서 관여하고 있다. 이에 더하여 그는 교회의 갈등을 제 삼자의 위치에서 저널리스트의 안목으로 볼 수 있는 능력이 있다. 즉 어떻게 상황을 분석하고 사안의 핵심에 다다를지를 아는 것이다.

이와 같은 점이 한 가지 원인이 되어 목회자들과 교회 지도자들은 그의 책 「선한 의도로 만들어진 용들 : 교회의 문제 있는 사람들에 대한 목회」(*Well-Intentioned Dragon : Ministering to Problem People in the Church* : Word사 간)"을 교회 갈등에 관한 노작 가운데 가장 성가 있는 것의 하나로 간주한다.

이 책에서 마샬은 한 장(章)을 저술했으며 목회자들에게 도움을 주어 온 통찰력을 지닌 다른 세 사람의 글을 소개하고 있다. 그는 「리더십」지의 편집인일 뿐 아니라 「크리스챠니티 투데이」(*Christianity Today*)지의 편집 부사장이기도 하다.

지난 세기에 유명했던 어느 설교자가 이렇게 말했다. "고통에 대해 눈을 감아보라. 그러면 이 이상하고도 두려운 '인간의 삶'이라고 하는 것의 한쪽 면만 보게 될 것이다. 밝음과 행복과 기타 등등… 이것을 두고 삶이라고 할 수는 없다. 이는 삶의 한 단면일 뿐이다. 그리스도께서는 양면을 다 보셨다."

이 책에서 우리는 당신에게 교회생활의 다른 측면을 보여주려고 한다. 이것은 보기에 즐거운 일들은 아니지만 실제 일어나고 있는 일들이다. 이러한 일들을 헤쳐나가는 것은 결코 쉬운 일은 아니나 앞으로 저자들이 보여주겠지만, 회복이 불가능한 것은 아니다.

마크 겔리
일리노이 주 캐롤 스트림에서
「리더십」부 편집인

제1부

갈등의 표층

정치인들은 그들을 밀어주는 51%의 지지자만 있어도 만족한다. 그러나 목회자들은 백 명 가운데 한 사람만 비난의 소리를 높여도 고통을 느낀다.

—마샬 셸리

제 1장

다윗과 솔로몬 : 갈등의 두 측면

교회에서 갈등은 피할 수 없는 것이다. 그것은 애초부터 그랬다. 교회는 그 시초부터 친밀한 공동체와 치솟는 갈등이 절묘하게 어우러진 모습을 보여주었다.

사도행전은 다음과 같이 평화로운 분위기를 전해준다. "믿는 사람이 다 함께 있어 모든 물건을 서로 통용하고…날마다 마음을 같이하여 성전에 모이기를 힘쓰고 집에서 떡을 떼며 기쁨과 순전한 마음으로 음식을 먹고, 하나님을 찬미하며 또 온 백성에게 칭송을 받으니 주께서 구원받는 사람을 날마다 더하게 하시니라"(행2 : 44~47).

그러나 두 페이지만 넘기면 상황은 뒤바뀌어 있다. 교회는 외부의 적에게 위협을 받을 뿐만 아니라 보기 드물었던 내적인 일치도 길게 가지 못했음이 분명하다.

교회가 과부들을 돌보는 방식에 대해 불평이 생겨난 것이다. 그 후에 교회는 새로운 개심자들이 어떻게 살아야 하는가 하는 문제를 놓고 의견이 분열되었다. 또한 그 후에 바울과 바나바는 조력자를 선택하는 문제를 두고 크게 불화하여 갈라서고 말았다.

절차(Procedure), 필요 조건들(Prerequisites), 사람들(Personnel)―이것들은 오늘날에도 교회의 일치를 파괴하려 하는 제 분야들이다.

목회자라면 교회 내에서 갈등의 영향을 대부분의 다른 교인들보다는 더 알 것이다. 그러한 이유 가운데 한 가지는 관계라는 것이 목회자들에게는 직무상 중요하기 때문이다. 그들은 종종 자신들의 유능함이 교회에서 사람들이 얼마나 잘 협동해 일하는가에 따라 평가받는다는 사실을 알고 있다. 두번째 이유는 목회자들이 '대중적 인간'(people persons)이 되는 경향이 있다는 점이다. 즉 관계지향적 인간이 된다는 이야기이다. 사람들과 잘 어울려 지내는 것은 목회자들에게 중요하다. 이러한 관계성이 긴장되면 목회자들은 종종 실패한 듯한 느낌을 갖는다.

정치인들은 그들을 밀어주는 51%의 지지자만 있어도 만족한다. 그러나 목회자들은 백 명 가운데 한 사람만 비난의 소리를 높여도 괴로운 것이다.

나는 목회자들을 위한 저널의 편집자이므로 갈등이 쌓인 교회로 인해 의기소침해 있는 목회자들과 자리를 함께 할 기회가 많았다. 그들은 어떻게 대처할지를 몰랐다. 즉, 이유야 어쨌든 교회에 갈등이 있기 때문에 자신들에게 책임이 있다고 느꼈다. 아마도 그렇기 때문에 갈등으로 상처받은 목회자들에게 다음과 같은 일들이 자주 일어나는 듯하다.

내가 밥 뮐러(Bob Moeller)를 처음 만나 그의 이야기를 들었을 때

내 마음에 깊은 공감이 있었다. 그는 두 교회에서 목회했는데 그 두 교회
는 그의 리더십에 대해 전혀 다른 반응을 보였다. 그가 겪은 경우와 그에
대응하는 성경 구절을 보면 교회에서의 갈등에 대한 우리의 초점이 분명
해질 것이다.

밥 묄러(Bob Moeller)는 현재 일리노이 주 디어필드에 있는 트리니
티 복음주의 신학교(Trinity Evangelical Divinity School in Deer-
field, Illinois)에서 커뮤니케이션과의 학과장(Director of Commun-
ications)이며 학장 보좌역이다. 그러나 그가 하는 이야기에는 목회 경
험이 배어나온다.

그는 긴장 가운데서 하나님의 백성을 인도하는 성경적 모델 두 가지를
보여준다. 그의 이야기를 들으면 상황들이 장기간에 걸친 것이며 어떤
한 개인보다 크다는 사실을 알게 된다. 또한 목회자들이 그 곤란에 책임
이 없을 수 있으나 그 상황에서 책임 있게 행동할 수 있다는 사실을 알게
된다.

한마디로 그의 이야기를 들으면 갈등을 제대로 볼 수 있게 된다.

—마샬 셸리

내가 목회했던 두 목회지는 그 유례가 없을 만큼 서로 다른 모습을 가
졌었다. 3년도 안 되는 시간에 두 목회지에서 겪었던 주일 오후의 모습
이 그 대조된 모습을 보여준다.

가장 최근의 주일 오후는 어색한 분위기의 점심식사와 함께 시작되었
다. 그 분위기는 흡사 장례식 뒤에 음식 먹는 분위기와 같았다. 사람들은
웃고 음식에 대해 이야기하기도 했지만 그 속마음은 크게 상처를 입고
있었다. 나 역시 그랬다.

우리 교회가 속한 지방의 지방회장과 마을에 있는 자매결연을 맺은 교
회의 장로 한 사람이 우리와 식사를 같이 했다. 그들은 우리 교회 운영위
원회의 초청으로 왔는데 그날 오후에 우리 교회의 교인들이 가지고 있는

불만과 불평을 은밀히 들으려 온 것이었다.

16개월 전에는 작은 말다툼으로 시작된 것이 지금은 완전한 분열을 가져왔다. 겉으로 보이는 갈등은 내가 사무실의 가구를 재배치했다는 식의 사소한 문제에 관한 것이었다. 나는 또한 특정한 영적 은사를 사용하는 데 대해 돌고 있는 불평도 듣고 있었다. 그러나 내가 아는 바로는, 진짜 갈등은 통제의 문제였다. 교회 내의 작은 그룹이 위원회나 목사가 아닌 바로 그들이 통제의 책임이 있다고 통고해 왔다.

나는 외부에서 불러온 이 노련한 사람들의 도움을 받아 문제를 정직하게 대면하고 갈등을 풀고 싶었다. 그러나 나의 오랜 친구인 지방회장이 격려의 말을 해주었지만, 나는 오래지 않아 그 곳에서의 목회를 그만두어야 하는 현실을 제대로 알게 되었다. 그동안의 대결에서 누가 승자가 되었건 간에 긴 갈등은 그 대가를 톡톡히 남겨 놓았다. 너무도 많은 사람들이 마음의 상처를 입었고 너무도 많은 루머가 돌았으며 너무도 많은 비꼬는 말과 배신감이 있었다.

대부분 교회의 갈등에서 싸우는 사람은 소수이다. 나는 전쟁사에 나오는 전략적 교훈을 상기했다. 즉, 게릴라는 일반적인 군대의 10분의 1의 병력이면 능히 일반적인 군대로 하여금 승리를 바라볼 수 없는 상황으로 빠져들게 할 수 있다는 것이다.

내 아내와 나는 게릴라전으로 힘이 다 빠져 있었다. 우리는 더 이상 줄 것이 없었다. 나는 식탁에 앉아 그날의 행사들이 벌어지기를 기다리는 동안 그와는 훨씬 다른, 훨씬 즐거운 주일 오후를 생각했다.

그 오후란 내가 이전에 목회하던 곳에서 마지막으로 작별의 인사를 하던 날이었다. 그 날 우리는 힘들지만 만족스러웠던 시내 교회에서의 5년 간의 사역을 마감하고 있었다. 한때는 모임을 해체하고 건물을 다른 기독교 단체에 넘기려던 사람들이 이제는 활기를 되찾아서 마음 먹은 일을 해내고 선교사역을 수행하는 일에 적극성을 보이고 있었다.

교회는 성장했고 거리에 떠도는 사람들에게 음식을 제공했으며 미국에서 태어난 사람들이 예배를 드리게끔 흡인력을 발휘하였다. 수백 파운드의 옷을 가난한 사람들에게 나누어 주기도 했다. 지원하는 교회들이 가난한 사람들에게 음식물을 너무 많이 보내주어서 그것을 예배당의 앞 좌석에 쌓아두어야 할때도 있었다. 성찬대에 올려두는 빵은 배고픈 사람들을 먹이는 교회로 다시 보내어졌다.

아내와 나는 이 작은 도시 교회에서 베풀어준 사랑에 압도되었다. 언젠가 추운 겨울날에는 성도들 가운데 94세 된 할머니 한 분이 내가 아프다는 소식을 듣고 노르웨이 식 스튜를 만들어서 우리 집으로 가져오기도 했다.

떠나오던 날 교회의 의장과 그의 아내가 작별인사를 하면서 우는 바람에 나도 눈물을 삼키느라 애써야 했다. 그 지역에 하나님의 교회를 세우기 위해서 함께 일했던 것은 즐거운 경험이었다.

두 가지의 다른 역할

이 두 가지 경험을 생각하는데 구약 성경의 은유(隱喩)적 사실 한 가지가 극과 극으로 다른 이 두 목회지를 이해하는 데 도움을 주었다. 그것은 솔로몬의 인생과 운명에 비교되는 다윗의 인생과 운명이었다.

다윗은 하나님을 위해 예루살렘에 성전을 세우려고 마음먹었다. 그러나 하나님은 그를 제지하셨다. 하나님은 건축가가 되어 성전을 세우는 것은 그의 몫이 아니라고 말씀하셨다. 다윗은 군인이었으며 너무 많은 피를 흘린 것이다. 성소를 세우고 하나님의 영광이 그 곳에 임하는 것을 볼 사람은 그의 아들 솔로몬이었다.

솔로몬은 그 땅에서 평화가 거의 깨어지지 않았던 시대에 나라를 다스렸다. 솔로몬은 그의 선조들은 꿈도 못 꾸었던 번영을 이스라엘이 누리는 것을 목도하였다. 솔로몬은 성전이 세워지고 그 형체를 갖추는 것을 보았으며 성전을 봉헌하는 흐뭇한 경험을 가졌다. 그 때 하나님께서 나타나시어 지성소(Holy of Holies)에 들어가셨다. 솔로몬이 거둔 일련의 성공 사례들은 수년간 계속하여 유지되었다.

나는 나의 경험과 다른 목회자들의 경험을 보면서 우리가 각자 사역하는 동안에 다윗의 길이나 솔로몬의 길, 또는 양자 모두의 길을 간다는 사실을 알게 되었다. 우리는 어떠한 상황에서는 전사의 역할을 하기도 하고 다른 상황에서는 성전 건축자의 역할을 하기도 한다. 양자는 모두 하나님의 뜻 안에 있다고 해야 옳을 것이다. 이 둘은 나름대로의 그 어떤 유익과 어려움을 각각 가지고 있음에 틀림없다.

다윗에게 일어나는 일들

목회자들 중에는 다윗이 한 역할이 자기 천분임을 깨닫게 되는 사람들도 있다. 그들은 이미 잘 확립된 강력한 세력에 도전하는 전사로 여겨진다. 이러한 다윗 유형의 사람들은 전체 모임이 잘 되어감에 있어 꼭 있어야 하는 도덕적, 영적 이슈들을 드러내기 위해서는 고난도 기꺼이 감수한다. 그리하여 그 교회 앞날의 성장과 사역을 위한 준비 작업을 하게 된다.

다윗 유형의 사람들 가운데에는 그 완성된 성전의 장중한 모습을 목도할 만큼 그 자리에 오래 남아있는 사람은 설사 있다 하더라도 거의 없다. 그들이 치른 전투의 대가는 실로 큰 것이어서, 비록 그들이 내세운 명분은 승리하더라도 그들 자신은 희생되는 경우도 있는 것이다.

이러한 다윗 유형의 사람들은 논쟁을 잘해서 성공하는, 다투기 좋아하는 사람들이 아니다. 다른 사람을 지배하고 싶어 안달을 하거나 자신들의 인생이 순교자의 운명을 지고 있다고 생각하는 사람들이 아니다. 이러한 것들은 다윗 유형의 사람들이 갖는 특질이 아니다. **진정한 다윗 유형의 사람들은 교회 안에 있는 그러한 갈등에 대하여 슬프게 생각하고 고통스럽게 여기며 유감스럽게 생각하는 사람들이다.** 그러나 경우에 따라서는 그러한 것들도 필요하다고 생각하는 사람들이다.

그러면 다윗 유형의 사람들에게는 무슨 일이 일어나는가? 처음에는 모호해 보일 수도 있겠지만 다윗처럼 봉사할 때 오는 유익에 대해 이야기해 보고자 한다.

앞으로 **교회가 성장하고 영적으로 깊어지기 위한 토대를 놓는다.** 교회사에서 잘 알려진 금언 가운데 순교자의 피가 교회의 씨앗이라는 말이 있다(터툴리안). 좀 평범한 말로 표현하면 교회가 영적으로 건강하도록 희생과 수고를 감내하면 언젠가는 보상을 받는다는 뜻이다.

언젠가 나는 내가 사는 도시에 있는 유명한 기독교 단체를 떠나려는 친구에게 왜 떠나려고 하는지 그 이유를 물어본 적이 있다. 그의 말은, "진리를 이야기하면 더이상 머무르는 것이 불가능한 경우가 있다"는 것이었다. 이 말은 목회 현장에서 어느 정도는 사실이다. 진리를 말하는데도 이런 곤란한 경우가 생길 수 있는 것이다.

나는 사역을 처음 시작했을 때 여성들이 모이는 한 성경공부 모임에 내재해 온 모종의 상황에 직면한 적이 있다. 그 모임에는 기도를 요청한다는 명목으로 자기 남편(또는 자기 친구들의 남편들)의 실패담을 떠벌이는 여성들이 있었다. 그로 인해 거기 참석한 다른 사람들이 당혹할 가능성도 있었으며, 서로간의 관계와 삶에 심각한 위해가 올 뻔 했다. 이런 일에 불쾌감을 느껴서 그런 모임에 다시는 가지 않겠다고 맹세까지 한 사람도 몇 사람 있었지만 그런 사례는 수년간이나 없어지지 않았다.

나는 몇 명의 리더들에게 좀 더 신중해야 한다고 말해 주었는데 그들은 내 말을 듣고는 내가 그들의 사역에 간섭한다고 느꼈다. 나는 용서받지 못할 죄를 범한 셈이었다. 그 날 이후로 나는 어려움을 겪게 되었다.

그러나 나는 노력을 계속하여 새로운 지도자가 등장하게 하였다. 새 지도자는 보다 건전한 분위기를 만들고 새로운 여성들, 나아가 비기독교인들에게도 기꺼이 문호를 개방하였다.

하나님께서는 우리에게 무슨 일이 일어나는가 하는 문제보다 우리 안에 무슨

일이 일어나는가 하는 문제에 더 관심이 크시다는 점을 배우게 된다. 한마디로 사람들은 품성을 갈고 닦는 대학원에 다니고 있다. 척 스윈돌(Chuck Swindoll)이 고통에 대해 이야기한 말을 여기 그대로 옮길 수 있을 것이다. "수업료는 면제이다. 다만 여기에는 우리의 일생이 요구될 뿐이다."

나는 내가 왜 이런 힘든 상황에 처하게 되었는지 갈수록 혼돈을 일으키면서도 하나님께서는 내가 알지 못하는 방법으로 이 모든 상황가운데 계심을 믿게 되었다.

흥미로운 것은 과거에 비할 때 내가 점점 더 시편을 내 삶에 보다 실제적이고 중요한 것으로 받아들이게 되었다는 점이다. 그리고 다윗이 배운 것을 나도 배우게 되었다. 즉, 사람이 무슨 일을 할지라도 주관하시는 분은 하나님이시라는 것이다. 나는 비판을 싫어하지 않게 되었다. 대신에 하나님께서 내 삶을 시험하시고 내 성품을 시험하시는 기회로 받아들이게 되었다. 나는 여기에 부드럽게, 분명한 태도로, 훌륭한 방법으로 반응할 수 있었을까?

괴롭기는 했지만 나는 이전보다 내 신앙에 확고한 기초가 다져졌음을 느낄 수 있었는가?

교회의 주요 지도자들과 친밀하고도 의미 있는 관계를 가질 수 있다. 개인용 참호에는 인종차별이 없다. 마찬가지로 목회자와 평신도 사이의 벽은 함께 힘을 합쳐 힘든 어려움을 뚫고 나아가다 보면 줄어든다. 나는 운영위원회에 참석하는 사람들을 형제로 사랑하게 되었다. 그들은 개인적으로 큰 부담을 감내하면서까지도 교인들 가운데 몇 명씩을 훈련시켰다. 좀 어려웠던 시간들을 함께 뭉쳐서 지나왔을 때, 우리는 한 팀을 이루게 되었고 서로 친구라 할만한 모임이 되었다.

장로 중에 한 사람은 심장병을 앓은 병력이 있는데, 어느날 밤에 전화를 받다가 심장 박동이 멈추었다. 그런데 박동기를 삽입하기 위해 얼마간 교회를 쉬었다 돌아왔을 때, 그는 이전보다 더욱 헌신된 자세로 문제를 처리하는 모습을 보여 주었다.

이러한 헌신은 토마스 페인이 말한 이른바 "태양의 군사들" 사이에서는 찾아볼 수 없는 것이며 또한 깊은 동지애에서도 찾아볼 수 없는 것이다.

그러나 다윗처럼 봉사할 때에는 이와 같은 유익한 요소들이 있음과 동시에 위험도 있다.

갈등에 대해 옳지 않은 신학을 가지고 있는 사람들의 오해를 사게 된다. 어떤 사람들은 갈등은 모두 죄라고 생각한다. 그들의 결론은 이렇다. "목사님은 틀림없이 죄를 짓고 계십니다(아니면 적어도 무능한 목회자입니다). 그렇지 않다면 이런 문제가 생길 리 없습니다." 그들은 교회에 갈등이 없어야만 진정한 영적 교회라고 생각한다. 갈등이 없는 환경을 이루는 것이 모든 사람의 목표이긴 하지만 이러한 상태는 중대하고도 어려운 논쟁을 거친 후에나 가끔 이루어질 뿐이다.

언젠가 교인들이 모인 회의 시간에 한 사람은 나를 지목해서 "이 갈등은 목사님으로부터 시작됐어요."라고 말하기도 했다.

그것은 사실일 수도 있고 아닐 수도 있다. 그러나 그렇다고 해서 갈등이 불필요하다거나 갈등 후 회복이 불가능하다고는 할 수 없다. 나는 종종 족장들과 예언자들, 예수님과 사도들의 사역에 있었던 갈등들을 생각하곤 한다. 그들이 사람들의 잘못된 행동이나 태도에 도전했을 때 사람들은 그들을 골칫거리로 보았다. 그리하여 그들 가운데는 톱으로 몸이 잘린 사람마저도 있었다. 나는 가끔 그들이 가졌음직한 느낌을 스스로 가져보곤 한다.

한 번 싸움꾼으로 인식되면 사람들의 그런 인식을 바꾸는 것은 거의 불가능하다. 그것은 레오나드 니모이 신드롬(Leonard Nimoy syndrome)과

유사한 것이다. 니모이는 TV 연속물 '스타 트렉'(Star Trek)에서 미스터 스폭(Mr. Spock)으로 나오는 배우이다. 그의 독특한 극중 성격은 너무도 유명한 것이어서 후에 다른 역을 연기해도 사람들은 그를 미스터 스폭으로 밖에는 생각하지 않을 것이다.

목회자가 일단 싸움꾼으로 인식되면 그러한 평판은 좀처럼 바꾸기 어렵다. 나는 상담, 심방, 개인적인 제자훈련을 하면서 많은 사람들과 함께 하는 시간을 가져보았다. 나는 균형잡힌 목회를 하려고 애썼다. 그러나 나를 싸움꾼으로만 보려는 사람들에게 나는 그저 완고하고, 그들의 말을 빌리면, 어떤 사람과도 잘 지내지 못하는 사람일 뿐이었다.

나를 비판하는 사람들 가운데에는 자기 태도를 거침없이 내보이는 사람도 있었다. 어느 주일 아침엔가 나는 예배를 마친 후 우리 교회를 찾아온 어느 부동산 회사 사장을 만났다. 그는 내가 전한 설교에 대해 사의를 표하였다. 그러면서 나를 만나러 온 이유는 자기 비서가 한 번도 좋은 말을 한 적이 없는 사람은 도대체 어떤 사람일까 알고 싶어서였다고 말했다.

갈등이 길어지면 현상을 제대로 보고 파악할 수 없다. 사람들에게 초점을 맞추지 않고 이슈들에 초점을 맞추고 있을 때에는 싸움이 길어질수록 사람들이 입장을 더욱 자주 바꾼다.

수십년간 피를 흘리고 싸운 후 하트필드 집안(the Hatfields)과 맥코이 집안(the McCoys)은 그들이 싸움을 시작했던 최초의 논쟁이 무엇 때문에 일어났는지 기억하지도 못했다고 한다. 그러나 그것은 더 이상 문제가 안되었다. 이제 문제는 사람인 것이다. 하트필드 집안의 사람이냐 맥코이 집안의 사람이냐 하는 것이 문제인 것이다. 교회에서도 마찬가지이다. 싸우는 사람들은 그들이 사람이 아니라 문제에 대해 싸워야 된다는 사실을 잊기 쉽다.

이러한 때에 원수를 미워하고 업신여기는 자들을 친절히 대해 주라는 예수님의 말씀은 새로운 중요성을 갖는다. 나를 큰 곤경에 밀어넣었던 여자의 남편에게 내가 그들 부부 모두를 사랑한다고 정직하게 말했을 때 나는 한 걸음 전진했음을 알 수 있었다.

그러나 우리 속에 있는 분노를 스스로 속이면서 덮어 두려는 유혹도 많이 있다. "나는 그들을 미워하지 않아. 다만 의로운 분노를 느낄 따름이야."라고 말하는 따위이다.

솔로몬에게 일어나는 일들

이제 솔로몬처럼 행동할 때에 무슨 일이 일어나는지 알아보겠다. 먼저 장점들을 알아보면 다음과 같다.

교인들로부터 긍정적 반응과 지지를 얻을 수 있다. 다윗 유형의 사람은 종종 논쟁을 벌이고 오해도 사는 반면에 솔로몬 유형의 사람은 거의 모든 사람들로부터 사랑을 받는다. 그래서 그는 결국 교회가 성장하고 번영하고 있음을 알려주는 명백한 징후들을 눈으로 볼 수 있게 된다. 그리고 이러한 성공이 오게 된 데에는 적어도 어느 정도는 교역자의 공로가 있었다고 손쉽게 말할 수 있다.

그러한 사람은 떠날 때에도 적이 별로 없다. 또한 그에게 반대하던 사람들도 그가 교회에 도움을 주었다는 사실을 마지못해서라도 인정한다. 시간이 조금만 지난다면 그가 이루어 놓은 업적들은 사람들의 입에 회자되는 가운데 더욱 부풀려질 수도 있다.

나는 실상보다 큰 명성은 달갑게 생각해 본 적이 없다. 그러나 그 작은 도시 교외에서 성도들은 나의 실수는 조금만 기억하고 잘한 것은 많이 기억해 주었다. 두번째 목회지에서 어려움이 극에 달했을 때 나는 아내와 함께 여름 휴가를 가졌다. 그 기간 중에 맞은 주일날 아침에 나는 이전에 목회하던 교회를 찾아보았다. 교회에서는 나에게 교인들 앞에서 이야기할 수 있는 기회를 주었다. 나는 간단히 우리 가족들의 최근 소식을 전해주고 우리가 그 교회에서 그들과 함께 있을 때 그들이 우리에게 베풀어준 사랑에 사의를 표했다. 내가 말을 마치자 성도들은 큰 박수를 보내주었다. 그러한 격려는 내가 당시의 목회지에서 직면하고 있던 문제들을 고려하면 거의 정신 나간 것으로 보였다. 그러나 그것은 진심 어린 감사에서 나온 것이었다.

하나님의 영광이 그 교회에 임하는 것을 볼 수 있다. 이렇게 일을 했을 때 하나님의 손길이 우리 수고 위에 내리는 것을 보는 것은 가장 큰 보상 가운데 하나이다. 우리의 장점과는 무관하게, 하나님께서는 우리의 사역 가운데 비록 기적적인 것은 아니라 하더라도 정상적인 방법으로 아름다운 일을 행하신다. 성전을 봉헌하는 날에 하나님의 영광이 성전에 임한 것은 솔로몬의 미덕 때문이 아니었다. 그러나 솔로몬은 그 광경을 목도하고 그 초자연적 사건에 참여하는 특권을 얻었다.

나는 하나님께서 우리 작은 교회에서도 마찬가지로 역사하시는 것을 보았다. 우리는 추수감사절에 교회를 지역사회에 처음으로 개방했다. 나는 그 교회에서 3개월째 사역하던 중이었으며 예배에 정규적으로 참석하는 인원은 75명이었다. 우리는 그 도시의 신문에 광고를 내서 여러 가지 부속 음식을 곁들인 칠면조 요리 만찬에 사람들을 초대했다. 운영위원회의 위원들은 신경이 곤두섰다. 문제점이 드러나면 어떻게 하나? 아무도 안 오면 어떻게 하나?

저녁이 되어 문을 열자 사람들이 밀물처럼 들어와 지하로 내려갔다. ─ 백인, 중남미인, 인디언들. 우리 교회의 경비원 몇 명이 문제가 생길 것에 대비해서 딱딱한 태도로 팔을 꼬고 서 있었다. 그러나 아무 문제도 일어나지 않았다. 그날 식사가 끝날 때까지 우리는 250명의 남녀 주민들과 어린이들에게 음식을 대접했다. 우리는 크게 기뻐하며 자축했다. 모든 것을 정리하고 났을 때 63세 된 우리 교회 운영위원회의 의장이 빈 방에서 깡충깡충 뛰어다니는 것이 보였다.

나는 솔로몬의 경우와 마찬가지로 하나님의 영광이 강림한 것을 목격했다고는 말하지 않겠다. 그러나 그 날 저녁 나는 분명히 전능하신 하나님의 임재 앞에 있었다. 그 날을 기점으로 우리에게는 좋은 일들이 일어났다.

그 사람이 사역하는 교회는 방문객들에게 좋게 보인다. 방문객들은 도착한 지 5분 안에 교회의 분위기를 읽을 수 있다. 따뜻함과 포용성, 그리고 기쁨은 건물의 복도에서도 배어나오는 듯하다. 그런가 하면 나 자신도 방문객으로서 어느 교회에 들어갔을 때 진부하고 죽음과도 같은 장막이 공중에 떠도는 것을 금방 느낀 적도 있다. 그런 날은 긴장이나 따분함이 지배하는 날로 보인다.

그런데 금방 느낄 수 있는 이러한 모든 유익함 때문에 솔로몬 유형의 사람이 되는 일에 따르는 위험을 잊기가 쉽다. 우리가 이미 배워 아는 것처럼 우리가 영적으로 성숙하려면 실패보다 성공을 훨씬 경계하여야 한다. 모두가 하나로 뭉쳐서 순조롭게 잘 되어가는 교회를 이끌어 감에 있어서 고려해야 할, 눈에 잘 띄지 않는 함정들을 다음과 같이 기술해 본다.

목회자는 교회에 일어난 큰 성공적인 일들이 전적으로 자기 리더십 때문이라고 믿기 쉽다. 프로그램이 확장되고 예산이 증가하는 것을 보는 것은 즐거운 일이다. 그러나 내가 그랬던 것처럼, 젊은 목회자가 첫 사역지에서 이런 즐거움을 맛보게 되면 특히 위험하다. 나는 너무도 순진해서 이러한 성공은 주로 내가 일을 잘했기 때문이라고 믿었었다. 사탄은 기회만 있으면 그러한 망상을 품도록 나를 부추겼다.

목회자가 비교적 평화롭고 순탄한 때를 누리고 있다면 그것은 아마도 다른 사람들이 이름도 없이 커다란 대가를 치루어서 그러한 때를 오게 했다고 보아야 할 것이다. 그런데 이러한 사실은 목회자가 좀 더 노련하고 주제넘은 생각을 좀 덜 해야 알 수 있는 것이다. 목회자의 영역 어딘가에는 그 익명의 목회자를 위한 기념비가 서 있어야 한다. 용감하고 사심이 없으며 지금 일어나고 있는 좋은 일들의 기초를 마련하기 위해 인생의 가장 좋은 시절들을 보낸 그 익명의 목회자를 위해서.

 주제넘다는 것은 교만의 순전한 형태라 할 수 있을 것이다. 헤롯은 사람들이 자신을 신이라고 부르며 환호할 때 이를 기꺼이 받아들였다. 우리 가운데 그렇게 교만한 사람은 없을 것이다. 그러나 우리는 여전히 우리가 부임한 뒤로 교회가 성장했다는 다른 사람들의 대화를 엿듣고 남몰래 즐거워하곤 한다. 그러한 말은 우리가 부임한 뒤로 교회에 모든 문제가 터졌다는 거짓말만큼이나 믿지 못할 말이다. 진상은 그 둘 사이의 어딘가에 있다. 좋은 일이건 나쁜 일이건 간에 우리는 목회자로서 우리가 만들어 가는 것 이상으로 전임 목회자들로부터 물려받는 것이다.

도시 교회에서의 나의 목회 경험을 회고할 때 그 지역에서 자신들의 인생을 던져 일해 온 역대 교역자들을 생각해 볼 수 있다. 나의 바로 이전 목회자는 다른 목회자들보다 더 큰 찬사를 받아 마땅할 것이다. 그는 2년간 사역했을 뿐이다. 그러나 그동안 이 목회자는 그때까지 해온 방식은 더 이상 가능하지 않다고 주장했다. 내가 부임했을 때 교인들은 들을 준비가 되어 있었다. 아는 사람은 거의 없겠지만, 나는 내가 재임하는 동안 연달아 일어난 성공적인 사례들은 대부분 바로 전임이었던 젊은 목회자와 그 아내에게 힘입은 것이었음을 말하지 않을 수 없다.

신번영신학(neo-prosperity theology)을 갖게 될 우려가 있다. 간단히 말하면 모든 목회자를 향하신 하나님의 뜻은 깨어지지 않는 성공과 번영을 맛보는 것이라고 믿게 되는 것이다. 개리슨 카일러(Garrison Keillor)의 말을 여기서 인용해 보면, "모든 프로그램이 좋아 보이고 모든 예배 출석자의 수는 평균을 넘는다." 얼마나 그릇되고 악마적이기까지 한 생각인가?

히브리서 기자는 하나님께서 과거에 놀라운 일들을 하시기 위해 많은 사람들을 사용하셨다고 말하고 있다. 그들은 나라들을 정복하기도 하고 정의를 펼치기도 하였으며 죽은 자를 살리기도 했다. 그러나 그 장은 거기서 끝나지 않는다.

히브리서 기자는 두번째 그룹을 이야기하면서 결론을 맺는다. 이 그룹의 사람들은 이 세상을 살기에는 너무 착한 사람들이다. 그들은 핍박을 받았다. 그들은 짐승의 가죽을 쓰고 유리하였다. 토굴을 파고 살기도 하였다. 그러나 하나님의 관점에서 본다면 그들은 처음에 언급한 사람들보다도 위대한 영웅들이다.

외롭고 잊혀진 어떤 마을에서 장애물과 싸워가면서 신실함을 잃지 않는 사람들을 생각해 보자. 이기적이고 성내기 좋아하는 비평자들은 쉬지 않고 그들을 공격한다. 이들을 교회의 참된 영웅이라고 생각하는 사람이 우리 가운데 몇 명이나 되겠는가? 이런 슬프고 고통스러운 일을 어찌 하나님의 뜻이라 하겠는가? 그는 우리가 교회의 명부에 의해 살기를 바라지 않는가? 우리는 모두 아니라고 대답할 것이다. 그러나 종종, 특히 교회가 순탄하게 잘 되어갈 때 이 사실을 잊기 쉬운 것이다.

내가 두번째 목회지에서 목회할 때에는 교단 모임에 가는 것이 괴로운 일이었다. 나는 갈등으로 교회를 떠나는 사람들 때문에 마음이 상해 있었는데 다른 목회자들은 건물 건축계획과 직원 충원계획을 자랑했다. 나는 매사가 잘 되어가던 시절 내가 얼마나 거드름 피우는 모습으로 그런 모임에 다녔는지 비로소 깨달았다.

다른 사람의 고통에 무정하기 쉽다. "태양이 비치면 사막이 생긴다"는 아랍 속담이 있다. 이것은 솔로몬 유형의 삶을 사는 사람에게 적용되는 속담이라고 할 수 있다. 다른 사람들의 고통에 대해 조금씩 둔감해지기 쉬운 것이다.

목회가 한창 잘 되던 시절에 나는 내가 목회의 승리자라 생각한 사람들과 함께 있기를 즐겼다. 어느 곳에서도 두각을 나타내지 못하던 사람들과는 자리를 함께 하려고 하지 않았다. 나는 내가 인생의 상승궤도에 들어섰다고 믿었다. 동료들이 어려움을 겪고 있으면 그것은 그들의 책임이라고 생각했다.

어쨌든 내가 거둔 목회상의 성공이란, 실은 별로 내세울 것도 없지만 그 당시 나에게는 의미가 큰 것이었다. 뿐만 아니라 맡고 있는 교회에서 겪고 있는 곤경으로부터 헤어나오려는 내 친구 목회자들에게도 그 의미가 컸다. 그러나 그들이 내게 도움을 요청했을 때 나는 들어주지 않았다. 여리고로 가는 길에 부상당한 수많은 목회자들을 그냥 지나쳐서 계속 전진한 것 같아 유감스러운 마음이다.

그런데 상황이 바뀌자 나는 내가 얼마나 깊이가 없었는지 알게 되었다. 어느날엔가 내가 받은 상처를 동료 목회자에게 이야기하고 있었다. 그는 듣기 싫은 것을 듣는 것처럼 억지로 내 말을 들어주고는 이렇게 말했다. "그런데요 나는 그런 경험을 해본 적이 없습니다. 나는 가는 곳마다 성공적인 경험만 했거든요. 내가 목회하는 교회에서 화를 내고 떠나는 사람이 생긴다는 것은 상상할 수도 없는 일입니다."

그 말을 듣고 처음에 나는 상처를 받았다. 그리고 화가 났으나 그 다음에는 슬픔을 느꼈다. 그 목회자는 꼭 갖추어야 할 것을 갖추지 못하고 있었다. 그는 상대적으로 편한 환경만 지나왔기 때문에 나를 도울 능력이 없었던 것이다. 그 때 이후로 나는 더 이상 내 문제를 저주하지 않고 하나님께 내 인생에서 고통을 통해 하시고자 하는 일이 무엇인지 묻기 시작했다. 앞으로 가능하다면 나는 나 자신이 상처받은 사람으로서 이같은 상처로 인해 고통당하는 사람들을 치료해 주는 치료자가 되고 싶다.

무기여 안녕

내가 다윗 유형의 목회자로서 봉사하던 두번째 목회지에서 떠나던 날 잘 가라고 인사를 해준 사람은 많지 않았다. 내 아내와 함께 황량한 벌판으로 나아가면서 나는 내 인생의 한 장이 막을 내리는 것을 알 수 있었다.

교인들은 넓은 마음으로 대해 주었다. 내가 사표를 내자 그들은 사표를 반려하기로 의결했다. 내가 목회하는 동안 75명 정도의 교인들이 떠났음에도 불구하고 성도들이 나에게 보여준 신뢰에 대해서 나는 앞으로도 놀라움을 금치 못할 것이다. 이들은 휴가를 가지면서 결심을 재고하도록 나에게 시간을 주었다. 또한 그때는 마침 우리의 넷째 아이가 태어난 시기이기도 했다. 그러나 아내와 나는 전반적인 국면을 고려해 볼 때 떠날 시기라고 판단하였다.

나는 칼을 내려 놓았다. 전쟁은 끝이 났다.

내가 솔로몬과 같은 유형의 목회자로 일하던 첫번째 목회지에서 떠나올 때 아내와 나는 친구들을 껴안고 울음을 터뜨렸다. 내가 솔로몬으로서 세워 봉헌한 성전의 문이 뒤에서 닫히고 있었다.

나는 어떠한 경험을 더 높이 평가하는가? 전사로서의 경험인가? 아니면 성전 건축자로서의 경험인가?

지그문트 프로이드(Sigmund Freud)는 언젠가 다음과 같은 취지의 말을 한 적이 있다. 즉 **시간만 충분하다면 우리 인생에서 가장 힘들었던 경험이 우리에게 가장 귀중한 자산이 되는 날이 있다**는 것이다. 프로이드는 그저 하나님께서 모든 것을 당신의 때에 아름답게 하신다는 전도서의 진리를 빌려서 반복해 말했을 뿐이다.

나는 천 개의 교회라도 작은 도시 교회에서 목회하듯이 기쁜 마음으로 봉사할 것이다. 그러나 이 모든 것이라도 내가 고생을 했던 시절과는 바꾸지 않을 것이다.

목회자는 필히 전사나 성전 건축자가 되어야만 하는 것일까?

그렇다.

—로버트 뮐러

한 조직이 늘 해오던 것에 대해 정상적이고 완전한 내적 변화를 촉진
시키지 않는다면 변하는 세계와 보조를 맞출 수 없을 것이다.

—스피드 리스

제 2장
모든 긴장이 다 나쁜 것은 아니다

150명 정도의 교인을 가진 한 장로교회가 수년간 주일학교 프로그램 때문에 걱정을 해왔다. 많은 교인들이 자기들 교회의 교인이 될 만한 사람들을 인근에 있는 두 장로교회에 뺏기고 있다고 믿고 있었다(이 두 교회의 교인수는 모두 1000명이 넘는다). 이런 일이 일어나는 데 대하여 그들이 믿는 이유로는 자기들 교회에는 아이들이 딸린 젊은 부부들을 끌어들일 만큼 큰 규모의 주일학교 프로그램이 없다는 것이었다. 그들은 새신자들에게 주일학교 운영이 불충분한 데 대해 사과하곤 했으며 주일학교 교육을 확대하겠다고 약속도 했다.

교회가 새로이 목회자를 모셔왔을 때 교인들은 목사에게 주일학교 프로그램이 확대되어야 한다고 이야기해서 납득시켰다. 이에 그 신임 목회자는 이 문제를 해결하기 위해 일을 시작했다.

그는 교회성장 세미나도 몇 군데 다녀보고 관련 책자들도 읽었으며 인구통계학에 관계된 연구도 했다. 그리고 마침내 완성된 계획안을 만들어 냈다. 이 목사는 이 계획안을 교회 운영위원회에 공개했다.

신임 목사의 설명은 다음과 같았다. "우리 교회로부터 사방 2마일 이내에는 어린아이들이 딸린 젊은 부부가 아주 많습니다. 우리가 이들을 대상으로 효과적인 홍보활동을 하고 특별한 프로그램 및 보다 현대 감각이 있는 예배 의식을 준비한다면 우리 교회의 예배와 주일학교에 참석하는 인원수는 분명히 눈에 띄게 증가할 것입니다."

몇 가지 상세한 설명을 하고 나서 목사는 토론을 유도했다. 그런데 장로들은 하나같이 사고에 혼돈이 일어났다.

어떤 사람은 이렇게 말했다. "한 그룹만 목표로 삼는다니 별로 좋다는 생각이 안 드는데요. 엘리트주의라고 생각됩니다."

30대 초반의 한 여인은 이렇게 말했다. "우리 작은 교회가 세대간의 간격을 이어준다는 사실이 아주 마음에 들어요. 나와 비슷한 연령층의 사람들이 좀 더 있었더라면 우리 교회의 나이 드신 분들과 젊은 사람들을 어느 정도라도 알고 지내게 되었을지 몰라요."

그러나 이렇게 말하는 사람도 있었다. "이유야 어찌되었건 왜 우리가 우리와 같은 자매 교회들과 경쟁을 해야 합니까? 큰 규모의 프로그램을 원하는 사람은 그 쪽 교회로 가게 하고 작은 모임에서 친밀한 교제를 원하는 사람이 있으면 우리에게 오게 하면 됩니다."

이러한 말들이 계속 오갔다. 마침내 그 목사는 실망해서 더 이상 참을 수 없었다.

목사가 이야기 도중에 끼어들었다. "잠깐만 멈추시죠. 여러분은 수년 동안 주일학교 참석인원이 적다고 불평해 왔습니다. 그래서 제가 이 문제를 해결하기 위한 계획을 세워 여러분께 보여드렸는데 여러분은 지금 이대로가 좋다고 이야기 하셨습니다."

침묵이 흘렀다.

목사는 말을 이어갔다. "이것은 우리가 선택할 문제입니다. 젊은 부부들이 교회에 나올 수 있도록 약간의 변화를 시도하던가, 아니면 우리 교회는 이 근처에서 작고 친밀한 모임이 있는 장로교회라는 사실을 받아들여야 합니다. 우리가 만일 후자를 택하기로 한다면 주일학교 프로그램이 규모가 작다는 사실을 불평해서는 안됩니다."

장로들은 후자를 선택했다. 주일학교에 대한 불평은 사실상 그치게 되었다. 이들은 자기 교회의 주일학교가 갖는 장점들을 보기 시작했으며 새신자가 오면 이러한 장점들을 자랑스럽게 이야기해 주곤 했다. 이들의 장점이란 예를 들면, 교회 안은 물론 교회 밖에서도 교사들과 친밀하게 접촉할 수 있다는 등이다.

만약 갈등이 공개화 되지 않았다면 상황이 이렇듯 쉽게 잘 풀리지는 않았을 것이다. 교인들은 계속해서 좌절감을 품고 지냈을 것이고 목회자는 운영위원회에서 자기가 준비해 간 제안이 거부당한 데 대해 화를 냈을 것이다. 어떤 경우이거나 사람들은 화를 낸 채 지내야 했을 것이고 문제를 풀기 위한 어떠한 조처도 없었을 것이다.

이 일은 교회의 갈등이 오히려 좋은 결과를 가져오는 수많은 사례 중의 하나에 불과하다.

갈등의 유익

사업이 실패하는(또는 쇠퇴하는) 큰 이유 가운데 하나는 사업을 하는 사람들이 변화하는 환경에 적극적으로 적응하려고 하지 않는다는 점이다.

어느 한 조직이 있어서 일이 잘 될 수 있는 방법을 알아낸다면 당연히 그 묘안에 집착하고 싶을 것이다. 문제는 한때 좋은 결과를 가져오던 방법이 지금은 효과가 없다는 점이다. 즉, 경쟁사가 더 좋은 상품을 내놓았다거나 자금을 구하기가 더 어려워졌다거나 구매인들이 이제는 더이상 우리 상품에 관심이 없다거나 하는 경우이다.

한 조직이 늘 해오던 것에 대한 정상적이고 완전한 내적 변화를 촉진시키지 않는다면 변하는 세계와 보조를 맞추지 못할 것이다. 「벼랑에 선 경영 : 가장 뛰어난 기업들은 전진을 계속하기 위해 갈등을 어떻게 활용하는가」(*Meaning on the Edge : How the Smartest Companies Use Conflict to Stay Ahead* ; Simon & Schuster, 1990)의 저자인 리처드 파스칼(Richard Pascale)은 다음과 같이 말한다.

우리의 패러다임을 현재와 같이 유지하기 위한 필수적인 활동은 그치지 않고 질문을 던져 보는 것이다. 나는 여기서 탐구라는 말을 쓰고 싶다. 탐구는 생동력과 자기 갱신을 있게 하는 동력이다…. 투쟁은 탐구라는 동력을 움직이게 하는 값싸고 풍부한 연료이다. 그러나 투쟁에는 그 흔적이 따른다. 관리자들은 이 투쟁의 흔적에 대해 편치 않은 마음을 갖는다. 또한 이 흔적은 해당 조직이 건강하지 못하다는 징조로 잘못 받아들여지기도 한다. 그러나 사실은 그렇게 볼 필요가 전혀 없는 것이다.

마찬가지로 교회에서의 갈등은 교회가 건강하지 못하다는 신호가 아니다. **사실상 교회의 갈등은 상당히 좋은 결과를 가져오는 것이다.**

내가 지금 말하고 있는 갈등은 쓰라림과 깊은 회한이 있는 심각한 갈등은 아니다(이런 심각한 갈등도, 물론, 유익한 것으로 판명되기도 한다). 나는 지금 사람들이 상대방과 의견을 달리 할 때 그 태도가 아무리 부드럽더라도 일단 서로간에 의견을 달리하기만 하면 갈등으로 보는 것이다. 갈등은 실로 수많은 유익을 가져온다. 그중에 중요한 것은 다음과 같다.

문제점을 철저히 파악할 수 있다. 주일학교 프로그램이 만족스럽지 못하다고 걱정하던 작은 장로교회는 자신들이 처한 상황에서 부단히 노력할 필요가 있었다. 이 교회는 작은 교회였으며 다른 두 교회와 경쟁하려 애쓰고 있었다. 그런데 그 두 교회들은 모두 1,000명이 넘는 교인이 모이는 교회이며, 이 작은 교회로부터 서로 반대 방향으로 3마일 이내에 위치한 교회들이었다.

이 작은 교회에 모이는 사람들은 교회가 크지 않다는 바로 그 이유 때문에 나오고 있었다. 이들은 비형식적이고 친밀한 분위기를 좋아했다. 그런데 이들이 그 옆에 '성공적인' 두 자매 교회가 있음으로 해서 지속적으로 위기의식을 느낀 것이다.

이 갈등이 운영위원회에서 현안으로 떠올랐을 때 이들은 자신들을 괴롭히던 문제점을 똑똑히 볼 수 있었다. 그리하여 그들은 자신들이 교회에서 참으로 원하던 것이 무엇인지 알게 되었고 그에 따라 적절한 행동을 취하게 되었다.

전보다 더 나은 결정을 내릴 수 있다. 어느 정도의 긴장이 없으면 교회 지도자들은 문제점에 대해 완전한 정보를 얻으려는 마음이 생기지 않는다. 그런데 이와같이 동기가 결여되면 이로부터 또다른 문제가 생길 수 있는 것이다.

내가 목회하던 어느 큰 교회에서 값이 비싼 컴퓨터 시스템을 구입했다. 그런데 이 컴퓨터 시스템을 구입할 때 컴퓨터 사업을 하는 그 교회 교인으로부터 구입했기 때문에 저렴하게 구입할 수 있었다. 교회 측에서는 그 컴퓨터 시스템이 교인이 제안한 것이므로 주의해서 살펴보지도 않았고 다른 시스템들을 알아보지도 않았다.

그러나 새로 구입한 그 컴퓨터는 그 교회 교인들의 필요를 만족시키지 못했다. 데이타 베이스 기능은 잘 처리했지만 복잡한 워드 프로세서 기능은 제대로 처리해 내지 못했다. 그래서 교회의 회보와 통신문, 기타 우편물을 제대로 준비할 수가 없었다. 그뿐 아니라 교회의 금전 계산도 해내지 못했다.

이러한 문제점을 보완하기 위해 그들은 컴퓨터를 또 한 대 사서 금전 계산과 워드 프로세서 기능을 맡도록 해야만 했다. 그래서 컴퓨터를 판매한 사람과 운영위원회, 그리고 판매업무 담당자 등이 당황하게 되었다. 만약에 사람들이 애당초, 혹 생길지도 모르는 갈등을 무릅쓰고 치밀하게 따지며 물어보았다면 아마 돈도 절약했을 것이고 당황하지도 않았을 것이다.

이루어진 결정에 대해 사람들이 훨씬 잘 따르게 된다. 교회에서의 좋은 결정이란 대부분의 교인들이 전적으로 받아들이는 결정이다. 운영위원회에서 새 건물을 짓기로 결정하면 운영위원회에 속하지 않는 사람들이라도 그 계획을 위해 돈을 모으는 일에 관심이 있어야 한다. 한 위원회에서 새로운 성경공부 모임을 시작하기로 하면 이 프로그램은 성도들이 적극적으로 참여할 때에만 성공을 거둘 수 있는 것이다.

한 결정 사항에 자발적으로 참여하는 것은 첫째로는 그 결정 사항을 잘 이해하고, 둘째로는 그 결정 과정에 참여하는 데에서 온다. 어떤 아이디어를 만드는 일에 내가 한 몫을 담당했다면 나는 그 아이디어가 실행에 옮겨지도록 더욱 기꺼이 도울 것이다.

그런데 역설적인 것은 어떤 아이디어에 이의를 제기해 보는 것이 그 아이디어에 도움을 주는 일이 될 수 있다는 사실이다. 거기에 무엇인가를 덧붙이거나 빼 보거나 제안의 중요한 부분을 바꿔 보는 것이다. 제안을 듣는 사람들이 거기에 대해 심각한 질문을 하지 못하고 반대를(종종 심각한 반대를) 하지 못한다면 그들은 최종적으로 확정된 결정 사항에 흔쾌히 따르지는 않을 것이다.

건전한 갈등을 장려함 : 질문하기

한 사람이 어느 위원회 모임에서 무슨 제안을 했다. 그런데 아무도 그것을 비판하지 않는다. 누구도 그 아이디어에 대해 열의를 가지고 찬성하지 않으며 크게 반대하는 사람도 없다. 위원회 위원들은 "그 제안대로 한다고 해도 별 부작용은 없을 것 같군요"라든가 "존, 당신의 의견은 참 흥미로운 아이디어로군요"라는 등의 무책임한 말을 하고 있다.

이 결정은 분명히 심각하게 우려할 만한 문제를 가져올 것이다. 사람들은 제안된 내용들에 대해 토론하지 않는다. 또한 조건들을 자세히 알아보지도 않는다. 그리고 결정 과정에 참여하는 것도 아니다.

그 제안에 중대한 변화가 있어야만 한다고 가정할 때, 즉, 건전한 갈등이 어느 정도는 있어야 한다고 볼 때, 무슨 일이 일어나겠는가?

교인들은 자신들이 충분히 알고 있다고 생각할 것이다. 나는 한때 교인들 스스로가 함께 일하자고 불러들인 오르가니스트 겸 성가대 지휘자 때문에 골치를 앓고 있는 교회에서 일한 적이 있다. 그 사람의 신상 명세서는 복잡했다. 이전에 봉사하던 교회에서 심각한 문제가 있었음이 분명했다.

그러나 인사위원회는 그 사람에게 호감을 느꼈다. 그는 기혼인데다가 아이가 둘이나 있었다. 또한 잘생겼으며 자신에 대해 소개도 잘 했다. 그는 이전 일자리에 있을 때에는 다른 사람들이 자기를 오해했었다는 인상을 넌지시 내비쳤다.

이에 교회에서는 그를 별로 토론도 하지 않은 채 채용했다. 교인들은 자신들이 알고 있는 문제점들을 심각하게 생각하지 않았다. 그들은 자신들이 충분히 알고 있다고 생각해서 토론하고 결정한 것이다. 그러나 오래지 않아 교인들은 그 반주자가 교회에서 직원들 사이에 문제를 일으키는 것을 알게 되었다.

교인들은 남들이 원하는 것을 자신들이 안다고 생각할 수 있다. 제리 하비(Jerry Harvey)는 그의 저서 「아빌렌 파라독스」(*Abilene Paradox*)에서 아빌렌으로 여행을 떠난 한 가족에 대해 말하고 있다. 그런데 이들은 가족 중에 누군가가 원해서 아빌렌으로 여행을 간 것이 아니라 모두가 자기 아닌 다른 사람이 그것을 원할 것이라고 생각해서 여행을 간 것이었다. 나중에 이들은 모두가 불행을 맛보게 되었다.

어느 교회에서는 교역자가 자신이 가장 좋다고 생각하는 것을 제쳐 두고 다음날 아침에 성경공부를 시작한다. 왜냐하면 교인들이 그것을 원한다고 생각하기 때문이다. 그리고 교인들은 처음에는 그 모임에 참석한다. 왜냐하면 자신들이 참석하는 것을 목사가 원한다고 생각하기 때문이다. 그들은 아무도 이 성경공부 모임에 참석하는 것을 원치 않는다는 사실을 모른 채 성경공부를 시작한다.

결국 시간이 흐름에 따라 양쪽 다 흥미가 없으므로 목사는 최선의 노력을 다해 준비한 것을 내놓지 못하며 성도들은 정규적으로 출석하지 않게 된다. 시간이 좀 지나면 목사는 교인들이 참석하지 않는 데 대해 화가 나게 되고, 참석하는 교인들은 목사가 자기들에 대해 잘 배려해 주지 않는 것을 두고 실망하게 된다.

교인들이 변하는 환경을 모를 수 있다. 조지 바르나(George Barna)는 그의 책 「주전자에 든 개구리」(*The Frog in the Kettle*)에서 이런 현상에 대해 설명하고 있다.

"개구리 한 마리를 끓는 물에 넣으면 그 개구리는 즉각 튀어나온다. 위험스러운 상황에 처한 것을 개구리가 알기 때문이다. 그러나 개구리를 실내온도와 같은 온도의 물에 넣으면 튀어나오지 않는다. 자신을 둘러싼 환경에 만족하기 때문이다. 매우 느리게 물의 온도를 올려 본다. 이 때 개구리는 튀어나오지 않고 그냥 물 속에 있다. 환경이 변하는 것을 느끼지 못하기 때문이다. 버너를 계속 켜서 물이 끓도록 해 본다. 우리의 불쌍한 개구리도 같이 끓게 될 것이다. 개구리는 아마도 만족한 채로 있겠지만 결국 죽고 만다."

종종 교인들이 교회가 하고 있거나 하지 않고 있는 일에 대해 이의를 제기하지 않을 때가 있다. 그것은 교회나 공동체가 얼마나 달라졌는지를 그들이 전혀 깨닫지 못하기 때문이다.

교인들은 교회 전통과 신화의 맹점을 보지 못할 수 있다. 내가 전에 일했던 어느 교회에서는 여전도회가 평일 낮 시간에 모임을 갖는 전통을 고수하고 있었다. 이것은 수십년간의 전통이었으며 몇 년 이상 출석한 여성들은 여전히 이 시간을 좋아했다. 아무도 여기에 반대하지 않았다.

그러나 이들은 젊은 여성들이 참석하지 않는 것을 알게 되었고 이 사실에 대해 걱정하게 되었다. 그러나 이들은 왜 그렇게 되었는지를 고민하며 생각하던 끝에 마침내 젊은 세대들은 그저 자신들만큼 교회에 헌신적이지 못하다는 결론을 내렸다.

여성도들은 이에 대해 걱정은 했으나 갈등을 겪지는 않았다. 아무도 이 여전도회의 전통, 한때는 다른 세대에게 상당한 효과를 발휘하던 전통이 더 이상 효과가 없다는 사실을 말해 주는 사람이 없었기 때문이다. 그리하여 결국 젊은 여성들은 모임에 참석할 수가 없었다. 그들 중 대부분은 낮시간에 일을 하고 있었던 것이다.

교인들이 평가 기준을 상실할 수 있다. 이것은 특히 개인적인 문제에 부딪힐 때에 발생하는 문제이다. 직원들과 지도자, 각 위원회에 대한 기준이 없는 교회는 일이 잘 안 되어 갈 때에도, 적어도 그 문제가 커지기까지는 문제를 깨닫지 못할 수가 있다.

우리는 적당한 갈등이 없는데 대한 네 가지 이유를 단순하게 다룰 수도 있다. 평가 기준의 경우를 보면, 이것은 교회 성도들이 직원들에게 어떤 일을 해주기를 바랄 것인지 결정하도록 도와 주고 그 일들을 평가하는 법을 정해 주는 것이다.

다른 세 가지로 말하자면, 그것들은 사람들로 하여금 그들이 생각하는 이상으로 문제가 크다는 점을 알도록 도와준다. 이것은 질문하는 것을 의미한다. 그 답변이 명백한 듯이 보이는 질문일지라도 던져 보는 것이다.

내 아내는 학교에 다닐 때에 교수가 말하는 것을 명확히 알아듣기 위해 질문을 많이 하는 학생이었다. 그런데 가끔 그 답변이 명백해 보이는 질문을 아내가 하고 나면 수업 후 다른 학생들이 찾아와서 이렇게 고마움을 표시하곤 했다. "질문해 줘서 고마워. 나도 선생님이 말씀하시는 것을 몰랐어." 또는 "나는 그 설명을 안다고 생각했는데 네가 질문을 해서 제대로 알게 됐어."

나는 상담자로서 교회들이 스스로에게 물어야 하는 질문들을 교회에 던지곤 한다. 그리고 그러한 질문들은 대개 중요한 어떤 일을 밝히 드러내 주기 때문에 교회는 아이디어를 얻기 시작한다. 그러면 이런 교회들은 오래지 않아 명백한 듯이 보이는 일들에 대해서도 스스로 질문을 하는 습관을 갖게 되는 것이다.

건전한 갈등을 장려함 : 부정을 극복하기

사실 나는, 리처드 파스칼(Richard Pascale)이 조직체들이 갈등에 대해 느끼는 감정을 완화시켜 나타냈다고 생각한다. 특별히 교회에서 갈등은 흔적을 남길 뿐 아니라 사람들로 하여금 위협을 느끼게 만든다. 나는 갈등이란 적당한 정도만 있으면 교회에 크게 도움이 된다고 생각하지만 실은 나도 갈등으로 위협을 느낄 때가 있다.

이것은 내가 극복해야 할 보다 큰 문제이다. 정보 부재가 그 하나요, 문제에 정면 대결할 용기가 부족한 것이 또 다른 하나이다.

교회에서 벌어지는 상황에 들어가면 나는 교회가 갈등을 처리하기 두려워한다는 사실을 알려 주는 징조들을 찾아본다. 이는 사실은 거부한다는 신호이다. 내가 그런 경우에 어떻게 대처하는지를 아래에 소개하고자 한다.

무슨 차이점이 있는가? 나는 문제가 벌어지는 교회에 가면 먼저 사람들이 나를 초청해서 도와달라고 한 그 갈등에 대해 정보를 수집한다. 이때 그들은 그 문제에 대해 솔직하게 말해 준다. 자신들이 그 문제를 해결하기 위해 무엇인가를 해야 한다고는 생각하지 않기 때문이다. 그들은 교회 내의 다른 사람들, 자신들이 생각하기에 잘못한 사람들이 변해야 한다고 생각한다.

내가 교인들에게 내가 알게 된 바를 말해 주고 그들이 어떻게 해야 할지에 대해 조언을 해 줄 때면 그들은 갑자기 나를 거기 불러 교회의 문제를 해결해 달라고 한 이유를 기억도 못하곤 한다. 심각한 태도로 자신들의 교회에 일어난 갈등에 대해 말해야 할 때에도 나는 종종 이런 말을 듣곤 한다. "우리가 목사님을 모셔온 이유를 모르겠습니다. 이런 문제는 사실 그리 큰 문제가 아니거든요." 이상한 일이지만 사실이다.

나는 목회자가 어려운 상황에서 교회를 사임하는 경우에도 그러한 상황이 일어나는 것을 본다. 그러한 경우 이렇게 말하는 사람들도 있다. "아, 그 문제는 해결되었습니다. 우리가 문제를 해결했어요!" 그러나 사실 그들은 목회자가 없음으로 해서 박탈감을 느끼는 성도들의 고통과 좌절감은 간단히 부정해 버리고 있다. 또는 교인들 사이에 갈등이 계속 남아 있다는 사실을 간단히 부정하고 있는 것이다.

진정한 차이점을 부정하려 애쓰는 교회들은 종종 문제를 다른 각도에서 보려 하기도 한다. 이런 일은 주로 역기능 가정들(dysfunctional families)에서 일어난다. 한 예를 들어보자. 빌(Bill) 아저씨는 알콜 중독자이다. 이것은 누구나 알고 있는 사실이다. 그러나 그 가족들은 늘 이런 식으로만 말한다. "빌 아저씨는 일찍 자러 가야 해요. 몸이 좀 좋지 않거든요."

나는 교회에서 이런 이야기를 들을 때가 있다. "목사님은 행정 아닌 다른 분야에 은사가 있는 분이야"(그러나 이 말은 목회자가 계획을 세우는 능력이 형편없는 데 대해 크게 실망해서 하는 말이다). 또 이런 말도 듣는다. "회계가 금전 다루는 면에서 너무 보수적이야"(그러나 이 말은 회계가 직원들 봉급을 적게 주는 데 대해 크게 화가 나서 하는 말이다).

어떤 주제에 대해서 말해서는 안 된다. 교회가 갈등을 두려워하는 또 다른 징조는 어떠한 특정 주제나 화제거리에 대해서 말하기를 꺼리는 것이다.

예를 들면, 어떤 교회들은 문서로 남기든지 구두로 정하든지 간에 운영위원회만이 논쟁이 되는 주제에 대해 논할 수 있다는 규칙을 정한다. 예를 들면, 이혼과 재혼, 낙태, 지방 정치 등에 대한 교회의 입장이 무엇인가 하는 것들이다. 교회는 설교나 교회 회보, 일반적 교회 여론 등을 통해 교인들에게 다른 교인들과 그러한 문제에 대해 논의하지 말도록 강하게 권고한다. 교회의 일치를 위해서, 교회 공동체의 몸을 세우기 위해서, 많은 좋은 목적들을 위해서 그렇게 하는 것이다.

나는 전에 어떤 교회를 본 적이 있다. 흥미로운 이슈나 중요한 문제가 등장할 수 없도록 교묘한 구조를 갖추고 있는 교회였다. 이러한 문제가 나타나면 그들은 효과적인 방법으로 묵살하거나 위원회로 넘긴다. "지금은 이런 복잡한 문제를 논의할 때가 아닙니다."

아마도 이러한 규칙은 타당한 이유가 있어 만들었을 것이다. 그러나 반대라는 것을 교회 생활에서 늘 한쪽 구석으로 제쳐 둔다는 것은 내가 보기에는 교회가 온통 갈등에 대한 바르지 못한 걱정에 물들어 가는 것이다.

마음이 상한 사람들은 교회를 떠나게 된다. 나는 여러 교회에서 비슷한 이야기를 수도 없이 들었다. "이 곳이 마음에 들지 않으시다면 마을에 교회가 많이 있으니 그 중 한 교회로 가 보시지요"라든가 또는 "그 계획을 받아들이시든지 아니면 교회를 떠나 주시오" 하는 등의 이야기들이다.

교인들 가운데 누가 말을 하지 않더라도 교인들의 마음에는 다음과 같이 들리는 내적인 음성이 있다. "여기서 파문을 일으키지는 말아야지. 상황이 나에게 불리하게 돌아가면 떠나는 것이 상책이야."

직원들은 보호받고 있다는 느낌을 갖는다. 내가 일했던 수많은 교회 가운데서 오르간 반주자가 문제거리로 등장했다. 그들은 대개 꽤 오랫동안 교회의 오르간 주자로 일해 왔다. 그러나 오랜 세월을 지나면서 옛날처럼 잘 하지 못하게 되었다. 괴롭긴 하지만 누구나 이 사실을 알고 있다. 이 반주자는 너무 느리게 연주하고 종종 연주를 시작할 순간을 놓쳐 버리고 만다. 또한 이 반주자의 연주는 못 들어줄 정도로 부정확하다.

그러나 이에 대해 무슨 조처를 취하는 사람이라도 있는가? 아니다. 다들 교인들에게 그런 안 좋은 소식을 듣게 하는 것은 예절바른 일이 못 되는 것으로 여기는 것이다. 그런 소식을 듣는 사람은 몹시 마음이 상할 것이다. 결국 그들은 그냥 지내기로 한다. 그러다가 교인들, 목회자, 외부 손님, 교회의 지도자들, 그리고 종종 반주자 자신도 당황하는 상태에 이른다.

이러한 부정적인 징조들은 그것이 하나이든 둘 이상이든 간에 교회가 심각한 갈등에 부딪힌 후에야 수면에 등장하는 경향이 있다. 교인들은 일종의 우울증에 빠졌다가 그러한 사건이 또다시 발생할까 하며 신경을 곤두세우게 된다. 교회의 지도자들은 보통 우리가 생각하는 평화와 질서를 위협하는 것은 무엇이나 억누르려고 과잉 경계하는 듯이 보인다. 교인들은 특히 어떤 특정한 주제의 화제는 입에 올리기를 조심한다.

부정을 다루는 것은 쉬운 일이 아니다. 무슨 일이 벌어지는지를 정확히 알아내기 위해서는 종종 외부 인사들도 초청해야 하는 경우가 있다. 예를 들면, 상담 전문가, 교단의 임원, 다른 교회의 목회자, 임시 교역자 등이다. 이에 더하여 모든 갈등의 경우가 그렇듯이 갈등을 다루는 일에 훈련받은 노련한 지도자가 있어야 부정과 갈등을 유익하게 다룰 수 있다.

나는 부정적인 교회에 있을 때에는 사람들을 소그룹으로 묶어 인터뷰하는 방식을 사용한다. 그렇게 해서 신뢰의 분위기를 조성함으로써 그들이 나에게 정직하게 말할 수 있도록 하는 것이다. 그런 다음 내가 발견한 사실들을 전체 교인들 앞에서 이야기한다. 갈등에 대해 공개적으로 이야기하면 완강한 부정의 패턴을 헤치고 나아갈 수 있는 경우도 생긴다. 대개의 경우 이 부정의 패턴이 완강하기 때문에 갈등의 해결이 필요 이상으로 어려워지는 것이다.

부정은 문서로 쓰여진 규칙일 수도 있고 구두로 통하는 규칙일 수도 있다. 그런 경우 나는 교인들에게 그 규칙을 넘어보도록 권한다. 또한 그들이 자신들의 관심사에 대해 말할 수 있도록 토론의 장으로 초청한다. 그리고 그들로 하여금 다른 교인들이 무슨 문제에 대해 싸우고 있는지 알도록 도와준다. 나는 모임을 주선하여 사람들로 하여금 참여하도록 격려하며 그들이 제안한 아이디어들을 중요하게 취급하겠다고 약속한다.

건전한 갈등을 고무함

교회 안에 건전한 갈등이 없다면 그 이유는 정보가 없기 때문이거나 다른 사안들에 대한 두려움이 있기 때문이다. 그러나 교회 생활을 계속하다 보면 그 정도가 심하지 않은 갈등은 아래와 같이 여러 가지 간단한 방법으로 쉽게 조절해 볼 수도 있다.

그 정도가 심하지 않은 갈등에 대해 설교한다. 나는 목회자들에게 설교할 때에 다음과 같은 점을 말하도록 권유한다. 즉, 위원회나 그룹으로 모일 때 서로의 의견의 차이점들을 분명히 함으로써 성도들이 더욱 성숙할 수 있다는 사실이다.

의견의 불일치를 칭찬하라. 사람들이 목회자나 그 외의 다른 교인들과 의견을 달리할 때 그들이 자신들의 관심사를 나타내고 있다는 사실을 긍정적으로 받아들여라. 의견의 불일치는 환영할 만한 것이라는 사실을 그들로 하여금 알게 해주고, 그러한 불일치는 결국 교회 생활을 강화시켜

준다는 점을 알게 해준다.

위원회에 사람들을 섞는다. 각 위원회에 서로 다른 관점을 가진 사람들을 섞어 배치하도록 위원회 의장들에게 권한다. 그리고 토론하는 도중에 이러한 차이점들이 드러나도록 그들을 권하여 그 위원회가 더욱 강력한 결정에 이르도록 한다.

새신자들을 지도자 모임에 참가시킨다. 어떠한 사안을 볼 때에 새신자들은 오래된 신자들과는 다르게 본다. 그들은 기존 신자들이 당연시하는 것에 대해서도 의문을 갖는다. 운영위원회에서는 만족스럽게 보는 것들에 대해서도 그들은 더 나은 것을 원한다. 새신자들이 가지고 있는 새로운 관점은 갈등을 일으킬 수도 있다. 그들이 과묵한 편이라면 주변에서 말을 하도록 권유해야겠지만 말이다.

교회의 업무에 기준을 두어라. 일 년에 한 번씩 각 위원회들과 위원들로 하여금 교회에서 일어난 일들을 살펴보게 하고 "우리가 무엇을 했는가?", 그리고 "우리는 어떤 일을 잘 할 수 있는가?" 하는 질문을 자문하게 한다. 교인들은 첫해가 아니면 두번째 해나 세번째 해에는 반드시 의견의 불일치와 도전을 찾는 중이란 것을 알아차릴 것이다.

건전한 갈등이 지켜야 하는 규칙을 분명히 하라. 교인들은 정도가 심하지 않은 갈등이 점점 심각해져서 파괴적인 경지에까지 이르지 않을까 걱정하기도 한다. 그러한 걱정과 갈등 심화의 가능성은 적어도 다음에 적은 갈등에 대한 규칙 세 가지를 수시로 반복해 언급하면 완화될 수 있을 것이다.
　-상처를 주지 마라.
　-개인적인 공격, 비난을 하지 마라.

―그 자리에 없는 사람들에 대한 말을 하지 마라.

물론 갈등을 고무함에 있어 교역자는 그것을 적절히 다룰 준비가 되어 있어야 한다. 이를 위해서는 훈련과 실습이 필요하다. 그러나 이것은 밤낮으로 사람들과 함께 일하는 교역자의 능력을 벗어나는 것은 아니다.

효과를 거둠

뉴욕 교외에 있는 성 바울교회는 목회자를 청빙하기 위해 전국적으로 철저한 탐문을 벌인 끝에 데니스 로버츠(Dennis Roberts)를 새 교역자로 맞아들였다. 초빙위원회는 교회 내의 모든 목소리를 대변하고 있었다. 이 위원회에는 교회 재산관리인(재정담당위원)과 사무 관리인(행정담당위원)이 포함되어 있었는데 이들은 수년간 갈등 관계 속에 있어 왔다. 그러나 초빙위원회는 철저하고도 조심스럽게 일을 수행하여 결국은 교회의 지도자들이 담임 목사를 모시는 데에 있어 모두 마음을 같이 하게 되었다.

로버츠 목사는 초빙위원회 산하의 소위원회(이 소위원회는 모두 세 사람으로 구성되었는데 한 사람은 당시에 매우 활동적인 재산관리인이었다)를 만나서 사례비와 각종 수당, 주택 문제, 그리고 이전 비용 등에 관하여 논의했다. 이들은 쉽게 합의에 도달해서 계약서를 작성할 수 있었다.

협상 과정에서 로버츠 목사는 교회 사택을 사용하는 대신 자기 소유의 집을 구입해도 좋을지를 물어보았다. 그는 떠나온 미드웨스트(Mid-west)에 자기 집을 가지고 있었는데 그 집을 팔면 자산 매각 소득이 꽤 된다는 사실을 알고 있었다. 그는 자기의 돈을 부동산에 투자하는 것이 이익이 보다 크고 투자하기에도 안전하다고 생각했으며 한편으로는 자기 명의로 된 집을 소유하고 싶기도 했다.

소위원회는 목사가 자기 이름으로 집을 소유하는 일은 문제가 안된다는 점을 분명히 했다. 사택은 부교역자들 가운데 누구라도 사용할 수 있는 일이고, 교회가 사택을 임대할 수도 있는 일이었다. 만일 로버츠 목사가 원한다면 그에게 팔 수도 있었다. 그들은 로버츠 목사에게 어쨌든 일단 입주하여 함께 주택 문제에 대한 대안을 찾아볼 때까지 거기 머물도록 권유했다. 로버츠 목사도 이 계획에 찬성하고 세부사항은 추후에 잘 풀려 가리라 생각했다.

성 바울교회에서 로버츠의 첫해 사역은 대성공이었다. 그는 성가대 지휘자를 채용했는데 이 지휘자는 6개월간 성가대원을 14명에서 30명으로 늘려 놓았다. 이밖에 부교역자 한 사람이 들어왔는데 이 사람은 훌륭한 목사인 동시에 행정가였다.

로버츠 목사가 인도하는 주일 성경공부 반에는 평균 70명이 참석했다. 교인들은 로버츠 목사가 성경 내용과 이스라엘에 대해 노트도 없이 45분씩이나 박식하게 이야기할 수 있다는 사실에 놀랐다. 거기에 더하여 주일에는 두 번의 예배에 출석 인원수가 늘어났고 교회에 새로 등록하는 젊은 가정들의 수도 늘어났다. 대부분의 교인들은 이 모든 일들을 로버츠 목사의 공로로 인정했다.

로버츠 목사는 부임한 지 아홉 달이 지나자 자신의 생활 환경에 더욱 신경을 쓰게 되었다. 오래지 않아 그는 자산 매각 소득세로 50,000달러를 내야만 하게 되었다. 그러나 그는 한 번만 허용되는 납세 연기는 하고 싶지 않았다. 훗날에 더욱 필요할 때가 있을지도 모른다고 생각했기 때문이다.

로버츠 목사 내외는 그 사택이 참으로 마음에 들었다. 그것은 널리 알려진 골프 코스 옆에 있는 아름다운 집이었다. 교회에서 오는 사람들을 대접하기에 지장이 없을 만큼 넓었으며 교회 가까이에 있었다. 또한 아름다운 서재가 있어 로버츠 목사는 거기서 즐겨 공부하곤 했다. 그러나 그는 자신의 집을 구입하고 싶었다.

로버츠 목사는 재산관리위원들과 사무관리위원들 앞에서 그의 주택 문제를 정식으로 거론하기 시작했다. 재산관리위원들은 이 문제로 골치를 앓게 되었다. 그들 대부분은 교회의 오래된 신자들이었다. 이들은 로버츠 목사에게 이렇게 말하곤 했다. "목사님, 지금 환경이 그야말로 딱 좋은 것 아닙니까? 목사님이 사택에서 나가시면 저희들이 사택을 어떻게 처리하지요? 목사님이 집을 장만하게 되면 주택 수당을 드려야 할 것 같은데 그것을 감당할 수 있을지 모르겠습니다."

그러나 로버츠 목사는 다음과 같이 그들에게 상기시켜 주었다. "그 문제에 대해서는 초빙위원회와 이미 이야기가 된 바 있습니다. 비공식적 이야기이긴 했지만 제가 뉴욕으로 올 때 저의 집을 구입해도 좋다는 데 대해서는 교회 측에서 이미 양해한 사항입니다."

재산관리위원들은 마지못해 소위원회를 구성해서 상황을 알아보고 건의사항을 보고하도록 하였다.

소위원회와 로버츠 목사는 마침내 로버츠 목사가 사택을 구입한다는 데에 합의를 보고 공정가격으로 매매하기로 하였다. 재산관리위원들 모두가 매매에 찬성한 것은 아니지만 표결을 통해 찬성 8표 대 반대 5표로 사택을 매도할 것을 교인들에게 건의하였다.

그러나 뉴욕 주에서는 어떠한 자산의 매매가 가능하려면 전체 회원의 2/3이상의 찬성이 있어야만 한다. 사무관리위원들이 매매 건에 대한 표결을 위해 전 교인 모임이 있다고 발표하자 사택 매매에 반대했던 재산관리위원들은 자기 친구들에게 가서 "로버츠 목사가 사택을 얻으려고 수단을 부렸다"는 식으로 이야기를 했다. 그들에게는 사택을 파는 것이 낫다는 확신이 없었다. 그들은 사택이 도로변을 따라 있어야 한다고 생각했다. 어떤 재산관리위원은 이렇게 말했다. "이 사람들(사무관리위원들을 지칭하는 말이다)이 여기서 돈을 써 대는 것을 보면, 이 자산에서 나오는 현금은 여러분이 알기도 전에 없어질 것입니다. 지금부터 10년쯤 지나 우리가 정말로 돈이 필요할 때에는 동전 두 닢도 남지 않을 것입니다."

전교인이 모인 회의에서 재산관리위원회의 의장을 맡은 여성은 동의에 찬성하는 발언을 했다. 그러나 분명히 반대는 하지 않았지만 그녀의 발언은 별로 열의가 없는 발언이었다. 두 명의 재산관리위원들이 제안에 반대하는 발언을 했다. 그 중 한 사람은 목사 초빙위원회의 일원이었는데 이렇게 말했다. "사실 저는 사택을 로버츠 목사님께 매도하기로 합의를 한 기억이 없습니다."

마침내 이 동의를 표결에 부쳤을 때 통과에 필요한 2/3의 숫자에 10표가 모자랐다.

사무관리위원들은 대부분 젊은이들이었는데 이 결과에 크게 놀랐다. 이들은 자신들의 다음 모임에서 재산관리위원들이 신임 목사가 하는 일을 훼방한 일에 대해서만 논의했다.

사무관리위원 가운데 한 명은 초빙위원회에 참여했던 재산관리위원의 집을 직접 방문해서 이렇게 말하기도 했다. "당신은 전체 교인들에게 거짓말을 했습니다. 당신도 힘을 보태서 모셔들인 목사님을 밀어드릴 수 없다면 당신은 사임해야 마땅합니다."

이러한 대립으로 인하여 그 재산관리위원은 물론 그밖에 다른 사람들도 크게 격분하게 되었다. 그리하여 일단의 사람들이 그들의 교회에서 일어나고 있는 문제들을 논의하기 위해서 모임을 갖기 시작했다. 그들은 두번째 회합에서 성 바울교회가 직면하고 있는 문제점의 목록을 작성했다. 그 중에는 목사가 임명직인 위원회 위원들을 부정한 방법으로 선택해서 교회 운영위원회의 구조를 재편성함으로써 재산 관리인들을 제거하려 한다는 내용도 들어 있었다.

이 소식이 사무관리위원들의 귀에 들어가자 그들은 사무관리위원들을 재산관리위원회 모임에 보내서 그들의 토의 내용을 알아보기로 결정했다. 재산관리위원들은 자신들의 모임을 비공개로 한다고 선언하려 했지만 거기 참석한 사무관리위원들은 떠나기를 거부했다.

이 상황에는 심각한 교회 내부의 갈등의 모든 요소가 들어 있다. 이 갈등이 그 교회에 유익했다고 할 수 있겠는가? 그렇다고도 할 수 있고 그렇지 않다고도 할 수 있다.

긴장의 정도도 심했고 고통의 정도도 적지 않았다. 그러나 그 교회는 그 때까지 자기들에게 나타난 수많은 문제점들을 회피해 왔다. 특히 사무관리위원회(신입 교인들을 대표한다)와 재산관리위원회(오래된 교인들을 대표한다) 사이의 긴장을 회피해 왔다. 이 문제는 수년간 있어 온 문제인데 긴장이 상당한 정도로 고조되기까지는 충분히 다루지 못해 온 문제였다.

교회는 이 문제를 여러 차원에서 다루었다. 먼저 외부 상담가의 도움으로 재산관리위원회와 사무관리위원회는 각각 6명의 대표로 모임을 구성하기로 합의했다. 이 모임은 사택문제를 공개적으로 공정하게 논의하기 위한 것이다. 이 대표들은 이틀에 걸쳐서 아홉 시간 동안 모임을 가졌다. 그래서 서로 상대방이 품고 있는 보다 깊은 관심사를 전보다 더 많이 알게 되었다. 마침내 이들은 합의에 도달하게 되었다. 교회에서 로버츠 목사의 자산 매각 소득세를 납부하기로 하고, 대신 사택은 그대로 교회가 소유하기로 하였다. 로버츠 목사의 가족들은 사택에 그대로 살기로 하고 그들의 돈은 다른 곳에 투자하기로 하였다.

다음으로 교회는 새로운 교인들과 오래된 교인들 사이의 의견 차이 문제를 다루었다. 교인들은 토요일에 모임을 온종일 가졌다. 여기서 각 사람들은 그들이 가지고 있는 차이점들을 그때까지 어떻게 다루어 왔는지 평가해 보라는 권유를 받았다. 그리고 나서 이들은 교인들 사이에 의견 차이가 생겼을 때나 교인들이 관심사를 이야기할 때 따르기 위한 지침의 목록을 만들고 이 지침에 따르기로 뜻을 모았다. 그 지침들 가운데에는 다음과 같은 것들이 들어있다.

1. 갈등은 우리 교회가 건강해 지는 데 도움이 되고 유용하게 활용될 수 있는 것이다. 사람들의 의견이 서로 다른 것은 좋은 것이다.

2. 합의에 빨리 도달하기 위해 만든 해결책은 시간을 들여서 주의 깊게 도달해 낸 합의보다 더 나쁜 경우가 자주 있다.

3. 갈등을 올바로 다루는 데에는 다음의 사항들이 포함된다.

—한 번에 한 문제씩 다룬다.

—둘 이상의 문제가 나타나면 문제를 다루는 순서에 대해 의견의 일치를 본다.

—문제의 모든 면을 다룬다.

—문제에 대한 몇 가지 대체 가능한 해결책을 찾아본다.

4. 갈등을 다루는 공개토론 모임을 불편하게 여기는 사람들이 있다면 가장 적절한 공개 토론 모임을 요구하고, 가장 적절한 공개토론 모임은 어떤 것인지에 대해 토론하는 것이 옳다.

갈등이 일어났을 때 다음 사항들은 온당치 못한 행동이다. 그러나 이 외에도 온당치 못한 행동은 많이 있다.

—욕하기.

—독심술(상대방이 나쁜 의도를 가지고 있는 것으로 치부한다).

—상대에게 죄의식을 유발시키는 언동("당신 때문에 내가 어떤 느낌을 갖는지 보시오"하고 말하는 따위).

—다른 사람을 거부하거나 업신여기거나 불신하는 일.

—비밀리에 얻은 정보를 활용하거나 그런 정보가 있다고 지적하는 일.

6. 올바른 갈등이 일어났다면 한 일이 별로 없다거나 부적절한 행동을 했다는 이유로 비난받는 사람들이 다음과 같은 일들을 할 수 있어야 한다.

—자신들을 비난한 사람이 누구인지 알 수 있어야 한다.

—자신들을 비난한 사람들의 관심사를 알 수 있어야 한다.

—자신들을 비난한 사람들에게 대응할 수 있어야 한다.

이 교회의 교인들, 그 중에도 특히 재산관리위원들과 사무관리위원들은 위에 적은 합의사항과 그 외에도 다른 면에 의견의 일치를 보면서 여러 가지 갈등을 해소할 수 있었다. 그리고 그것 때문에 그들은 더욱 가까워질 수 있었다. 또한 의견의 불일치로 인해 진창에서 허위적거리지 않고 앞으로 전진할 수 있었다.

요점은 이것이다. 즉, **모든 갈등이 나쁜 것은 아니라는 점이다.** 겉으로 보기에는 좋지 않은 상황도 잘만 다루면 더 큰 유익을 꽃피워 낼 수 있는 것이다.

제 2 부

평정을 지켜라

비판에 대한 우리의 반응이 우리의 소명과 침착함에 대해 많은 것을
보여준다.

—마샬 셸리

제 3 장
비판 가운데의 확신

나는 항상 조나단 에드워드에게 있는 높은 이상과 척박한 현실이 잘
어우러진 조화를 좋아해 왔다. 그는 다음과 같은 글을 쓴 적이 있다.

"결심 1 : 모든 사람은 하나님의 영광을 위해 살아야 한다. 결심 2 : 다
른 사람이야 그렇게 하든 말든 나는 결단코 그렇게 살겠다."

이 결심은 우리가 신랄한 비판을 받게 될 때 더없는 큰 시험대를 통과
하게 된다.

어떤 때는 비판이 미묘하다. "여기 제가 좋아하는 라디오 설교자의 테
이프가 있는데 이걸 들으시면 목사님께 도움이 되리라 여깁니다. 이 분

은 정말 목사님께 말씀의 진수를 보여줄 겁니다."

비판이 날카로울 때도 있다. "저는 목사님의 설교를 들을 때 유머나 성구, 오늘날 우리에게 적용해서 하는 설명, 개인적 예화 등을 쓰시는 방법이 마음에 들지 않아요(이 말을 하면서 실례를 든다)."

나아가 혹평하는 비판도 있다. "목사님은 여기 오신 이래 복음으로 매춘행위를 해 오셨습니다."

우리가 이러한 공격에 대해 보이는 반응으로 우리의 소명과 침착함에 대해 많은 것을 알 수 있다.

존 시온카(John Cionca)는 목회를 하면서 칭찬과 비난을 모두 받았다. 이 사실은 그 자신이 인정하는 바이다. 그는 아리조나 주 메사(Mesa, Arizona)에 있는 트리니티 침례교회(Trinity Baptist Church)에서 기독교교육 담당 목사로 일했으며, 후에는 뉴 저지 주 우드베리(Woodbury, New Jersey)에 있는 사우스우드 침례교회(Southwood Baptist Church)에서 담임 교역자로 사역했다. 지금은 미네소타 주 아든 힐즈(Arden Hills, Minnesota)에 있는 베델 신학교(Bethel Seminary)의 학생처장으로 재직하고 있으며 임시 교역자로서 여러 교회들을 섬기곤 한다.

그는 목회 현장에서 신학교로 사역의 장을 옮긴 직후, 비판자들과 같이 있으면서 겪었던 목회 편집증을 회고해 보았다.

누군가가 말한 대로 목회자의 자질은 이런 것이다 : 학자의 두뇌와 어린아이의 마음, 그리고 코뿔소의 가죽.

—마샬 셸리

뉴 저지 주 우드베리에서의 나의 목회는 1979년 아름다운 가을에 시작되었다. 그때 나는 이미 8년간의 목회 사역을 성공적으로 마쳤고 하나님께서 나를 인도하셨다는 강한 확신도 있었으므로 낙관하는 마음으로 새로운 목회를 시작했다.

오래지 않아 나는 연구하고 행정을 보고 심방하는 일 등 매주 해야 하는 일들에 몰두하게 되었다. 특별히 예배와 성경 공부를 통해 교인들을 인도하는 일에 즐거움을 느꼈다.

나는 이 새로운 목회지에 오기 전에도 수년간 정기적으로 설교를 해왔다. 그러나 내가 어떻게 설교하는가 하는 문제에 대해서 생각해 본 일은 —그런 적이 있다손 치더라도—거의 없다. 내가 하는 설교란 하나님의 말씀을 하나님의 백성에게 그대로 전해 주는 것이었다. 나 자신의 설교를 평가해 볼 기회는 몇 차례 있었으나 이 문제에 대해서 깊이 성찰해 본 적은 없었다.

나는 새로 목회하게 된 교회에서도 그같은 문제 의식이 없이 설교하기 시작했다.

그곳에서의 사역이 1년이 다 되어갈 때 나는 전달되는 메시지보다 전달자인 나 자신에 대해 더 많이 생각하게 되었다. 관심을 하나님 말씀에 집중하는 일에 사용해야 할 내 자유를 잘못 사용하게 된 것이다. 나는 갈수록 **교인들이 성경 본문에 대해 어떻게 생각할까?** 하는 문제보다 **교인들이 나를 어떻게 생각할까?** 하는 생각을 하게 되었다. 나는 점점 설교하는 데 있어 편집광이 되어 갔다.

그런데 문제가 생겼다. "몇 마리의 작은 여우들" 때문에 내가 나 자신을 의심하게 된 것이다. 나는 각 본문에 따르는 연구 개요를 준비하는 습관이 있었다. 그런데 이것을 두고 "우리한테 있는 서류를 다 가져가서 보시지요."라든가 "우리가 다시 학교에 들어온 것 같아요" 하는 등의 말을 간접적으로 듣게 된 것이다. 그런 말을 자주 듣는 것은 아니었지만 나는 그런 갑작스러운 말을 듣고 개요가 과연 필요한 것인지 자문해 보게 되었다.

내가 하는 설교에 대해 다른 비난이 또 있었는데 이는 한층 더 들어가 보면 나에 대해 개인적으로 하는 비난이기도 했다. 내가 사용하는 유머에 대해 두 사람이 비판을 가한 것이다. 한 사람은 나에게 이전 목회자가 있었을 때에는 자기가 강력한 설교를 들을 수 있었다면서 그 목사는 설교하는 동안 우스갯 소리는 한 번도 하지 않았다고 말했다.

그러나 나는 이 말이 그저 좋은 설교를 들었다는 단순한 말이 아님을 알 수 있었다. 봅(Bob)은 자신이 설교자에게 원하는 바를 이야기한 것이다. 이와 같은 생각을 하는 사람들이 또 있을까? 나의 의심은 더욱 커졌다.

그런데 또 한 마리의 여우가 내 마음의 정원을 어지럽히기 시작했다. 나는 예화를 들면서 종종 교인 중에 어느 특정인의 이름을 언급하곤 했다. 예를 들어, 내가 팔레스타인에 대해 설명할 때에는 갈릴리 바다가 빌(Bill) 옆에 있고 요단강을 따라 더 내려가면 에드(Ed) 옆에 사해가 있다고 말하는 식이다.

한번은 예배를 마쳤을 때 제리(Jerry)라는 사람이 나에게 말을 붙여 왔다. 자신은 별로 배우지 못한 사람이지만 설교 하는 도중에 어느 특정인의 이름을 언급해서는 안 된다는 것은 알고 있다고 했다. 그는 어느 특정인의 이름을 듣고 나면 그 사람에게 관심이 쓰인다는 것이다. 실제로 그는 바로 그 주일 예배시간에 내가 이름을 불렀던 사람의 삶의 스타일을 생각하느라 시간을 다 보냈다고 했다. 그는 내가 설교를 할 때 그런 점이 걸림돌이 된다고 말했다.

나는 제리가 시간을 내어 자기의 관심사를 말해 준 것이 고맙게 생각되었다. 그가 해준 말은 나에게 큰 도움이 되는 말이었다. 정말로 내가 특정인을 거명함으로써 성경을 실례를 들어가며 잘 설명한 것이 아니라 도리어 성경에 대한 사람들의 관심을 흩어 놓았단 말인가?

새로운 목회지에서 16개월이 지날 때까지 나는 설교 편집광이라 할 만한 상태에 있었다. 내가 설교를 할 때 개요를 작성해야만 하는가? 웃음을 자아내는 이야기를 해야 하는가? 그런 이야기들을 모아야 하는가? 특정인을 어떻게 묘사하고 예화에 넣어야 하는가?

나는 성경 공부의 개요를 사용할 때마다 나 자신이 테드(Ted)에 대해 신경을 쓰고 있는 것을 발견했다. 농담을 할 때에는 회중석의 왼쪽을 보지 않으려고 의식적으로 애를 써야 했다. 봄이 거룩한 척하며 잔뜩 얼굴을 찌푸리고 나를 보고 있지는 않은지 나도 모르게 신경이 쓰였기 때문이다. 특정인의 이름을 부를 때마다 제리가 공상의 세계로 빠져들지나 않는 것인지 걱정이 되었다. 나는 좋은 설교자가 되고 싶었다. 특히 청중들과의 커뮤니케이션을 방해하는 것이면 어느 것이나 피하고 싶었다.

그런데 또 다른 사람들이 나에게 이런 말을 하면서 상황은 심각해졌다.

"목사님," 돈(Don)이 말했다. "저는 목사님이 설교하실 때 과연 얼마나 진중하신지에 대해 종종 의심이 들곤 합니다. 하나님의 사자는 강단에 올라갈 때에 두려움과 떨림으로 나아가야 합니다. 그런데 지난 주일 저는 목사님이 설교하시기 직전에 교인들 가운데 한 사람을 보고 웃으시는 것을 보았습니다."

나는 이 말이 무엇을 두고 하는 말인지 금방 알 수 있었다. 설교 전 찬송을 부를 때에 내가 고개를 들었는데 마침 내 아내가 나에게 웃음을 보내는 것이었다. 그래서 아내를 향해 나도 웃음을 짓고서 찬송가를 계속해서 불렀다.

나는 돈에게 나의 성실함을 보여주기 위해서 한 주일 동안 내가 하는 준비 과정을 설명해 주었다. 나는 한 주일 내내 연구를 하는데 목요일까지는 설교를 완전히 작성한다. 그리고 금요일에 다시 한번 살펴본다. 토요일 저녁에는 교회로 가서 텅 빈 강단에 올라가서 설교를 해 본다. 그리고 집에 돌아온 밤 시간에 다시 한번 개요를 훑어 본다. 주일이 되면 아침 일찍 집에서 원고를 다시 한 번 읽어 보고 주의할 부분들을 되풀이 해 본다. 주일학교가 열리는 시간에 나는 마지막 남은 30분 동안 설교를 위해 기도하고 다시 원고를 검토한다. 예배 직전에는 모든 교역자들이 기도실에 모여 하나님께서 예배와 선포되는 말씀을 통해 영광 받으시기를 기도한다. 이러한 것이 성실이 아니라면 무엇이 성실함이겠는가?

그런데 우리가 이야기하는 동안 흥미있는 일이 일어났다. 돈이 나에게 해준 말은 나로 하여금 더 깊은 성찰을 하게 한 것이 아니라 내가 가지고 있던 목회 사이클의 편집증을 부순 것이다. 나는 내가 목회를 하는 동기와 내가 하는 준비를 다 알고 있었다. 내가 웃음을 지어서 그를 거슬리게 했다면 그건 미안한 일이다. 시라로 양념을 한 오이를 빨고서 씁쓸한 얼굴로 강단에 오를 수도 있기는 하다. 그러나 내가 그렇게 해서 모든 사람을 즐겁게 할 수 있는 것은 아니라고 생각한다. 우습게도 나는 돈의 말을 듣고서야 내가 모든 사람들을 즐겁게 할 수 없다는 사실을 알게 되었다. 성경 공부의 개요를 사용할 때 좋아하는 사람도 많이 있었고, 내가 적당한 유머를 사용할 때 호응하는 사람도 많이 있었으며, 개개인의 이름을 거명해 가며 예화를 들 때에도 수많은 사람들이 그것을 통해 내 설교를 더 잘 이해하곤 했던 것이다.

이 곳에서 목회한 지 16개월만에 나에게 일어난 방향 전환은 내 목회의 분기점이 되었다. 나의 경험을 회고하건대, 그리고 다른 목회자들이 나에게 와서 이야기 해준 비슷한 경험들을 생각하건대, 우리는 비판 받는 상황을 헤쳐 나가는 데 도움을 얻을 수 있는 몇 가지의 결론을 얻을 수 있다.

사역이 아니라 그리스도를 위해서 살라

나에게 있어 목회는 곧 내 인생이었다. 나는 교회를 사랑했는데 그것은 교회가 흠 없는 기관이라고 느꼈기 때문이 아니라 하나님께서 영적 성숙을 위해 교회를 사용하신다는 사실을 알았기 때문이다. 그래서 나는 시간과 정력을 교회에 쏟아 부었다.

나는 밤에도 교회에서 일을 계속했다. 어떤 때에는 집에 올 때 일거리를 가지고 오기도 했다. 잠을 잘 때에도 내 머리에서는 교회 생각이 떠나지 않았다. 사람들이 겪는 수고와 프로그램의 세부사항 등은 금요일 오후 5시까지 끝나는 법이 없었다.

그러한 일상 생활은 끊어지는 법이 없었다. 설교를 한 편 마칠 때에는 이미 새로운 설교 제목이 게시판에 공고되었다. 그리고 기껏해야 6일간의 준비 기간이 있을 뿐이었다. 내가 심방하고 상담해야 하는 사람들도 항상 끊이지 않았다. 추가로 시행해야 하는 프로그램도 있었고 직원 훈련도 필요했다.

게다가 매주 한 건 이상의 긴급 사건이 발생해서 내가 관심을 집중해야 하는 경우도 있었다. 어느 주엔가는 음향 시스템이 고장 나기도 했다. 비어 있는 관리인의 자리를 충원해야 하기도 했다. 주일에 사용하는 세례탕에서 드물게 보는 세균이 자라고 있는 것을 발견하기도 했다.

충분히 만족한 것은 언제였던가?

그러나 내가 교회 목회하는 일로 더욱 바빠질수록(대부분 좋은 일이었다.) 나는 영적 훈련을 제대로 할 수 없었다. 목회는 나의 일생이었다. 그러나 무언가 잘못되어 있었다. 주님의 기쁨, 즉, 참된 영적 예배를 드리는 데서 오는 기쁨이 내게서 사라지고 있었다.

어느 날 아침엔가 내가 빌립보서를 읽고 있는데 3장의 친숙한 요절을 읽고 나의 우선순위에 대해 찔림을 받게 되었다. 바울의 소원은 그리스도를 아는 것이었다. 나에게 이런 생각이 들었다. '목사가 가정 성경공부를 감독하고 클럽의 프로그램, 교회에서 드리는 예배, 청년사역, 10개의 위원회, 설교 등을 감독한다 하더라도 자신의 영혼을 잃는다면, 아니면 적어도 자신의 구주에 대한 사랑을 잃고 그분과 함께 동행할 수 없게 된다면 무슨 유익이 있겠는가?'

일거리는 앞으로도 그치지 않을 것이다. 목회란 본래 그런 것이다. 그러나 나는 목회에서 요구되는 것들을 더욱 잘 하고 기회는 더욱 선용하기로 했다. 그리고 더 이상 이런 것들에 나 자신이 매몰되지 않기로 결심했다. 사역이 아닌 그리스도가 나의 인생이기 때문이다.

타락에 대한 건전한 견해를 가져라

그리스도의 몸된 교회는 두 가지의 본성을 지닌 사람들로 구성되어 있다. 우리는 그리스도인들이 성령의 역사로 중생한 것을 기뻐할 수 있다. 그러나 모든 신자의 내부에는 옛 자아가 남아서 그를 끌어당기는 것이다. 어느 순간에나 그는 성령의 감화력을 따라갈 수도 있고, 아니면 이기적이고 때로는 추악하기까지 한 옛 자아의 행동을 따라갈 수도 있다. 목회에서 살아 남고 싶은 사람은 인간의 타락에 대해 건전한 이해를 가져야 한다.

나의 동료 한 사람은 어느 주일 아침 교회 보일러실에서 이 교훈을 금방 체득하기도 했다. 우리 몇 사람이 주일 아침 예배 직전 기도실에 모여 있는데 릭(Rick)이 들어왔다. 그는 이제 막 얻어터진 강아지 꼴을 하고 있었다. 나는 그에게 도대체 어떻게 된 일인지 물어 보았다. 그는 우리에게 다음과 같이 설명해 주었다.

그가 지하실에서 어느 방을 지나서 가고 있을 때 누군가 그에게 보일러실로 혼자만 와 달라는 부탁을 했다. 제리(Jerry)가 그와 함께 무엇인가를 나누고 싶다는 것이다(나는 그에게 "내가 당신과 함께 무엇을 좀 나누고 싶습니다"하고 이어 벌어지는 상황들에 대해서 조심하도록 주의를 주었어야만 했다. 특히 "사랑 안에서"라는 말이 붙으면 필히 경계하도록 했어야 했다).

제리는 일단 작은 방에 들어서자 자신이 수술을 받은 후 병을 회복하는 동안 릭이 자기를 돌보아 주지 않은데 대해 섭섭한 감정을 그대로 퍼부었다. 사실은 릭과 내가 그를 방문한 적도 있고 두 번 이상 전화를 걸었던 일도 있지만 제리는 그것이 성에 차지 않았던 것이다. 릭은 제리의 언사와 격렬한 몸짓, 그의 6피트 4인치의 큰 체구 앞에서 완전히 당하고 말았다.

우리가 받는 비판 중에는 타당하고 유익한 것들도 많이 있다. 그러나 사람들의 옛 본성이 아직 뿌리 뽑히지 않았으므로 수많은 인신공격이 생거나는 것이다.

우리는 끊임없이 새로운 자아를 양식으로 먹이고 북돋아 준다. 동시에 우리는 어떠한 순간에라도 남들이 혹시 추하고 해로운 옛 자아의 행동을 하더라도 거기에 난데없이 말려드는 일이 없어야 한다. 이로부터 우리는 우리의 할 일이 아직 끝나지 않았음을 쉽게 알 수 있다.

정상적이고 체계적인 평가

잠언 12장 15절은 이렇게 말한다. "어리석은 자의 길이 자신에게는 옳게 보이나 지혜로운 자가 듣고 고치느니라." 잘못된 비판이 있을 수도 있지만 매우 적절한 비판도 있을 수 있다. 이러한 건설적인 비판을 듣기 위해서 나는 나의 사역에 대한 체계적인 평가를 구하게 되었다. 정기적으로 계획한 평가는 스트레스를 유발하는 폭로성 비판을 피하는 데 도움을 준다.

우리 교회의 운영위원회에서는 매 3년마다 내가 하는 사역을 나타낸 11개의 항목을 검토하였다. 이들은 매 항목에 대해 호평도 하고 건의도 했다. 이들은 자기들만 모여서 두 번의 회합을 가졌고 그 후 두 세 시간을 나와 함께 보냈다.

그들의 평가를 들으면서 나는 그들이 하는 말이 무슨 뜻인지 분명히 파악하기 위해서만 끼어들었다. 어떤 때에는 그들이 준비한 평가 용지에 무엇인가 적을 때도 있었다. 그리고 이와 같은 문서를 통한 평가와 내가 적어 넣은 내용들은 그들의 관찰 결과와 관심사에 대해 토론할 때 내가 더 잘 할 수 있는 도약대가 되었다.

사람들은 이 체계적인 평가를 통해 나의 목회에 대해 긍정적이거나 부정적인 감정을 표시할 수 있었다. 이와 같이 비판의 소리를 함께 나눌 수 있는 장치가 없었더라면 나는 당연히 해야 할 일을 하지 않음으로 인해 교인들로 하여금 그들끼리만 생각을 나누도록 조장했을 것이다. 그리고 그것은 목회 편집증의 확실한 공식인 것이다.

다양한 취향들을 허락하라

나는 내가 목회를 통해 교회라고 불리우는 그리스도인 가족의 중심에 있게 된다는 점에서는 목회라는 일을 높이 평가한다. 이것은 또한 목회가 그토록 어려울 수 있는 이유이기도 하다.

대부분의 부모들은 아이들을 참견하지 않고 그냥 두는 일에 어려움을 느낀다. 또한 남편으로서나 아내로서 의견을 달리하는 점도 있을 것이다. 그러나 이러한 가정 100가구만 모아서 교역자가 그 중심에 있는 한 집단적인 교회 가정을 만들어 보라. 그들은 아마도 상당히 흥미 있는 시간을 갖게 될 것이다.

이러한 경우에 갈등이 최고조에 이른 것처럼 보일 때에도 사실 문제는 취향의 문제에 지나지 않는 경우가 많다. 가족 성원 중 누구는 이것을 좋아하고 다른 사람은 저것을 좋아한다. 그러나 그들은 가족간의 관계에서와도 같이 자신들이 심하게 말다툼하고 있는 것을 발견할 수 있다.

어떤 사람은 형식을 제대로 갖춘 예배를 좋아하는데 또 다른 사람은 형식에 매이지 않는 예배를 좋아한다. 음악에 있어서도 누구는 바하를 좋아하는데 다른 이들은 마라나타 중창단을 좋아한다. 깨달음을 주는 도전적인 설교를 좋아하는 사람이 있는 반면, 듣는 이로 하여금 벽에 기대어 떨게 하는 죄와 형벌에 대해 경고하는 설교를 좋아하는 사람도 있다.

많은 다른 목사들처럼 나는 처음에 모든 사람을 항상 만족시키기를 원했다. 그래서 사람들은 자기들이 좋아하는 것들에 대해 하는 말들을 지나칠 정도로 심각하게 받아들였다. **그러다가 사람들의 비판이란 많은 경우에 취향의 문제에 지나지 않음을 깨닫게 되었다.**

그러한 깨달음 이후 나는 항상 만족하지 못하는 사람들에 대해 불편함을 덜 느껴 왔다. 실제로 우리 교회 교인 가운데 누가 다른 교회로 옮겨가는 경우 이것은 그들에게나 우리에게나 도리어 유익이 되는 것으로 판명되는 경우가 많다.

포괄적이면서도 다양한 프로그램을 준비하는 것은 중요하다. 그러나 한편으로 나는 사람들이 각기 다른 취향을 가지고 있다는 사실을 깨달음으로써 비판을 잘 견딜 수 있었다.

언젠가 어느 월요일 아침에 내가 나이 지긋한 한 사람을 심방하고 있을 때였다. 그 사람이 나에게 이렇게 말했다. "목사님, 저는 어제 설교 세 편을 들었습니다. 그런데 우습게도 제리 파웰(Jerry Falwell)과 찰스 스탠리(Charles Stanley)가 한 설교는 대충 기억이 나는데 목사님이 하신 설교는 기억이 안 나는데요."

나는 이 말을 듣고 처음에는 내 입장을 변호하려는 반응을 보였다. 나는 그가 무슨 말을 하려는 것인지 궁금했고, 또한 내가 과연 사역을 충분히 하고 있는가 하는 의심이 들었다. 그러나 결국 나는 그의 말이 무슨 특별한 뜻이 있는 말은 아니라고 생각하기로 했다. 그의 말은 건설적인 비판은 아니었다. 단지 내가 담임하고 있는 두 본성을 지닌(아니면 다툼을 좋아하는 본성을 지닌) 한 사람의 교인이 무심코 한 말이었을 뿐이다.

나는 많은 유명한 설교자들과 맞서 경쟁해 낼 능력은 없다. 따라서 이 사람이 그들의 설교를 나의 설교보다 나은 것으로 생각한다고 해도 좋다. 나는 다만 내 설교를 발전시키기 위해 노력할 것이다. 그러나 언젠가 나의 설교가 완숙한 경지에 이르는 날이 오더라도 나의 설교 스타일이 모든 사람을 만족시키지는 못할 것이다.

나는 모든 사람을 항상 만족시킬 수는 없다. 이에 나는 하나님의 영광을 위해 하나님께서 나에게 주신 개성과 재능, 은사들을 사용하여 하나님께서 보내주신 교회에 전심으로 봉사하기 시작했다. 그리고 그와 더불어 나를 흠잡는 비난꾼들을 점점 돌아보지 않게 되었고 앞에서 나를 이끄시는 그분을 더욱 많이 바라보게 되었다.

─존 시온카

나는 거짓말이나 잘못된 행동을 견책함으로써가 아니라 진리를 확언
함으로써 감정적인 폭발점을 없애려고 한다. 올바른 영으로 선포한 진
리는 결국 승리하기 마련이다.

—에드워드 돕슨

제 4 장
논쟁의 소지가 있는 주제의 설교

수년 전 나는 술에 대해 설교한 적이 있다. 나는 그 교회 역사상 한 번
도 다루어진 적이 없는 문제를 다룬 것이다. 이 문제가 무시당해 온 이유
는 아마도 우리 교회에 음주에 대한 견해가 두 가지가 있기 때문인 것 같
았다.

교인들 가운데 한 부류는 성경에 "술 마시지 말라"는 말이 적혀 있기
를 바란다. 그러나 이보다 많은 다른 사람들은 교제를 목적으로 가볍게
술 마시는 것을 아무런 문제가 안 되는 것으로 받아들인다.

쉽게 상상할 수 있는 일이지만, 내가 설교를 마치자 한 부류의 사람들

은 내가 음주에 대해 문호를 완전히 개방했다고 느껴서 화가 나 있었다. 이들은 모든 젊은이들이 나가서 술을 마시리라고 생각했던 것이다.

이보다 더 큰 부류의 사람들은 빈정거리는 투로 이렇게 말했다. "허참! 목사님은 저희들이 술을 입에 대기만 해도 마음이 찔리게 해 놓으셨군요."

이것은 논쟁의 여지가 있는 문제에 대해 설교할 때 나타나는 특성이다. 이러한 설교는 더 큰 논쟁을 유발할 수도 있다. 교회에서 논쟁이란 피할 수 없는 것이다. 또한 목회자 자신이 논쟁의 유발자가 되는 경우도 있는 것이다.

왜 논쟁의 여지가 있는 주제에 대해 설교하는가?

나는 논쟁의 여지가 있는 주제에 대해 설교하는 일을 그다지 좋아하지는 않는다. 나는 그런 설교를 할 때에 대부분의 경우 그 대가를 치루어야 한다는 사실을 배웠다. 누군가를 화나게 하고야 마는 것이다. 나는 종종 문제를 제기할 때에 내가 지금 다름아닌 나의 목회사역 즉, '교회의 사역을 위험하게 하고 있구나'하는 생각을 하곤 한다.

그렇다면 내가 그렇게 하는 이유는 무엇인가?

진리에 대한 **책임감** 때문이다. 나는 교회가 부딪히는 문제들에 대해 정직하게 대응할 의무가 있다. 그것들을 무시하는 것은 사람들이 살고 있는 세상의 실체를 무시하는 것이다.

예를 들어보자. 얼마 전에 우리 교회는 결혼, 이혼, 그리고 재혼에 대한 교회의 입장을 바꾸었다. 교회에서 60년간 지켜온 입장을 근본적으로 바꾼 것이다. 우리는 지난 20년간 이혼율이 증가해온 사실을 인정하고 이 문제들을 다루어야 했다. 그리고 나도 이 문제들에 관한 설교를 해서 우리 교회의 새로운 방침을 분명히 해야 했다.

여성 사역자의 문제는 오늘날 교회에서 일어나는 논쟁 가운데 중심적인 또 하나의 문제이다. 나는 이 문제를 무시하는 것이 이해가 되지 않는다. 이 문제는 사람들이 혼란을 일으키는 중요 사안에 속하는 것이다. 고위 관리직에 있는 많은 여성들이 여성 사역 문제에 대해 질문을 던지고 있다. 이들은 정당하고도 합리적인 교회의 답변을 들을 권리가 있다.

나는 이처럼 실재하는 문제들을 무시하는 것은 진리에 대해 별 관심을 두지 않는 것이라고 생각한다. 성경에는 오늘날의 큰 문제에 대한 해답이 모두 있다. 성경이 가르친다고 믿는 내용을 선포하는 일은 내가 받은 소명의 일부이다.

사람들에 대한 책임감 때문이다. 나는 전에 다른 사람을 용서해야 한다는 내용의 설교를 하고 나서 다음과 같은 내용의 편지를 받은 적이 있다. "저는 지금 18세입니다. 제가 열네 살이었을 때 아버지가 저를 성폭행해서 임신을 하게 되었습니다. 저는 지금 네 살된 어린아이가 있는데 그 애를 볼 때마다 아버지가 생각납니다. 그런데 목사님은 어떻게 거기 앉아서 저를 보고 용서하라는 말을 하실 수 있습니까? 제 아버지는 아직도 저에게 손끝 하나 대지 않았다고 주장하는데요."

이는 비단 나 혼자만이 아니라 이러한 종류의 문제들과 싸우는 사람들 모두가 걱정하는 문제이다. 여성들은 페미니즘에 대하여, 십대들은 성관계에 대하여, 실업인들은 윤리 문제에 대하여 어떤 입장을 취해야 할지 주저하고 있는 것이다. 각 개인들은 논쟁의 여지가 있는 문제들을 안고서 씨름하고 있다. 내가 그들의 목회자가 되려면, 그들이 그리스도인으로서의 행보를 계속하도록 도와 주려면, 강단에서 그들의 관심사를 다루어 주어야만 할 것이다.

갈등이 논쟁에 빠지지 않게 하라

나는 내가 취하는 태도가 사람들이 내 설교를 받아들이는 데에 영향을 준다는 것을 알게 되었다. 설교를 전할 때 내가 갖는 기분은 사람들이 내게 보내는 반응 가운데 종종 반영되곤 했던 것이다. 나는 불필요한 반대를 최소화하는 데 도움이 되는 몇 가지를 발견했다.

교인들의 의견을 얻으라. 나는 논쟁적인 문제들을 다룰 때에 나와 의견이 다른 사람들의 견해와 감정을 흡수하는 것이 도움이 된다는 것을 발견했다. 그러나 그러기 위해서는 내가 서재에서 나와 있어야 했다.

나는 가끔 설교를 준비한 후에 회중석에 앉아서 주일날 교인들이 앉아서 예배 드리는 위치에 처해 보려고 애를 쓸 때가 있다. 거기서 나는 지난 주간 교인들이 무슨 일을 했는지, 그들이 맺는 인간관계는 어떠한 것인지, 그리고 무슨 문제를 붙들고 씨름하는지 상상해 보려고 애쓴다. 나는 스스로에게 질문을 던져 본다. "이번 설교는 어떤 점에서 다를까? 교인들은 이 설교를 어떻게 볼 것이가? 이로부터 어떤 결론을 내릴 것인가?"

물론 교인들의 의견을 접하기 위해서는 그들과 직접적인 접촉을 하는 것 이상의 방법은 없다. 우리 교회에서 토요일 밤에 드리는, 교회에 등록하지 않은 사람들을 위한 예배에서는 매번의 담화 시간 말미에 질의 응답시간이 있다. 사람들은 예배의 주제와 관련된 질문들을 써내고 나는 거기에 답변해 주려고 노력한다. 이런 일을 매주 함으로써 나는 사람들이 어디로부터 왔으며 그들이 진정 무슨 생각을 하고 있는지를 들여다볼 수 있는 창문을 갖게 되는 것이다.

가장 좋은 방법은 예배 후나 주 중에 교인들을 개별적으로 만나 그들이 부딪히는 문제점들을 듣는 것이다.

우리 교인 중 한 사람은 모험적 사업(business venture)에 뛰어들어 1년 반 동안 일하고 수십만 달러의 큰 돈을 벌 수 있게 되었다. 그런데 마지막 순간에 은행에 있는 어떤 사람이 끼어들어 법을 위반해 가면서 선수를 치고 나서서 그 돈을 가로챘다. 이 교인은 나에게 와서 자신이 어떻게 해야 하는지를 물었다.

"소송을 제기할까요? 아니면 지금 하나님께서 저에게 이 돈을 모두 포기하도록 말씀하시는 것일까요?"

유물 사상의 일반적인 내용을 설교하는 것과 직접적인 질문에 답하는 것은 다른 것이다. "제가 잃어서는 안 되는 돈을 사기당했는데 이런 경우 목사님의 설교는 저에게 어떻게 적용되나요?"

내가 우리 교회 교인들이 부딪히는 딜레마를 알 때, 내 설교는 보다 현실적인 설교가 될 뿐만 아니라 더욱 공감이 가는 설교가 된다. 그리고 단순히 쉽게 판단하는 데서 나오는 불필요한 논쟁을 피할 수 있게 된다.

진실은 보다 더 긍정적으로 확언하고 실수는 보다 덜 정죄하라. 나는 음주에 대해 설교하면서 음주에 대해 잘못된 죄의식을 지우지 않으려고 주의를 기울였다. 나는 나 자신이 술을 마시지 않는 몇 가지의 이유를 단순히 설명했을 뿐이다. 나는 우리 나라의 약물과 마약 문제에 대해 이야기했으며 태어날 때부터 술을 좋아하는 사람도 있다는 사실을 보여주는 연구 결과에 대해서 이야기했다. 그리고 알콜 중독자들이 겪어야 하는 무서운 고통에 대해 설명했다.

"이런 모든 이유들로 인해서 저는 술을 마시지 않기로 결심한 것입니다." 나는 이렇게 말했다.

나는 또한 내가 갖는 생각이 깊이 생각한 끝에 얻은 결론이며, 나는 양쪽에 대해 공정한 입장에 서 있다는 사실을 분명히 했다. 내 목표는 양쪽과의 차이점을 가르거나 정치적으로 안전한 기반을 찾는 것이 아니다. 나의 목표는 거짓말이나 잘못된 행동을 비난하는 것이 아니라, 진리를 확언함으로써 감정적 흥분 상태를 없애는 것이다. 올바른 마음으로 선포한 진리는 결국 승리하기 마련이다.

충격 요법은 조심해서 사용하라. 충격 요법을 적절히 사용하기만 하면 사람들을 소외시키지 않고 예표를 찔러 문제를 해결할 수도 있다.

술 마시는 문제에 대해 설교할 때 나는 교인들을 우쭐하게 했다. 나는 성경에 나오는 인물 중에 자신을 구별하기 원하는 마음으로 술을 마시지 않았던 나실인의 서원을 한 사람들과 세례 요한 등을 열거했다. 내 설교를 들으면서 술을 마시지 않는 교인들은 그야말로 잘하는 설교라고 생각했다.

그 때 내가 이렇게 말했다. "이제 금주하지 않았던 사람들을 말씀드리겠습니다." 그리고 즉각 예수님을 언급했다. 나중에 사람들은 내가 이렇게 말했을 때 내가 다음 말을 어떻게 할지 귀를 곤두세우지 않을 수 없었다고 이야기했다.

그러나 나는 충격 요법을 단순히 사람들을 놀라게 하기 위해서 사용하지는 않는다. 이것은 그 의도와 내용 면에서 성경적이고 또한 목회적이어야 한다. 사랑 가운데서 진리를 말하는 것이어야 한다. 충격 요법을 사용해야 할 적절한 이유가 없다면 나는 사용하지 않을 것이다.

반대 의견도 공정하게 대하라. 논쟁이 되는 문제를 설교할 때에는 우리와 반대의 입장에 선 사람들을 불공정하게 대하고자 하는 유혹이 가끔씩 들곤 한다.

예를 들면, 나는 전에 예수님께서 "너희가 인자의 살과 피를 먹고 마시지 않으면 너희 속에 영생이 없느니라"고 하신 말씀에 대해 설교를 한 적이 있다. 그런데 우리 교회의 주일 예배 참석자의 10%가 로마 가톨릭 교도였으므로 나는 근간이 되는 내용들을 선포하되 로마 가톨릭 교인들을 개인적으로 공격하거나, 또는 그들을 무식하다거나, 비성경적인 그리스도인이라고 말하지 않는 방법을 찾아야 했다.

그래서 나는 이 주제에 대한 로마 가톨릭 신학 서적을 상당히 많이 읽었다. 그리고 설교할 때 이렇게 말했다. "어떤 성서학자들은 이 구절을 이렇게 해석합니다…." 그리고는 로마 가톨릭의 입장 가운데 가장 강력한 논증을 이야기해 주었다.

그 다음 "저는 이 구절을 이렇게 좀 다른 방식으로 해석해야 된다고 믿는데 이제 그 이유 너댓 가지를 설명해 드리겠습니다."

가톨릭 교도들은 이 일을 매우 기분 좋게 받아들였다. 그들은 "저는 그런 식으로는 생각해 보지 않았습니다. 그런데 듣고 보니 맞는 말인데요." 그들은 내가 자신들을 남들과 구별하지 않았으므로 긍정적 반응을 보였다. 나는 그들을 존중했다. 사실 나는 로마 가톨릭 신학자나 교리를 로마 가톨릭이라고 밝히지도 않았다. 그래도 로마 가톨릭 교도들은 내가 하는 말을 알아들었다.

다른 입장에 서 있는 사람들을 이러이러한 사람들이라고 딱지를 붙이는 것은 논쟁적 설교에서 특히 빠져들기 쉬운 유혹이다. 그러나 나는 어떤 일이 있어도 그런 일은 하지 않는다. 그리고 내 설교를 듣는 교인들에게도 그런 일은 하지 말도록 권면한다.

술 마시는 문제에 대해 설교할 때 나는 음주를 찬성하는 이유와 반대하는 이유를 열거하고 나서 이렇게 말했다. "우리는 이 문제에 대해 의견의 일치를 보지 못할 수도 있습니다. 그러나 적어도 이 정도는 해야 되겠습니다. 서로 '율법주의자'라느니 '자유주의자'라느니 하면서 비난하지 말고 그저 '형제'와 '자매'라고 부릅시다."

궁극적인 초점은 사람이 아닌 하나님께 두라. 나는 사람들에게 민감해지기를 원하지만 그들의 반응이 내 설교를 좌지우지하는 것은 원치 않는다.

2년 전 나는 심각한 경험을 한 적이 있다. 이 때 문제를 일으킨 것은 내 설교가 아니라 설교를 들은 사람의 반응이었다. 그러나 벌어진 상황은 내가 논쟁의 여지가 있는 문제에 대해 설교했을 때와 같은 감정을 불러 일으켰다.

교회에서 한 여인이 내게 와서 이렇게 물었다. "목사님, 저를 쳐다보셨지요? 설교할 때 저에게 눈길을 주셨지요?" 이 여자는 내가 자신에게 매혹당했다고 믿고 있었다.

나는 이렇게 대답했다. "아뇨. 저는 당신이 누구인지도 모릅니다." 나는 문제를 피하기 위해 내 아내와 그 여자의 남편을 상담하는데 같이 오게 했다. 결국 그 여자는 자신이 정서적으로 많은 문제가 있다는 점을 인정하고 전문가의 도움을 받는 데 동의했다.

그러나 그 여자는 계속해서 친구들에게 목사가 자신을 유혹했다고 떠들어댔다. 그녀는 다른 사람들과는 다르게 앉아서 이런 생각을 하곤 했다. '목사님은 설교를 하실 때면 나를 은근한 눈으로 쳐다보신다. 나를 사랑하고 계신 것이 틀림없어.'

나는 이 문제를 운영위원회에 넘겨서 그들에게 이 문제를 처리해 달라고 부탁했다. 그리고 긴장을 풀려고 했지만 그 뒤로 약 6개월 동안이나 주일이 되어 강단에 올라서면, 그 여인이 어디엔가 앉아서 내가 자신을 멀리서 사랑하고 있다고 생각한다는 사실을 알고 있었다.

나는 설교하면서 나 자신을 의식하게 되었다. 매번 설교할 때마다 어디를 봐야 할지 조심하려고 신중한 노력을 기울여야 했다. 나는 예배 시간에 나 자신을 잊고 하나님께 주의를 집중하려고 했다. 그러나 대부분의 경우 그것이 잘 되지 않았다. 나는 나 자신이 이런 생각에 빠져 있는 것을 발견하곤 했다. '그 여자가 어디에 앉아 있는지 궁금한데. 만일 그 여자를 보게 되면 다른 곳으로 눈길을 돌려야지.' 내가 한 것이라고는 그 여자에 의해 영향을 받은 것밖에는 없었다. 그 여자는 나의 자연스러운 행동을 심각하게 제한했다.

예배가 끝난 후에도 이런 생각이 들곤 했다. '가만있자. 내가 여기 서서 사람들과 악수를 나누면 그 여자와 그 남편이 이리로 지나갈까? 이 여자가 또 사람들에게 뭐라고 할까?'

이런 모든 경험은 내가 내 명성을 믿고 하나님께 쓸모있는 존재라고 믿었던 일에 대해 중요한 교훈을 가르쳐 주었다. 시간이 지나감에 따라 나는 마음에 압박감을 느끼면서도 자유롭게 말할 수 있게 되었다. 마음에 갈등이 일어날 때에도 성경 본문에 충실할 수 있게 되었다. 설교하는 중에 확신과 기쁨으로 외쳐야 할 부분에서는 순종하는 마음으로 그렇게 했다. 그리고 하나님께서는 내 마음 속의 느낌과 관계없이 성과를 이루셨다.

목회자로서 나는 나의 감정을 접어두고 임무를 완수해야 하는 전문가가 되어야 하는 경우도 있는 것이다.

성경의 활용

성경도 또한 우리가 바르게 사용하기만 하면 불필요한 논쟁에 빠지지 않게 해준다. 성경은 나로 하여금 참으로 문제가 되는 것을 놓치지 않게 해주며 내가 사람들에게 접근하는 길을 인도해 준다. 내가 논쟁이 되는 문제를 만났을 때 성경을 사용하는 법은 다음과 같다.

어떤 싸움을 싸우며, 언제 싸울지를 성경이 결정하게 하라. 특히 갈등을 겪고 있는 경우에 나는 설교할 때 성경으로 시작해서 성경으로 마친다. 이런 경우 강해설교가 말썽을 막아 주었다.

나는 이 한 주간에 무슨 일이 일어나도 돌아오는 주일에는 요한복음이나 로마서나 그동안 계속 보아오던 성경에서 지난 주에 이어지는 설교를 할 것이다. 내가 그 주간의 사건에 반응하지 않으며 그 사건들이 내 설교에 부당하게 끼어들도록 하지도 않는다. 그 일은 강해설교 본문이 하도록 할 것이다. 엔진의 조정기와도 같이 강해설교는 나로 하여금 적당한 속도를 지키고 이성을 잃지 않도록 도와준다.

강해설교를 하게 되면 강해를 하다가 순서가 닿는 대로 난제들에 대해서도 설교를 할 수 있게 된다. 예를 들어, 내가 음주에 대한 설교를 한 것은 마침 요한복음을 강해하던 중이었기 때문이다. 그리고 성경에는 예수님이 물로 포도주를 만드셨다는 기사가 나온다. 사람들은 "그것이 어떤 종류의 포도주였을까?"하고 질문을 했다. 그것은 답변을 해주어야 하는 정당한 질문이었다. 그런데 내가 강해설교를 하던 중에 그 문제를 다루었으므로 사람들은 내가 자기들에게 값싸게 말을 하고 있다는 느낌을 갖지 않았다.

　　감정적 반응을 해소하기 위해 성경을 사용하라. 성경을 기반으로 하면 설교 후 감정적 반응을 처리하는 데 도움을 얻을 수 있다. 나는 비판을 받을 때 이렇게 대답한다. "내가 성경을 잘못 해석했다면 수정하겠습니다. 내가 무슨 비성경적인 말이라도 했나요? 성경에 비추어 잘못된 말을 한 것이 있나요?"

　　한 여인이 라디오에서 음주에 대한 설교를 들었다. 그녀는 자기 아들이 알콜 중독자였기 때문에 괴로움을 느꼈다. 그 주일날 이 아들이 교회에 나왔다. 그는 집에 돌아가자 어머니에게 말했다. "돕슨 목사님이 술 마셔도 괜찮다고 했어요." 이 말을 들은 어머니는 나에게 전화를 걸어 한바탕 퍼부어댔다.

　　"음주 운전 때문에 죽는 사람은 다 목사님 때문에 죽는 거예요. 이 동네에서 사고당하는 사람의 핏값은 목사님 손에 있어요."

　　그러나 나는 "내 말이 어디가 틀렸는지 성경을 보고 말해 주시오." 하고 대응했다.

　　"그런 건 중요한 일이 아니예요."

　　"아니, 그것이 바로 요점입니다"

　　나는 평소의 내 습관대로 나 스스로를 방어하려 하지 않고 냉소적인 태도도 갖지 않으려고 한다. 다만 성경으로 돌아가려고 애쓸 뿐이다.

　　사안에 따라 성경을 사용하라. 어떤 교회에서는 성경이 언급하지 않는 문제들을 놓고 다툼이 일기도 한다. 나의 경우에는, 성경이 다양한 해석의 여지를 남겨 놓고 있으면 설교할 때에도 여백을 남겨 둔다.

　　예를 들어, 우리 교회의 어떤 사람들은 내가 공공 교육과 가정 교육,

그리고 그리스도인의 학교 교육에 대해 검토해 주기를 바라고 있다. 그러나 나는 그런 일은 사양한다. 솔직히 말해 성경에서 이 문제에 대해 어떤 입장을 명백히 지지하는 구절을 본 적이 없기 때문이다. 내 생각에 이 문제는 각 개인이 성경적 차원이 아닌 인간적 차원에서 가족을 위한 결정을 내려야 할 것 같다. 절대적인 성경의 원리가 아니라 각 사람의 기호와 넓은 의미의 성경적 원리에 근거한 결정을.

그러므로 설교자는 당연히 어떤 주제가 성경적 근거가 분명한지, 어떤 주제가 그렇지 않은지를 판단해야 한다. 아래 열거한 것은 내가 사용하는 지침들이다.

1. 어떠한 일이 있어도 기독교의 독특성을 지켜라. 절대적인 기독교 신앙의 진리들이 있다. 기독교인과 비기독교인을 구별하는, 우리 모두가 동의해야만 하는 내용들이다. 그 중에는 은혜의 복음, 성육신, 성경의 중심성 등이 있다. 교회의 순전성을 양보하지 않는 한 이 내용들에 대한 이의는 있을 수 없다. 그러므로 이 내용들은 강단에서 정기적으로 선포해야 한다. 설혹 그렇게 함으로써 분란이 일어날지라도 직간접적으로 선포해야 하는 진리인 것이다.

2. 확신하는 바를 설교하라. 그러나 다른 견해들도 인정하라. 그 다음으로 확신하는 내용들이다. 본질적이지 않은 이슈들에 대한 신념이다.

우리 교회에서는 종말론, 세대주의, 세례 등에 대한 나름대로의 입장을 세워 놓았다. 예를 들어, 유아는 세례를 받아서는 안 된다는 것이 우리의 입장이므로 우리 교회에서는 유아세례를 주지 않는다. 그러나 유아세례를 받은 사람으로서 우리 교회에 등록하고자 하는 사람들에게 세례를 다시 베풀지는 않는다.

이들 신념은 성경적 절대 진리는 아니지만 설교하기에는 적합한 주제들이다. 나는 목사로서 우리 교회의 신념들을 믿으며 이들을 수호하도록 소명받았다. 그러나 나는 다른 신실한 그리스도인들이 우리 신념에 동의하지 않을 수도 있다는 말을 덧붙임으로써 내가 하는 말에 한계를 지운다.

3. 취향에 관한 문제는 느슨하게 주장하라. 마지막으로 취향에 관한 문제가 있다. 예를 들어, 우리 교회의 예배 스타일은 취향의 문제이다. 의복과 외부 장식도 나에게는 취향의 문제이다. 내가 각기 다른 취향을 가진 사람들을 받아들이려면 그들의 취향으로 그들을 판단해서는 안 된다. 성경은 취향의 문제에 대해 선택의 여지를 넓게 남겨 두고 있다. 나는 논쟁의 소지가 있는 주제에 대해 설교할 때 그 점을 수시로 상기시킨다.

언젠가 기독교 음악에 관한 설교를 한 적이 있다. 이것은 당시에 우리 교회의 큰 관심사였는데, 나는 어떤 기독교인들은 현대음악에 강하게 반대한다는 점을 인정했다. 그리고 나서 과거 한때는 모든 교회 음악이 현대음악이었다는 점을 지적하고 우리가 그 사실을 잊기 쉽다는 점을 이야기했다.

그런 다음에 폭탄선언을 했다. "저는 현대음악을 좋아합니다. 기독교록 음악도 좋아합니다. 이것은 저의 의견일 뿐이며, 성경적 진리나 신념은 아닙니다. 다만 취향의 문제일 따름입니다." 이렇게 말하고 나서 분명히 뒤따라올 반응을 처리하기 위해 나는 다음과 같이 했다. 즉, 교인들 중 일부는 내가 다른 면에서는 올바름에도 불구하고 미쳤다고 생각할 수도 있다는 점을 인정했다.

"그렇게 생각하셔도 좋습니다. 단, 제가 그러한 취향을 가졌다고 해서 저를 영성이 부족하다고 판단하지 않으신다면 말입니다."

그리고 나서 나는 그 때까지 잘난 체 해오던 현대음악을 좋아하는 사람들에게 그들도 또한 어느 정도의 참을성을 지켜야 한다고 주의를 환기시켰다. 나는 그들이 전통주의자들에게 "그런 프로그램이나 가지고 잘해보시오." 하고 말하고 싶어 한다면 그들은 자유의지론적 형식주의자들이라고 해주었다. 또한 우리 교회에서는 주일에는 격렬한 비트가 있는 현대음악을 사용하지 않는다는 사실도 알려 주었다. 우리의 목적은 모든 사람이 하나님을 예배하도록 격려하고 고무하는 것이지 우리가 자유롭다는 사실을 확인하는 것이 아니다.

성경은 적절하게 사용하기만 하면 논쟁의 여지가 있는 설교의 물결을 좀 더 잔잔하게 할 수 있는 것이다.

피해야 할 실수들

우리의 감정을 건드리지 않는 이슈는 논쟁적인 것이 될 수 없다. 이것이 갈등과 불일치의 본성이다. 나는 내가 말하고 행동하는 바를 감정적으로도 따라가기를 원하지만, 그 순간에 한껏 감정이 고조되어 이성을 잃기를 원하지는 않는다. 그렇게 하는 경우에는 회중들을 이끌어가는 나의 능력은 큰 위협을 받게 된다.

그런 경우에 나는 머리를 냉정하게 해서 빠져들기 쉬운 실수들로부터 벗어나려고 한다.

최종적 권위자처럼 행세하는 것. 20년 전에는 많은 교회들이 목사가 하는 말은 사실인 것으로 믿었다. 그러나 지금은 세대가 다르다. 사람들은 목사가 잘 이해시키면서 설득을 하지 않으면 목사의 말에 반응하지 않는다. 설명을 잘 해도 교인들은 의심을 품을 때가 있다. 내가 권위주의자로 행세하면 사람들은 내 설교를 들으려 하지 않을 것이다. 그들은 나에게 대들 것이다. 나는 단순히 "성경이 술 마시는 것을 금지하고 있습니다."라거나 "성경은 여자들에게 복종할 것을 명령합니다."라는 등의 말로 도망갈 수가 없는 것이다.

사실 나는 정기적으로 교인들에게 이렇게 말하곤 한다. "여러분은 제가 강단에서 하는 말을 여러분 스스로가 성경에 비추어 검증하기까지는 믿지 말아야 할 의무가 있습니다. 저는 여러분께 믿어야 할 것을 말해 주려고 하지 않습니다. 저는 여러분이 성경을 정직하게 해석하고 적용할 수 있도록 도와 주려고 합니다. 저는 사람이며 실수도 합니다. 그러므로 내가 하는 말을 성령과 성경의 도움으로 판단하는 것이 신자의 책임입니다.”

사적인 문제를 공개화하는 것. 교회에서 벌어지는 갈등 가운데에는 공적이지 않은 것도 있다. 이러한 문제들은 강단이 아니라 방안에서 문을 닫고 이야기해야 한다. 이런 문제들을 공개화하는 것은 갈등을 악화시킬 뿐이다.

그러므로 그 문제가 화난 개인들 간의 것이든, 다투고 있는 교회 그룹들 간의 것이든 우리는 실제로 문제가 일어난 차원에서 문제를 풀어야 한다. 우리는 문제를 필요 이상으로 공개화해서는 안 된다.

예를 들어, 만일 그 문제가 교회 헌법이나 어떤 절차상의 문제에 대한 것이라면 우리 교회에서는 운영위원회 차원에서 그 문제를 처리한다. 장로들은 거기에 책임이 있는 사람들이다. 만일 그 문제가 교인들 중에 불만을 품은 사람들 사이의 것이라면 우리는 문제가 일어난 차원에서 그 문제를 다루며 절대 공개화하지 않는다.

교인들의 경험을 우습게 평가하는 것. 교인들이 내가 가르치려는 것을 대수롭지 않게 생각하려 할 때, 나는 그들의 경험을 얕잡아보거나 우습게 보려는 유혹이 들곤 한다. 그러나 경험이란, 아무리 내가 가르치는 것과 반대되더라도 실제적인 것이다. 그러므로 진지하게 다루어져야 한다.

토요일 밤 예배시간에 있었던 일이다. 질의 응답시간에 받은 쪽지에 다음과 같은 내용이 적혀 있었다. “저의 어머니가 돌아가셔서 아버지가 재혼을 하셨는데 정말 못된 여자와 결혼을 하셨어요.” 쪽지의 내용은 계속되었다. “그 여자가 죽어서 제가 그 무덤에 올라가 영광송을 부를 수만 있으면 원도 없이 기쁘겠습니다.”

방에 있던 사람들은 낄낄거리며 웃었다. 그러나 이 쪽지에 씌어진 빈정거리는 듯한 내용의 이면에는 커다란 비애가 깔려 있었다. 내가 여기에 대답을 시작했는데 이 쪽지를 쓴 사람이 교인들 가운데서 일어섰다.

"그 쪽지는 제가 쓴 겁니다." 그는 말을 이어갔다. "저는 사람들이 낄낄거리고 웃는 데 대해 별로 기분이 좋지 않군요. 저는 지옥에서 살아왔어요." 갑자기 우리가 토론하고 있던 훌륭하고 말끔한 신학적 원리—용서에 대한—가 더 이상 훌륭하거나 말끔하지 않게 되었다. 그 주제는 여전히 중요한 것이었지만 그리 간단한 것만은 아니었다.

나는 그 사람에게 직접적으로 말했다. "우리가 웃은 데 대해 사과합니다. 이건 웃을 일이 아닙니다. 당신이 옳았어요. 이런 자리에서 일어날 수 있었던 당신의 용기에 대해 감사드립니다."

그리고 나서 나는 용서에 대해 계속 말을 이어갔다.

나는 내려가 그를 끌어안았다. 그리고 한 무리의 사람들이 다가가서 그를 포옹했다. 나는 그에게 용서란 한 번으로 끝나는 행위가 아니라 모든 것을 받아들이는 일생에 걸친 과정이라고 말해 주었다.

그 일이 있고 난 후 그는 토요 모임에서 일해 오고 있다. 그는 토요일 밤 예배야말로 자신이 경험한 유일한 종교적 경험이며, 우리 교회야말로 자신을 사랑하고 받아준 유일한 교회라고 공언한다.

나는 교회에서 불가피하게 일어나는 갈등을 피해 가지는 못한다. 사실 설교는 건강한 갈등을 유발한다. 그러나 올바르게만 등장한다면 갈등은 상황이 악화되는 것을 막아주고 결국은 교회가 보다 나아지게 한다.

교회에서의 다툼에는 어느 정도의 화력이 적당한가? 어떠한 제네바 협정도 이 문제에 관한 규칙을 만들지 않았다.

—마샬 셸리

제 5장
힘의 대결에서 살아남기

　　교회의 갈등은 여러 가지 모습을 띨 수 있다. 어떤 때에는 그저 마구 사람을 공격하는 경우도 있다. 혼자서 하는 불평이지만 목회자로 하여금 경계하도록 만들기에 충분하다. 예를 들어 다음과 같이 말하는 경우이다. "목사님, 저는 우리 교회에 대해 몇 가지 걱정 거리를 가지고 있는데요, 제가 참석하는 기도 그룹에서 쭉 나누어 온 것들입니다."

　　이와 다른 경우에 갈등은 작은 승강이로 국한되기도 한다. 서로 다른 그룹들이 사소한 문제에 대해 말다툼을 한다. 예를 들어, 주일학교 교과과정은 누가 정하는가 하는 문제, 또는 다용도실을 사용함에 있어 누가 우선권을 갖는가 하는 문제 등이다.

그러나 이와 또 다른 경우를 보면 갈등은 전면전이거나 치밀하게 계획된 궁정 쿠데타이다. 오직 목회자를 추방하는 것만이 반대자들을 만족시킬 수 있으며 오직 일반 교인들의 대중적 지지만이 목회자를 쫓겨나지 않게 할 수 있다.

그러한 갈등이 한 단계에서 다음 단계로 상승되어 갈 수 있는 길을 예시하는 데에는 한 목회자의 경험을 이야기하고 다음에는 그 목회자로 하여금 배운 바를 돌이켜 보도록 하는 것 이상 더 좋은 방법이 없을 것이다.

나는 한 목회자와 몇 번 만나서 다음의 이야기를 들었다(등장하는 사람들의 이름은 바뀌었다). 갈등을 겪고 있을 때 그는 적극적이고 명랑한 태도로 말을 하려고 애를 썼지만 얼굴에 나타나는 긴장은 그의 말이 꾸민 것임을 보여주고 있었다. 그는 전쟁이 끝난 다음에야 세세한 이야기를 해주었다.

찰스 베스터만(Charles Westerman)목사는 잭 켄턴(Jack Kenton)이 인사위원회로부터 교회 운영위원회 의장으로 임명되자 놀랐다. 잭이 모닝사이드 교회(Morningside Chapel)를 떠나려 한다는 소식을 전해 들은 지 겨우 6개월이 지났기 때문이다. 찰스는 잭이 몇 마디 했을 때의 상황을 기억하고 있었다. "목사님, 교회가 옛날과 같은 친근한 맛이 없어요. 서로가 알고 지내기에는 너무 수가 많아졌어요."

찰스는 이 평범한 관찰에 근거한 견해에 동의했다. 그러나 찰스는 이 문제가 오히려 환영할 만한 좋은 문제라고 생각했다. 펜실버니아 주 해리스버그의 외곽에 있는 이 교회는 지난 2년간 성장해 왔다. 많은 사람이 전입해 들어오고 머물렀으며, 또 다른 사람들은 교회가 너무 커져서 개인적으로 친밀한 느낌을 갖지 못하는 점을 비판하며 떠나기도 했다. 찰스는 주일학교와 소그룹을 통해 교인들 간의 친밀감을 북돋우기 위해

할 수 있는 노력을 다하였다. 그러나 찰스는 큰 교회들은 어쩔 수 없이 작은 교회들과는 다를 수밖에 없다는 사실도 또한 알고 있었다.

잭 켄턴의 가장 친한 친구의 한 사람인 클러렌스 포터(Clarence Porter)는 인사위원회의 의장이었다. 그리고 잭의 아내인 주디 켄턴은 인사위원회의 위원이었다. 포터 집안과 켄턴 집안은 오래된 교인들로서 교회의 창립 멤버들이었다. 이들이 나서서 12명으로 구성된 위원회의 위원들에게 잭이 훌륭한 의장이 될 것이라고 설득한 것이 분명했다.

찰스는 이 소식을 처음 들었을 때에 클러렌스 포터에게 다음과 같이 말했다. "저는 이 교회에 부임한 이래 5년간 두 명의 위원회 의장들과 함께 일했습니다. 저는 이 두 사람들과는 친밀한 관계를 가졌습니다. 그런데 잭과는 한 두번 점심을 같이 한 적이 있습니다만 특별히 가깝게 지내는 사이는 아닙니다. 우리는 서로의 얼굴을 맞대고 쳐다보는 일도 없습니다. 저로서는 다른 사람이 의장이 되었으면 좋겠군요."

그러나 클러렌스는 이렇게 말했다. "목사님, 잭은 좋은 사람입니다. 가정에서는 영적으로 집안을 이끌며 성경을 공부하는 사람이기도 합니다. 또한 대부분의 사람들이 읽은 것보다도 더 많은 성구들을 암송한 사람이기도 합니다. 그는 우리 교회가 어떤 교회인지도 알며 우리 교회에 무엇이 필요한지도 압니다. 그는 위원회 위원들과 함께 맡은 바를 잘 해낼 겁니다. 게다가 그는 이미 의장 지명을 수락했어요. 그런데 만약 이제 와서 지명을 취소하면 그는 아마 누군가가 자신을 거부했다고 생각할 것입니다. 그리고는 교회를 떠나겠지요."

찰스는 클러렌스가 잭에게 그 '누구'가 어떤 사람인지 말하지 않을까 의구심이 들었다. 사실 찰스는 오래된 교인들이 파워 게임을 벌이고 있는 것은 아닌지 약간의 의심이 들었다. 그래서 목사의 리더십을 제한하고, 교회의 성장에 제동을 걸며, 관심의 대상을 새신자로부터 핵심 그룹으로 옮기려 하는 것이 아닌가 하는 의심이 든 것이다.

찰스 목사는 교회의 창립 멤버들을 소외시키고 싶지 않았다. 그들은 교인들 가운데 중요한 부분을 구성하고 있었으며 그들의 하는 말은 들을 가치가 충분히 있었다. 그러나 찰스는 교회의 선교의 한 부분이 끊임없이 사람들에게 나아가 접근하는 것이라고 느꼈는데 분명한 사실은 잭이 이런 일에 저항해 왔다는 것이다.

그러나 찰스는 인사위원회에 속한 위원들 열두 명의 의견을 거부하는 것도 바라지 않았다. 그는 솔직히 운영위원회 위원의 수를 늘리는 것도 원치 않았고 독재를 휘두른다는 비난을 듣고 싶지도 않았다. 결국 그는 임명된 나머지 사람들에 대해 만족하기로 했다. 한 사람의 임명에 대해 그렇게 떠들어댈 이유가 어디 있겠는가?

찰스는 결국 잭과 함께 섬기기로 하고 잭이 위원회 의장의 직무를 성공적으로 감당할 수 있도록 밀어주기로 했다. 찰스는 강단에서 인사위원회에 "강력한 선택"을 해준 데 대해 사의를 표하고 전체 후보자들이 만장일치로 선출되는 것을 바라보았다.

예비 게임

다음날 아침 찰스는 잭과 아침 식사를 같이 하면서 만났다. 이 조찬 모임은 순탄하게 진행되어가는 것 같았다. 찰스와 잭은 힘을 합쳐 일하기로 의견을 같이 했으며, 잭은 그 주간의 성구인 시편 26편 8절을 인용하였다. "여호와여 내가 주의 계신 집과 주의 영광이 거하는 곳을 사랑하오니." 그러나 찰스는 잭의 어조가 약간 마음에 들지 않았다.

찰스는 아내에게 이렇게 털어 놓았다. "잭은 우리 목회 사역에 깊이를 더하는 데 도움을 주고 싶다고 했소. 그리고 나와 부교역자들의 삶에 부흥이 일어나도록 기도해 왔다고도 했다오. 그런 것 가지고 싸울 수는 없는 일 아니오? 그러나 잭은 분명히 나를 방어적 입장에 몰아넣었어요. 마치 자기가 다른 사람을 영적인 면에서 한 수 지도해 주는 사람이라도 된 것처럼 행세한 거요."

찰스와 잭은 서로 협력하기로 약속했음에도 불구하고 위원회 첫 모임에서부터 부딪혔다. 긴장과 불신으로 분위기가 순식간에 딱딱해졌다. 잭은 특별히 교회의 성장과 관련해서 그 동기와 의도에 대한 질문을 해댔다.

그는 여러 차례 찰스 목사에게 질문을 했다. "그러니까 하나의 제국을 건설하려는 것은 분명히 아니란 말이지요?"

찰스 목사는 어이가 없어 이렇게 대답했다. "아니, 나는 제국을 세우는 것은 원치 않습니다. 그러나 나는 성령께서 하실 수 있는 일을 제한하는 것도 원치 않습니다."

잭은 자기가 의심쩍게 여기는 부분에 대해 발언을 계속했다. 주일학교 공간을 새로 임대하는 일이나 기독교 교육 사무실을 재배치하는 일이나 파트 타임 비서를 채용하는 일 등—확장을 나타내는 모든 것에 대해서 잭은 반대했다.

"왜 우리가 더 많은 사람들을 끌어 모아야 합니까? 이미 있는 사람들과도 그다지 큰 일은 하고 있지 않은데요?" 잭은 이렇게 물었다.

잭은 교회가 이전을 해서 더 큰 건물을 세우려는 계획에 대해 거세게 반대했다. 그는 운영위원회 위원들의 대다수를 설득해서 그 계획을 좌초시켰다. 그는 건축기사를 고용해서 기존 건물을 확장하는 설계도를 작성하게 하는 일에도 반대했다. 그러나 이번에는 운영위원들이 투표를 통해 11대 1로 잭의 의견을 물리쳤다.

이 표결은 그 후 일어났던 수많은 11대 1로 끝난 표결 가운데 첫번째 경우였다. 비록 투표에서 지긴 했지만 잭의 끈질긴 공세는 종종 운영위원회의 표결을 지연시켰다. 운영위원들이 전체 합의에 도달하기를 원했기 때문이다. 그러나 의견의 일치를 보는 일은 거의 없었고 안건들은 몇 주간이나 수렁에 빠져 있기 일쑤였다.

찰스는 한 달에 한 번은 아침 식사를 잭과 함께 했다. 잭은 이런 불평도 했다. "저는 목사님이 일방적으로 결정을 내리시는 것이 마음에 들지 않습니다. 목사님은 7월에 캘리포니아로 가서 일주일간 어느 회합에 참석해서 강연을 하신다고 들었는데요, 저에게는 그 문제에 대해서 분명하게 말씀해 주시지 않으셨습니다."

찰스는 이렇게 말했다. "내가 일하는 것은 당신을 위해서 하는 것이 아니오. 심지어 내가 일하는 것은 모닝사이드 교회를 **위해서** 하는 것도 아닙니다. 나는 모닝사이드 교회와 **함께** 일합니다. 나는 스스로 일합니다. 국세청에서 내가 부담할 세금을 산정하기 위해 작성한 문서를 보시오. 나는 자발적으로 운영위원회와 교회의 의견에 따릅니다. 그러나 그렇다고 해서 피고용인은 아닙니다. 나는 안수받은 목사이며, 이 양무리를 목양해야 하는 책임이 있습니다. 이러한 개인적인 목회 결정은 내가 알아서 정하는 것입니다."

잭은 그 말을 들으려 하지 않았다. "나는 목사님이 영적인 면에서 문제점이 있다고 생각합니다. 내가 보기에 목사님은 이 교회에 적합하지 않아요. 목사님이 분별의 은사를 받으셨다면 우리 교회가 보다 깊이가 있어야 하며 부흥이 일어나야 한다는 사실을 아실 것입니다. 목사님은 지금껏 살아오시면서 부흥을 위해 기도해본 적이 있습니까?"

"물론이요. 날마다 해왔지요."

'사실은 밤마다 해왔다고 말했어야 하는데.' 하고 찰스는 생각했다. 대개의 경우 그는 새벽 2시에 일어나곤 했다. 그리고 4,5시까지 이리저리 뒤척이며 기도도 하고 교회가 나아가는 방향에 대해 걱정도 했다. 그리고 교회에서 일어나는 긴장들을 해소할 방도를 알려 주시기를 하나님께 간구하기도 했으며, 문제를 해결하는 데 도움이 될 만한 새로운 시각을 생각해 내려고 애쓰기도 했다.

밤마다 그는 생각에 잠겼다. '정말로 교회에서 불만이 커지고 있는 걸까? 아니면 잭이 쉬지 않고 같은 말을 되풀이하기 때문에 내가 민감해진 걸까? 우리 교회가 지금 지나치게 빠른 속도로 성장하고 있는 걸까? 사람들이 계속 온다면 그들 모두를 목회하는 수밖에 달리 무슨 수가 있겠는가?

내가 가진 동기들에 대한 잭의 생각이 옳을까? 그렇게 생각되지는 않는다. 그러나 누가 확실하게 알 수 있겠는가? 물론 교회가 성장하니 기분은 좋다. 그러나 정직하게 말해서 나의 가장 큰 소원은 우리가 여기서 하는 일들을 통해 하나님께서 영광을 받으시는 것이다.'

찰스는 계속 잠을 잃어 갔다. 어떻게 해야 잭과 손잡고 일을 할 수 있을지 알 수가 없었다. 매달 잭과 함께 하는 아침 식사는 고역으로 변해 갔다. 잭이 줄기차게 비난하는 바는 찰스가 모닝사이드 교회 정도의 크기를 가진 교회를 이끌어가기에는 영성이 부족하다는 것이었다. 찰스는 영성에 대해 말다툼하는 것이야말로 가장 좋지 않은 말다툼이라고 결론을 내렸다.

결국 찰스는 두 사람의 장로들에게 잭과 관계가 안좋아지고 있음을 이야기했다. "우리는 어떻게 집을 유지할 것인가 하는 문제만이 아니라 서로가 서로에게 적합한 파트너인지에 대해서도 말다툼하는 부부와도 같습니다." 그는 말을 계속했다. "이런 상태가 계속되면 결혼생활을 지속할 방도는 없습니다. 이 문제 때문에 우리 교회가 곤란한 지경을 맞고 있습니다. 우리 운영위원회는 기강이 완전히 무너졌고 뜻을 하나로 해서 행동하지 못하고 있습니다. 11대 1로 끝나는 표결은 월요일 밤마다 늘 겪는 주례 행사가 되었습니다. 우리는 마치 물레라도 돌리듯이 헛수고를 하고 있는 중입니다. 이게 저 때문입니까? 그렇다면 제가 사임하면 교회는 더욱 하나된 모습을 보이겠군요?"

두 장로들은 아니라고 말했다. 그들은 상황이 심각하다는 사실을 믿으려 하지 않았다. "목사님, 11대 1로 끝나는 표결은 저희들에게는 문제거리가 되지 않습니다. 저희들은 목사님과 잭이 결국은 모든 것을 잘 해나가리라고 믿습니다. 목사님이 약간 다르게 보고 계신 것입니다." 찰스는 장로들 가운데 아무도 잭의 비난성 발언을 들어본 사람이 없다는 사실을 알아차렸다. 잭은 찰스와 아침 식사를 함께 하는 시간에는 찰스를 곤욕을 치르도록 하는 반면, 운영위원회에서는 더욱 공허하고 초점이 없는 비판을 해댔다. 그런데 그 충격을 다 느끼는 사람은 찰스 밖에는 없었다. 그 배후에 무엇이 있는지 알고 있었기 때문이다.

찰스는 잭이 다른 교인들 중에 과연 몇 명의 의견을 대표하고 있는지 알 수가 없었다. 조찬회동 시간에 잭은 자기가 만나 이야기해 본 사람들의 이름을 거론했는데, 그가 하는 말을 들어 보면 교인들의 절반은 불만을 품고 있었다.

강요된 실수들

긴장은 찰스에게서 잠을 앗아 갔을 뿐만이 아니라 판단에 있어서 몇 가지의 실수를 하게 했다.

찰스는 이렇게 회고한다. "어느 주일날 저는 고린도전서 1장 10절을 본문으로 우리 생활, 특히 교회에서 혼란과 불일치를 가져오는 '그들'에 대해 설교했습니다. 저는 교인들의 표정에서 내가 완전히 횡설수설하다시피 설교하고 있다는 것을 알 수 있었습니다. 나중에 아내는 제가 말하는 바를 알 수 있었다고 하나 다른 사람들은 알지 못한 것이 분명하다고 했습니다. 아내의 말이 옳았습니다. 그것은 저 자신의 좌절에서 나온 옳지 못한 설교였습니다. 교인들은 제가 대체 무슨 말을 하는 것인지 놀랐습니다. 교인들은 교회의 모든 일이 잘 되어 간다고 생각하고 있었습니다."

9월이 되어 학교가 개학을 하자 예배당은 두 번의 예배에 사람들이 꽉 들어차고 복도에까지 접는 의자를 놓고 거기 앉게 되었다. 찰스는 모닝사이드 교회의 모든 교인들을 일어서도록 한 뒤 이렇게 말했다. "여러분 주위를 한 번 둘러봅시다. 이 예배당이 얼마나 혼잡합니까? 우리가 예배당 증축을 생각하는 이유를 아시겠지요?" 교인들은 어색하게 웃으면서 자리에 앉았다.

이제 찰스는 "그건 별로 구미가 당기지 않는 일이었습니다. 프린스톤

(Princeton) 신학교를 나온 사람이라면 하려고 할 일이 아니었지요. 앞 핀을 박는 데 큰 망치로 박는 것 같은 일이었습니다. 저는 우리 교회가 성장해야 한다는 점을 알고서, 그러나 또한 성장에 반대하는 사람들을 의식하고서 좌절감을 느낀 나머지 그런 일을 한 것입니다.”

잭이 운영위원회 의장이 된 지 6개월이 되던 11월에 두 사람의 적개심 은 상승되었다. 목요일 아침 이른 시간에 찰스는 레스토랑에 앉아 잭이 오기를 기다리고 있었다. 찰스가 커피를 마시면서 잡지의 스포츠란을 보 고 있는데 잭이 와서 그의 어깨를 치면서 이렇게 말했다. “목사님, 밖에 서 좀 볼까요?”

이상한 일이다. 찰스는 잭을 따라 밖으로 나가면서 생각했다. ‘잭은 바 쁜 사람인데, 오늘 아침 나와 식사를 같이 할 수 없다면 왜 전화를 하거 나 식탁에 앉아서 사정을 이야기하지 않을까?’

그러나 밖으로 나오자 잭은 성난 얼굴로 목사를 바라보았다. “찰스, 나는 당신에 대한 존경심을 모두 잃어 버렸소. 당신은 영적인 지도자가 아니야. 당신하고는 말도 하기 싫소. 더 이상 당신하고 조찬 회동을 갖는 것은 시간 낭비일 뿐이오. 교인들이 원하는 바를 당신이 모르기 때문에 우리가 아무 일도 해내지 못하는 거요.”

찰스는 어안이 벙벙했지만 이렇게 말해 주었다. “잭 당신의 말이 옳은 지도 모르겠소. 나는 내 리더십에 관한 문제를 운영위원회에 넘겨 운영 위원들로 하여금 결정을 내리게 해야 한다는 생각을 얼마간 해왔소.”

“당신이 그렇게 하면 나는 사퇴할 거요. 그러면 모든 교인들은 당신이 나를 몰아낸 줄로 알겠지.” 잭은 이렇게 말하고는 차를 몰고 가버렸다. 찰스는 뒤에 혼자 남아 이런 생각을 했다. ‘우스운 일이다. 우리는 지금 누가 더 영적인가에 대해 다투고 있다. 기독교인처럼 행동하지도 못하고 음식을 같이 나누지도 못하는구나.’

이 문제를 운영위원회에 가지고 가야 할까? 만일의 경우, 찰스는 운영 위원회로 하여금 자기와 잭 둘 중에 한 사람만 택하라고 한다면 운영위원회는 자기를 지지할 것이라는 믿음이 있었다. 그러나 그렇게 하면 교회를 분리시킬 우려가 있었다. 오래된 교인들 중에 잭을 뒤따라 나갈 사람들이 얼마나 될지 누가 알겠는가? 그는 잭을 공격하고 싶지 않았다. 결국 찰스는 별 뾰족한 수를 찾지 못하고 그저 기적적으로 화해할 수 있도록 기도만 하기로 했다.

배신

다음 운영위원회가 열렸을 때에는 청년 담당 목회자의 문제가 현안이었다. 롭 러년(Rob Runyon)은 청년 목회자로는 전혀 어울리지 않는 사람이었다. 고등학생들이 그를 좋아하지를 않았다. 재적 인원은 150명이었는데 주일날 주일학교에 나오는 수는 75명에서 40명으로 줄어들었다. 수요일 밤 모임에는 30명이 참석하고 있었다. 롭의 아내는 롭이 저녁에 나가거나 주말에도 쉬지 못하는 데 대해서 롭에게 화를 냈다. 그리고 롭은 청년 사역이란 9시부터 5시까지의 낮시간 동안에만 이루어질 수는 없다는 점을 알아차리고 있었다. 심지어는 잭도 이렇게 말했다. "우리는 그 젊은이를 직접 만나야 합니다. 그는 정말 자신에게 어울리지 않는 일을 하고 있어요."

이리하여 운영위원회는 드물게도 전체가 의견을 같이 해서 어렵지만 필요한 결정을 내리게 되었다. 청년 사역자의 사임을 요구하기로 한 것이다. 모든 해임이 그런 것처럼 찰스는 이번 해임도 내키지는 않았다. 그러나 그는 적어도 어떤 문제에 대하여 잭과 의견의 일치를 보았다는 점에 안도감을 느꼈다. 교회 교육위원회는 이 결정에 대해 찬성했다. 찰스는 롭의 사표를 받고서 부교역자들에게 상황을 설명해 주었다. 그는 모든 과정이 적절하게 이루어졌다고 자신했다.

그러나 전체 교인들 앞에서는 무어라고 말할 것인가? 운영위원들은 강단에서 간단하게 발표하는 것은 적당한 조처가 아니라고 느끼고 있었다. 운영위원회는 주일 밤 예배 후에 이번 조치로 영향을 받게 되는 사람들—고등학생들과 그 학부모들—을 모아 놓고 상황을 설명하기로 뜻을 모았다. 그리고 찰스가 설명을 하는 것으로 결정하였다.

그날 밤에 200명의 십대들과 그 학부모들이 예배당을 가득 메웠다. 롭이 많은 학생들을 끌어 모으지 못한 것은 사실이지만, 일단 타의에 의해 나가게 되자 이런 일이 갑작스럽게 일어난 데 대해 불만을 터뜨리는 사람들도 생겨났다. 찰스는 그런 분위기를 진정시키려고 했다.

그는 롭의 은사가 다른 데 있다고 말해 주었다. 그리고 교회는 롭의 일생에 하나님의 인도하심이 있기를 빌며 그 학기 년도까지는 롭에게 사례금을 지급할 것이라고 설명했다. 그리고 나서 찰스는 다른 질문이나 하고 싶은 말이 있는지 물어 보았다.

그러자 즉각 잭이 일어났다. "질문 있습니다."

찰스는 잭이 이번 상황에 대해 모르는 것이 무엇인지 의아스러웠다.

"저는 목사님이 이번 롭의 문제에 관한 사실 가운데 일부분만 밝혔다고 생각합니다." 잭이 말했다. 찰스는 속에서 분노가 치밀어오르는 것을 느꼈다. 잭이 지금 찰스 자신을 거짓말쟁이로 모는 것이 아닌가?

"롭이 충분히 많은 수의 아이들을 모으지 못해서 떠나게 되었다는 것은 사실이 아니지요? 제가 보기에 롭은 소수를 위해서 양질의 프로그램을 제공하려고 애쓰고 있었습니다. 지난 주에 롭은 저희 집에 왔는데 저희들은 롭을 위해서 기도하는 모임을 갖고 있었습니다. 롭은 사람들을 위해 그가 가지고 있는 목표들을 말했습니다. 롭은 수요일 밤에 30명의 핵심 그룹과 모임을 가졌습니다. 일년 반 동안에 크게 사람을 모을 수 있는 사람은 없습니다. 또 그렇게 해서도 안 될 것입니다. 주변에서 맴도는 수백 명을 좇는 것보다는 30명을 데리고 확실하게 목회하는 것이 더 나은 것 아닙니까?"

잭이 말을 하는 동안 찰스는 열이 오르는 것을 느꼈다. '잭은 무슨 이유로 롭을 내보내기로 결정하는 자리에 자기는 없었던 것처럼 하는 걸까? 잭은 지금 무슨 일을 하고 있는 걸까? 나를 당황케 하려는 걸까? 반란을 일으키려는 걸까? 잭은 지금 공개적으로 나를 공격하고 있다.' 6개월 동안 쌓이고 쌓였던 잭에 대한 분노가 한 순간에 폭발했다.

"좋소, 잭. 당신이 이겼어. 잘 있으시오." 찰스는 내뱉듯이 말한 다음 문을 쾅 닫으며 그 방에서 나와 버렸다. 그의 뒤에는 어안이 벙벙해진 학생들과 그 학부모들이 남아 있었다. 그래서 모닝사이드 교회를 떠난 것이다. 그는 전투에 넌더리가 났다. 누군가 와서 그를 벽돌 담벼락에 대고 쳐주었으면 시원할 것 같았다.

반대의 수단

찰스가 집에 도착하자마자 부목사 댄 모란(Dan Moran)과 두 명의 운영위원회 위원들이 문을 두드렸다. 무슨 일이 일어난 것인지 알고 싶어 온 것이었다. 그들은 무슨 일이 일어났는지 어리둥절해 있었다. 이들은 찰스와의 만남이 끝나자 곧이어 잭을 만났다. 잭은 목사의 사임을 요구했다. "목사가 그런 정도밖에 자제력이 없다면 우리를 이끌 영적 자질이 없는 겁니다." 장로들은 다음날 밤에 긴급 회의를 열어 상황을 논의하겠다면서 자신들은 모든 것을 알기 원한다고 말했다.

찰스는 모든 이야기를 했다. 잭의 운영위원회 의장 임명에 느꼈던 불편함으로부터 초기에 느꼈던 긴장, 조찬 모임에서 부딪혔던 일 등등, 모든 것을 털어 놓았다.

"오늘밤 학부모들과의 모임을 가진 것은 실수였다고 생각합니다. 해임 소식을 그렇게 공개적으로 설명하는 것이 아닙니다. 결정을 했으면 흥분을 가라앉힌 다음에 받아들여지게 해야 하는 것입니다." 찰스는 이렇게 결론을 내렸다. "그러나 정말 문제는 오늘 밤 사건이 아닙니다. 참으로 문제가 되는 것은 교회의 방향입니다. 우리가 사람들에게 나아가 복음을 전하고 성장을 할 것인지 아니면 성장을 포기하고 이미 있는 사람들에 관심을 집중할 것인지 하는 문제입니다."

화요일 밤에는 잭을 제외한 모든 운영위원들이 찰스와 만났다. 목요일 밤에는 찰스를 제외한 모든 운영위원들이 잭과 만났다. 금요일 밤에는 운영위원회가 이 두 사람이 자리를 함께 한 가운데 모였다.

잭은 운영위원회 의장으로서 자신의 권위 문제를 꺼냈다. "목사가 운영위원회 의장인 나에게 복종하지 않습니다." 모인 사람들은 다른 사람에게 복종한다는 것이 무슨 뜻인지에 대해 토론했다. 이들은 운영위원회 의장의 권위, 운영위원회의 권위, 그리고 목사의 권위에 대해 토론했다. 대화의 윤곽이 드러나게 되었다. 두 시간이 지나서 찰스는 운영위원회의 권위에 복종하는 데 동의했다. 잭도 의장이란 운영위원회에서 "동등한 가운데의 첫째"(first among equals)라는 데 동의했으며, 전체로서의 운영위원회의 권위에 복종하기로 했다.

그러나 토요일 아침 잭은 마음을 바꾸었다. 잭은 찰스에게 전화를 걸어 자신은 이 모든 것을 참을 수 없다고 하면서 운영위원회 의장의 자리를 사임하겠노라고 말했다. 찰스는 잭이 그런 생각을 하는 데 대해 유감을 표명했지만 그의 마음을 돌리려는 노력은 하지 않았다. 전체 교인 모임은 주일 밤에 모이는 것으로 발표되었다.

찰스는 이렇게 말한다. "저는 주일 아침 강단에 서지 않았습니다. 지난 주일 밤 완전히 이성을 잃었기 때문에 고등부로 가서 사과했습니다. 운영위원회 의장의 이름은 말하지 않았으나 제가 목회하는 과정에서 좌절이 쌓여 그날 폭발하게 된 것이라고 이야기했습니다. 저는 제가 지나치게 행동했음을 시인하고 사과했습니다."

주일 밤 전체 교인 모임을 위해 모여든 사람들이 예배당을 가득 채웠다. 각종 루머와 의문 사항들이 교인들 사이에 돌고 있었다. '목사님이 사임하는 걸까? 장로들이 목사님을 쫓아내는 걸까? 지금 무슨 일이 일어나고 있는 거지?'

그들에게 운영위원회 의장의 사임을 발표하자 모두 숨을 죽였다. 그러나 민감한 사람들은 잭이 파워 게임을 벌였으며 게임에 패배한 것을 알았다. 교인들은 압도적인 표차로 잭의 사임을 가결했다. 498 : 12였다.

켄턴 집안과 포터 집안 사람들도 교회 출석을 중단했다. 그러나 오래 된 교인들 가운데 교회를 나오지 못한 사람들은 거의 없었다. 몇 달이 지 난 후 교인들은 교회성장 문제에 관한 투표에서 80%의 찬성율을 보여 주었다. 나머지 20%의 교인들도 불평은 했으나 교회를 떠나지는 않았 다. 오늘날도 계속해서 교인들은 그 큰 교회를 각 개인들에게 친밀한 교 회로 만드는 방법에 대해 토론한다. 그러나 사역은 계속 성장하고 있으 며, 오래된 교인들도 더 이상 떠나겠다는 위협은 하지 않는다.

찰스가 내리는 결론은 이렇다. "제 경우는 잘 된 경우입니다. 저는 전 략적 실수도 했고 나쁜 판단도 내린 적이 있지만, 부교역자들이 훌륭했 고 우리가 교회에 대해 품고 있던 비전을 교인들이 넓은 마음으로 수용 했기 때문에 살아남을 수 있었습니다. 그러나 만일 잭 켄턴이 더 많은 지 지를 확보할 수 있었더라면 그는 교회를 분열시켰을 것입니다."

전장(戰場)을 떠나서 해보는 회상

두 그룹이 있어 교회가 나아가야 할 방향에 대해 의견을 달리 한다면, 이들이 서로 주도권을 잡으려고 하는 와중에서 긴장이 고조되기 마련이 다. 중요한 이슈가 걸려 있을 경우에는 양자 모두가 주도권을 놓쳤을 경 우의 결과를 잘 알고 있다. 즉 교회가 다시는 전과 같이 되지 않는다는 사실이다. 서로의 포격전을 위해서는 어떤 것들이라도 모두 사용할 수 있다. 그러나 그 결과로는 사상자들이 생기기 마련이다.

신약 성경에 나오는 교회들마저도 몇몇 중요한 문제가 해결되기까지 는 한 집에서 서로 나누어져 사는 고통을 겪어야 했다.

갈라디아서 2장에서 바울은 몇몇 '거짓 형제'들과 벌인 파워 대결을 묘 사하고 있다. 그것은 기독교로 개종한 이방인들에 대한 요구사항에 관한 것이었다.

그것은 신학적으로나 감정적으로나 교회론적으로 풀기 어려운 문제였 다. 다툼이 끝났을 때 교회는 갈라졌다. 승자인 바울과 베드로, 바나바와

실라는 주도권을 잡게 되고 신약 성경을 저술했으며 제국을 뒤엎게 되었다. 패자들은 역사 속으로 사라져 갔으며 단지 유대주의자들이라고만 알려져 있을 뿐이다.

우리는 모두 파워 대결은 끝났으며 올바른 쪽이 승리했다고 생각한다. 복음의 핵심이 걸린 문제였다. 만일 그릇된 쪽이 이겼더라면 상황은 달라졌지 않겠는가? 비극적인 일이 아닐 수 없다. 그렇다. 꼭 싸워야만 하는 전쟁도 있으며 그런 전쟁은 꼭 이겨야만 한다.

오늘날 교회들에도 혹독한 파워 대결이 있다. 대부분의 경우 그것은 믿음이 아닌 실천에 관한 것이다. 그러나 관련된 사람들이 품는 적의는 마치 복음의 핵심이 걸린 것인 양 가열되곤 한다. 어떤 교회는 부유한 한 성도가 교회에 봉헌한 새 오르간을 받아들일 것인지, 아니면 팔아서 가난한 사람들에게 돈을 나누어 줄 것인지를 놓고 거의 갈라질 뻔하기도 했다.

중요한 이슈가 있다고 하자. 그러나 그것을 위해 싸울 가치가 있을까? 그것을 위해 교회를 분열시킬 가치가 있을까?

교회에서의 갈등에는 어느 정도의 화력이 적당한가? 어떠한 제네바 협정도 이 문제에 관한 규칙을 만들지 않았다.

건강한 교인들이라면 한 두 사람으로 하여금 교회의 방향을 잡게 하거나 그 사역을 변개하도록 허용하지 않는다. 그렇다고 공개적 투쟁이 해결책인 것도 아니다.

우리는 모닝사이드 교회와 다른 수많은 교회들에서의 파워 대결에서 무엇을 배울 수 있는가? 이러한 파워 대결에서 이기고 진 많은 목회자들은 몇 가지 원칙에 동의한다.

바람에 정면으로 맞서라. 폭풍우를 만난 배의 선장들은 폭풍 앞에서 달아나려 하면 암초에 침몰할 수도 있다는 것을 잘 알고 있다. 정치적 태풍에 직면했을 때 살아남을 수 있는 가장 좋은 방법은 정면으로 그것에 부딪히는 것이다.

찰스 베스터만은 스스로를 바람에 불려가도록 허용했다. 그는 계속 좌절을 겪어 마침내 감정을 절제하지 못하는 지경까지 갔으며, 그 때문에 거의 좌초할 뻔하였다.

찰스는 이렇게 회고한다. "'적으로 하여금 전장을 선택하게 하지 말라'는 말을 남긴 사람은 나폴레옹인 것으로 생각됩니다. 저는 잭 켄턴을 적으로 생각하지는 않지만, 어쨌든 분명히 잭이 전장을 선택하도록 허용했습니다. 저는 감정을 절제하지 못했습니다. 꼭 해야 하는 경우라면 저는 청년 담당 교역자 문제로 흥분해 있는 200명 앞에서가 아니라 운영위원회에서 사의를 표명해야 했습니다."

"저는 애초부터 잭과 불화했던 사실을 운영위원회에 알려야 했습니다. 특히 잭이 조찬 회동을 거부했을 때가 적기였습니다. 그랬으면 밤에 잠을 뺏기는 대신 운영위원회 위원들의 도움을 받아 반대의 정도를 젤 수도 있었습니다. 제가 잘못되었다면 그들이 저를 바르게 해주었을 것이고, 잭이 잘못되었다면 신속히 개입해서 그를 교정했을 것입니다."

교회 갈등이 성전(聖戰)이 되지 않게 주의하라. 종교전쟁보다 더 참혹한 것은 없다. 문제들은 인간의 말다툼 차원에 머무르지 않고, 모든 것이 영원한 중요성을 갖는 것으로 격상된다. 찰스 베스터만은 이렇게 말한다. "우리는 너무도 쉽게 마귀의 책략을 잊어 버립니다. 창세기 3장을 보면 마귀는 두 사람을 꾀어 그들이 하나님과 같이 되고 선악을 분별할 수 있게 되리라고 믿게 했습니다. 오늘날에도 우리의 뜻을 하나님의 뜻으로 생각하려는 유혹은 대단합니다. 나에게 반대하는 것은 하나님께 반대하는 것이라고 믿는다면 이는 얼마나 마귀적입니까?"

"모든 문제는 영적인 문제이다"라고 영성에 대해 통속적으로 말해 버릴 수도 있다. 그러나 모든 불일치를 선악 간의 충돌이며 신적인 것과 마귀적인 것 사이의 충돌이라고 할 수는 없다.

"저는 제가 담임하고 있는 교회의 교인들이 자신들은 그저 음식을 먹다가 다투는 정도의 문제를 가지고 있다는 것을 깨달아 주기를 바라고 있습니다." 성경교회(Bible Church)의 목사는 이렇게 말한다. "사람들 가운데에는 금요일 밤만 되면 밖에 나가서 오랜 친구들과 싸우기를 즐기는 사람들도 있습니다. 이들은 한동안 다투지만 아무도 그 문제로 다른 사람에 대해 꽁한 마음을 담아 두지는 않습니다. 하지만 교회에서는 사람들은 자신들의 행동을 정당화시켜야 합니다. 그래서 자기들의 다툼을 영적인 사람들과 영적이지 않은 사람들의 싸움으로 치부해 버리는 것이죠."

모닝사이드 교회의 문제는 안좋은 것이었지만 더 심화되지는 않았다. 찰스가 잭과의 갈등을 종교전쟁으로 비화시키지 않기로 했기 때문이다. 찰스는 누가 가장 영적인가 하는 문제에 대해 싸우는 것이 얼마나 부조리한 일인지 알게 되었다. 찰스는 올바른 관점으로부터 벗어나려는 유혹이 들기도 했지만 가까스로 바른 자세를 견지할 수 있었다.

메사추세츠 주에서 목회하는 한 목회자도 같은 교훈을 배웠다. 그가 시무하는 교회는 새로운 예배당을 세우기 위해 공사를 막 시작했다. 그러나 교인들의 동의를 구하는 일은 무척이나 어려운 일이었다. 자금을 확보하는 일도 계속적인 노력을 요하는 문제였다. 그 다음날 이 목사는 위장에 통증을 느껴 병원에 가서 엑스레이(X-Ray) 검사를 받게 되었다. 그 교회의 청년 담당 교역자가 그를 찾아왔다.

이 부교역자는 앉아서 창 밖을 내다보며 말했다. "저는 목사님 위장이 아픈 이유를 압니다. 그런데 목사님, 이 건축은 이번 주 메사추세츠에서 하나님 나라를 위해 할 수 있는 일 가운데 가장 큰 일은 아닙니다."

퇴원 후 이 목사는 말했다. "저는 바로 그 조언이 필요했습니다. 엑스레이 검사로는 아무것도 찾을 수 없었습니다. 그러나 그 목사가 정곡을 찌른 것입니다. 저는 백만 달러짜리 건축물이라도 하나님의 나라를 조금이라도 가까워지게 하는 데는 도움이 안된다는 사실을 깨달았습니다. 하나님께서 그 건축물에 영예를 주실 수는 있겠지요. 그러나 그것을 필요로 하지는 않으십니다. 하나님께서는 우리 스스로가 중요하게 여기는 어떠한 노력도 필요로 하지는 않으십니다."

이 목사의 위통은 사라졌고 재발하지도 않았다.

패배가 치명적인 것은 아니다. 금방 있었던 일은 아니지만 찰스 베스터만도 결국에는 모닝사이드 교회를 떠났다. 쫓겨난 것은 아니지만 계속적인 게릴라전의 대가를 치르고야 만 것이다. 그는 환경을 한 번 바꿔야 하겠다고 생각했다.

최악의 상황을 가정해 보자. 파워 게임이 성공해서 목사가 좌절감을 못이겨 사임을 하든, 아니면 배척운동에 밀려나서 쫓겨난다고 해보자. 그러나 그런 경우에도 목회가 끝난 것은 아니다. 한 사람의 반대자를 전체 교회라고 할 수 없듯이(비록 성난 목소리를 높일 때가 있어도), 한 장소에서의 목회를 전체 목회라고 할 수는 없다. 윈스턴 처칠(Winston Churchill)은 이렇게 말했다. "승리는 결정적인 것이 아니며, 패배도 치명적인 것이 아니다. **중요한 것은 계속하겠다는 용기이다.**"

교회에서 벌어진 싸움에서 상처받지 않고 살아남는 목회자는 소수이다. 그러나 좋지 못한 상황에서 강단을 떠나야 하는 사람은 부지기수이다.

"제가 교회에서 쫓겨나게 되었을 때, 비통한 마음을 품고 있다가 우리 교회를 방문 중이던 나이 들고 경험 많은 선교사와 이야기를 나누게 되었습니다. 제가 그 선교사에게 저의 어려움을 이야기하자 그가 이렇게 말했습니다. '필(Phil), 당신보다 나은 사람들도 교회에서 쫓겨났습니다. 교회에서 밀려난다고 해서 세상의 끝은 아닙니다.' 이 말이야말로 제가 필요로 하던 말이었습니다." 이것은 캔자스에서 목회하는 어느 목회자의 말이다.

이 목사는 현재 58세인데 다른 교회에서 행복하게 목회하고 있다.

  에이든 토저(A.W. Tozer)는 "하나님께서 어떤 사람에게 깊은 상처를 받게 하지 않으시고도 그를 크게 사용하실 수 있는지는 심히 의심스럽다."고 말했다. 약한 가운데 하나님의 능력이 나타나는 법이다. 요셉은 옥에 갇혔던 적이 있으며, 다윗은 숨어다녀야만 했다. 바울은 감옥에 들어가야 했으며, 그리스도께서는 십자가에 달리셨다. 그러나 패배 가운데에도 하나님의 종들은 아주 망하지는 않는다. **은혜의 기적 가운데 하나는 부서진 그릇이 다시 온전해질 수 있다는 점이다.** 그것도 전보다 더 큰 능력을 갖고서 말이다.

제 3 부

갈등의 이해

> 갈등의 정도는 문제보다는 거기에 대한 사람들의 반응에 달려 있다.
> 사람들이 서로에 대해 공개적이고 정직한 태도를 지녔다고 해서 차이점
> 이 실제로 없는 것은 아니다. 물론 걸려 있는 것이 클수록 더욱 심한 갈
> 등의 소지가 커진다.
>
> —스피드 리스

제 6장
종교적 갈등의 다양성

갈등은 여러 가지 색깔로 다가온다.

우리는 보통 그것을 빨간색으로 불같이 뜨거운 것으로 알고 있다. 큰
소리를 내면서 한판 승부를 벌이고, 서약을 철회하며, 목사가 사표를 내
게 되고, 교회가 분열되는 것 등은 여기에 속하는 모습이다. 이런 종류의
갈등은 여기에 관련된 모든 사람들을 태운다.

그러나 때로 갈등은 파란색으로 다가오기도 한다. 마치 잔잔한 산 속
의 호수처럼 서늘하고 조용한 느낌을 주기도 한다. 사람들은 이슈에 대
한 동의안을 내고 재청을 하며 조용하게 토론하고 투표한다. 모임에서

패배자가 되어 나오더라도 씁쓸해하거나 화를 내지 않는다.

또다른 형태의 갈등은 녹색이다. 이것은 교인들의 성장에 기여한다. 어떤 갈등은 검은색으로 교회의 앞날에 암운을 드리우기도 한다. 또 어떤 갈등은 정해진 형체가 없는 회색이다. 불확실하고 불명확하지만 안개와도 같이 교회를 덮는다.

그러므로 우리는 교회의 갈등에 대해 이야기할 때에 많은 것에 대해 이야기하는 것이다. 따라서 갈등의 처리에 대해 논할 때에는 다루고자 하는 갈등의 색깔을 인식해야 할 것이다.

갈등의 단계 분석

나는 자문하는 사역을 하면서 적어도 네 종류, 또는 단계의 교회 갈등을 본다. 갈등의 각 단계에서, 교회가 직면한 어려움의 정도를 아는 데에는 두 가지 요인이 단서를 제공한다. 갈등에 관련된 각 집단의 목표와 왜곡된 사고의 분량이다.

'목표'란 말은 각 집단이 달성하려고 하는 목표이다. 낮은 단계의 갈등에서 각 집단은 대개 문제점이나 난점에 초점을 맞춘다. 그러나 높은 단계의 갈등에서는 그들의 목표가 상대방에게 상처를 주거나 주도권을 쥐려는 것으로 바뀐다.

'왜곡된 사고의 분량'이란 말은 다음과 같은 것을 의미한다. 사람들은 근심하고 두려워하는 정도가 깊어질수록, 실제 상황이 어떻게 돌아가는지 제대로 알기가 어려워진다. 사람들은 저쪽 집단이 교회를 얼마나 위협하는지 평가하면서 어려운 시간을 보낸다.

물론 사람들의 사고의 명확도는 언어 사용에 나타난다. 그들이 사용하는 언어가 넓고 흩어져 있으면("예를 들어 장로들은 까다로운 사람들이다"라든가 "목사님은 늘상 이러이러하다"고 하는 등), 그들은 높은 단계의 갈등을 겪고 있는 것이다. 사용하는 언어가 구체적일수록(예를 들어 "목사가 4주 동안 좋은 설교를 하지 못했다"거나 "장로들이 나의 사레비 요구에 응하지 않아서 실망했다"는 등), 낮은 단계의 갈등을 겪고 있는 것이다.

갈등의 수준은 문제보다는 거기에 대한 사람들의 반응에 달려 있다. 사람들이 서로에 대해 공개적이고 정직한 태도를 지녔다고 해서 차이점이 실제로 없는 것은 아니다. 중요한 문제가 걸려있을 때에도 낮은 단계의 갈등을 겪을 수도 있다. 그러나 물론 걸려 있는 것이 클수록 더욱 심한 갈등을 겪을 소지가 커진다.

대부분의 교회들은 어느 정도의 갈등은 불유쾌할지라도 참아낸다. 그리고 갈등이 그 정도까지만 상승할 뿐, 더이상 나빠지지는 않는 일이 드물지 않게 일어난다. 많은 교회들이 내부적인 조절 장치를 두어 긴장이 상승하는 것을 방지하는 것처럼 보인다.

마지막으로 교회들은 필연적으로 한 단계의 갈등으로부터 다음 단계의 갈등으로 분명하게 옮아간다고는 할 수 없다. 갈등의 도가 올라가기도 하고 내려가기도 하면서 어떤 단계들은 뛰어넘기도 하는 것이다.

이제 대부분의 교회들이 겪는 다섯 단계의 갈등 단계와 각 단계에서 가장 많이 쓰이는 전략들을 다음과 같이 소개한다.

제1계 : 곤경

1단계에서의 각 집단의 목적은 문제를 해결하는 것이다. 이 단계의 논쟁자들은 사람들을 비난하지 않는다. "무엇이 문제입니까?" 이들은 문제에 초점을 맞추는 자세를 견지한다.

예를 들어, 목사의 사례비에 관한 1단계의 갈등을 보자. 목사와 인사위원회는 단순히 목회자의 보수에 합의하는 것만을 목적으로 삼는다. 목사는 인사위원회를 인색하다고 비난하지 않으며, 인사위원회는 목사가 돈을 좋아한다고 공격하지 않는다. 이 갈등에 관련된 사람들의 목적은 징계를 하거나 주도권을 쥐는 것이 아니다. 이들의 목적은 그 교회 형편에 맞는 보수 기준에서 목사의 재정적 필요를 합리적으로 채우는 일에 합의를 보는 일이다.

이들이 사용하는 언어도 구체적이고 분명하다. 예를 들어 다음과 같은 말들이다. "이 지역에서 살아가려면 5,000달러가 더 있어야 합니다."라거나 "올해는 담보 물량이 적기 때문에 그렇게 크게 인상해 드릴 수 있을지 모르겠습니다."

사람들은 해야 할 일을 쉽게 말할 수 있다. : "우리가 함께 제가 받는 사례비를 조정하면 제가 그 5,000달러를 사실상 얻을 수 있습니다."라든가 "우리가 목사님의 생각을 교인들 앞에서 이야기하면 조금 더 사례를 올릴 수 있겠지요. 저희들도 그렇게만 된다면 더없이 기쁘겠습니다." 사람들은 명쾌하게 생각하고 사리에 맞는 말을 자신감 있게 이야기한다.

대체적으로 갈등에 관계된 집단들은 문제와 관련해서 서로에 대해 공개적인 태도를 취한다. 어느 쪽도 상대방을 두려워하거나 의심하지 않는다. 모두가 상대방이 잘 해 나갈 것으로 추정하므로 정보를 혼자 장악하지 않는다. 사실상 공정성의 정도를 보면 갈등의 단계를 잘 알 수 있다.

이 단계의 갈등은 매우 부드럽게 다루어지므로 어떤 사람들은 이것을 갈등으로 취급하지도 않는다. 그러나 서로 다른 견해를 지닌 사람들이 합의에 도달하려고 하면, 아무리 우아하게 그 일을 하더라도, 거기에는 갈등이 있는 것이다. 그렇다고 하면 갈등은 모든 교회 생활의 일부라고 할 수 있다.

더욱이 이 단계의 갈등은 교회에 소중한 것이다. 그렇기 때문에 많은 사람들이 이것을 '갈등'이라고 하지도 않는 것이다. 갈등이 이 단계에서 머문다면 많은 일이 이루어질 수 있다. 문제는 해결되고 사람들은 서로를 더 잘 이해하고 관계는 개선되며 신뢰는 깊어진다.

2단계 : 불일치

2단계의 갈등에서는 사람들의 목표가 약간 바뀌어 있다. : 양자가 모두 자기 방어에 관심을 더욱 쏟게 된다. 각 집단들은 아직도 문제 해결에 관심이 있으나, 모양새 좋게 그 상황을 빠져나오는 일에 특히 관심이 많다.

나아가 사람들이 사용하는 언어도 보다 일반적인 언어이다. 예를 들면 "나는 회계를 더 이상 믿지 못하겠어."라든가 "목사님이 할 일을 제대로 안하시는 것 같아."라는 등의 이야기이다. 이러한 말은 듣는 이로 하여금 이 말의 숨은 뜻이 무엇인지 호기심을 갖게 만든다. 이러한 말이 정확한 묘사일 수는 있으나(3단계에서 보게 될 왜곡된 말이 아니다), 문제의 방향을 지적할 뿐이다. 사람들은 정확히 그것이 무엇인지 말하지 않는다.

위의 말을 1단계 갈등의 표현으로 바꾸어 보면 "내가 회계에게 월간 보고서를 요구했는데 회계가 그것을 나에게 주지 않았어." 그리고 "목사님은 두 달이나 병원 심방을 안하셨어."라는 말이 될 것이다.

2단계의 갈등에서는 사람들의 말에 감정이 많이 포함되어 있다. 각 집단은 자신들의 점증하는 긴장을 표출한다. 예를 들어 "회계가 나를 정말 화나게 만드는데." 그리고 "나는 정말 목사님에게 실망했어."라고 말하는 식이다.

2단계의 갈등을 겪는 사람들은 교회 지도자들이 그들을 도와 문제를 해결해 줄 것이라는 신뢰를 잃기 시작한다. 그들은 다른 곳에서 도움을 구한다. 그들은 교회의 다른 사람들에게 자기들의 관심사를 이야기한다. 또한 이들은 자신들의 문제를 집으로 가져가서 아내 또는 남편과 이야기하고 친구들과 이야기한다.

이런 일은 물론 파국을 불러올 수도 있다. 그러나 또한 좋은 결과를 가져올 수도 있다. 특별히 사람들이 피드백(feedback)을 받아 갈등을 건설적으로 다룰 수 있는 도움을 얻게 되는 경우에는 더욱 그러하다. 예를 들어보자. 그 목사가 자신이 회계에 대해 실망한 일을 놓고 동료 목사와 이야기하는데 그 동료 목사가 자신도 이와 비슷한 상황을 어떻게 처리했는지 이 친구에게 이야기해준다. 그리고 이 목사도 이것이 자기의 처한 상황에 도움이 되는 것을 발견하게 되었다.

각 집단은 1단계에서의 정보들을 독점하기 시작한다. 누가 사실을 왜곡한다거나 거짓말을 한다는 것이 아니라 관련 사실들이 서로에게 나누어지지 않는다는 것이다.

예를 들어, 목사가 회계에게 월간 보고를 원한다고 말할 때 보고서를 받지 못해 화가 났다는 사실은 말하지 않는다. 한 교인이 목사에게 목회에 더욱 신경을 써달라고 할 때 존스 부인이 지난 밤 입원했을 때 목사가 심방하지 않은 사실은 언급하지 않는다.

이 단계의 갈등에 관련된 집단들은 문제를 해결하기 위해서는 타협을 해야 한다고 생각한다. 1단계의 갈등에서는 각 집단이 함께 승자가 되는 해결(win-win solution)을 모색한다. 그러나 2단계의 갈등에서는 그 목표를 포기한다. 사람들은 무언가 교환을 해야 한다고 생각한다. 예를 들어, 목사는 자신이 가장 잘 할 수 있는 것은 두 달마다 한 번씩 회계의 보고서를 받는 것이라고 생각할 수 있다.

1단계의 갈등을 겪을 때에는 사람들이 상대방의 정확하지 못한 점을 찾는 이유는 단순히 사실을 판별하기 위해서였다. 그러나 2단계의 갈등 상황에서는 사람들이 "점수 벌기"에 더 관심을 가지며 갈등이 벌어지는 상황에서 자기의 머리 회전이 빠르다는 것을 과시하곤 한다. 갈등이 경쟁이 되어가는 징조를 보이기는 하나 합의를 위한 움직임은 더욱 어려워진다.

1단계의 갈등과 마찬가지로 2단계의 갈등도 교회를 어지럽히지는 않는다. 이 단계의 갈등은 대부분의 교회들이 겪는 또 다른 단계의 갈등이다. 이 단계의 갈등은 조금만 참고 계획을 세우면 좋은 방향으로 바뀔 수도 있다.

그 방법은 다음과 같다.

- 각 집단으로 하여금 그들이 좌절감을 품게 된 구체적인 원인을 이해하도록 도와준다.
- 각 집단으로 하여금 자기들이 보는 문제점과 느끼는 감정을 서로 부

드러운 태도로 이야기하게 한다.

—각 집단으로 하여금 갈등에 대해 받아들일 만한 해결책을 찾도록 한
다.

3단계 : 경쟁

3단계에서는 갈등이 완전히 경쟁이 된다.'선수들'은 문제 자체나 모양새 좋은 것에는 별 관심이 없다. 이제 그들은 이기기를 원한다.

그들은 문제에 대한 정당한 시각을 잃어버렸다. 1단계와 2단계의 갈등 상황을 대체적으로 보면 사람들은 아직 문제와 그 해결책을 앞에 놓고 생각했다. 그러나 3단계의 갈등 상황에서는 문제와 해결책은 뒷전으로 밀려났다.

그러므로 현재 사정이 어떻게 되어가는지 분명하고 정확하게 아는 것이 더욱 어렵게 되었다. 그들의 사용하는 언어도 이러한 사정을 반영한다. 몇 개의 사실이 왜곡되는 것은 보통이다.

이분법. 이분화해서 본다는 말은 사물을 옳고 그른 것, 흑과 백으로 본다는 말이다. 다양한 선택의 여지가 거의 없거나 아예 없다. : "우리가 이번 주일 특별히 호소를 하지 않으면 교회가 역할을 다하지 못하게 됩니다."라거나 "청년 담당 교역자가 떠나든지 우리 가정이 떠나든지 둘 중의 하나예요."라고 말하는 식이다.

보편화. 사람들이 보편화하는 경우는 교회에서 무슨 일이 일어나는지 정확히 묘사하지 않고 넓게 일반화할 때이다. 사람들은 "모든 사람, 아무도, 전혀, 항상"등의 말을 사용한다.

"목사님은 오래된 교인들에게는 한 번도 전화를 하지 않으십니다."

"교회가 딱 둘로 갈라져 있는데 모든 사람이 어느 한 편에 속해 있어요."

물론 보편화된 언사들은 거의 사실이 아니다. 그리고 이런 말을 하는 것은 사람들의 생각을 더욱 혼돈시킬 뿐이다.

과장. 과장을 하는 사람들은 상대편이 악한 동기를 가지고 있다고 가정한다. 그러면서 자기들의 동기는 옳다는 기색을 은근히 내보이는 것이다. 예를 들어, "그들은 이 교회에 대한 말은 한마디도 하지 않아요. 만일 우리가 문을 닫으면 신경을 덜 쓸 겁니다."

"나는 적어도 이 교회를 위해 목숨을 바쳐 선교 지향적인 사귐을 만들려고 해왔습니다."

감정에 초점을 둠. 이 말은 문제 자체보다도 사람들의 감정에 초점을 맞추는 것을 뜻한다.

예를 들어보자. 한 부부가 예배 후에 목사에게 와서 이렇게 말한다. "저희가 아는 몇몇 가정은 목사님의 리더십에 대해 좋지 않게 생각하고 있어요."

"무엇 때문에 그렇지요?" 목사가 반문한다.

"저희는 모릅니다. 그러나 신경 쓰시는 것이 좋을 겁니다."

사람들이 느낀다는 그 불편함에 대해서는 상세히 말 하지도 않으면서 이런 말만 하는 것은 남을 협박하는 것이다.

"내가 화를 내는 이유를 모르신다면 이야기할 필요도 없습니다."

"나는 당신이 한 일 때문에 상처를 받았어요. 너무 큰 상처여서 말 하기도 어렵군요."

낮은 단계의 갈등 상황에서도 사람들은 자기 감정을 나타낸다(예를 들어 "나는 불행해"라는 등의). 그러나 대개는 구체적인 말을 덧붙인다(예를 들어 "목사님은 이번 주 쉬러 가신다는 사실을 우리에게 말하지 않으셨어"라는).

3단계에서는 그룹이 등장하고 제휴가 이루어지기 시작한다. 4단계에서 나타나는 이 그룹들은 아직은 파벌이라고는 할 수 없다. 그러나 사람들은 서로 이야기하기 시작한다. 이들은 정기적으로 모이지 않고 분명한 리더십이나 서열도 없다. 그러나 외부인들은 이들을 모두 한 데 묶어서 인식하기 시작한다. 이들 그룹에는 이름도 붙여진다. : "반대자들", "고참 교인들", "스미드 목사의 친구들"이라는 이름들이다.

이슈와 사람을 분리하는 일이 어려워진다. 인신 공격이 늘어나면서 문제에 대한 이야기는 점점 하지 않게 된다. 예를 들어, "존스 목사님은 정말 게을러."라든가 "여자들 모임은 수다 떠는 곳이야."라는 등의 이야기이다.

그런데 이런 정도의 큰 문제라면 누군가 여기에 대해 책임이 있다고 여겨진다. 누군가가 책임을 지고 응분의 징계를 받아야만 한다. 교회 생활의 역동성과 이슈들의 복잡함은 무시되고 있다. 이 문제는 나쁜 사람들, 또는 까다로운 사람들에 의해 일어난 것이다.

덧붙여 말하자면 교인들은 이성적 논쟁이 아닌 감정적 호소를 통해 다른 사람들에게 영향을 끼치려고 한다. 예를 들면, "당신은 여기서 무슨 일이 일어나는지 신경도 안 쓰시는 것 같군요."라든가 "모든 사람이 얼마나 기분 나빠하는지 보세요. 무언가 조처를 취해야 합니다."라고 말하는 경우이다.

마지막으로 이 단계의 갈등을 겪는 사람들은 누가 먼저 화해를 제안해야 하는지에 대해 논쟁한다. 이들은 "의장이 사과하기까지는 절대로 위원회를 만나지 않을 겁니다."라거나 "저도 하면 좋겠습니다. 그러나 먼저 목사님이 우리들을 찾아오셔야 합니다."라고 말한다.

3단계 갈등의 처리법

명백한 사실은 3단계의 갈등은 교회를 갉아먹는다는 것이다. 3단계의 갈등 상황에서 심하게 왜곡된 사고에 바탕한 결정은 그것으로 풀 수 있는 것보다 더 많은 문제를 만들어낼 수 있다.

130명의 교인이 있는 캘리포니아의 한 교회에서 어떤 장로가 목사에게 화를 내게 되었다. 본래 그가 화를 내게 된 이유는 목사가 두 편의 설교에서 말한 어떤 내용 때문이었다. 그 후에 그는 목사에게 예배 순서를 바꾸라고 성화를 댔다. 이러한 반대는 목사가 위선적이고 오만하다고 하는 비난으로 발전해 갔다.

그런데 교회 운영위원회에서 그의 불만에 대해 아무런 조처도 취하지 않기로 하자 그는 전 교인에게 개인적으로 편지를 보내 자기와 목사간에 있는 문제를 공개하겠다고 위협했다. 그렇게 되면 아마도 목사를 당황케 함으로써 '처벌'할 수 있을 것이고(이것이 그 장로의 주된 목표이다), 작은 교회를 둘로 분열시키게 될 것이다. 이것은 지나치게 파괴적인 방법이었다.

그런데 다행스럽게도 다른 장로들이 신속하고도 단호하게 그런 짓을 하지 말도록 그 장로에게 제재를 가함으로써 실제로 그런 상황이 일어나지는 않았다.

대개의 경우 나는 3단계의 갈등을 1단계나 2단계의 갈등으로 낮추려고 한다. 다음과 같은 방법들을 따르면 그렇게 할 수 있다.

각 집단간에 명확하고도 직접적인 대화를 늘려라. 이것이 3단계 갈등을 낮추는 데 있어서 열쇠가 된다. 나는 각 집단이 서로에게서 각자의 관심사가 무엇인지 직접 듣기를 바란다. 그렇게 하기 위해서는 그들을 모두 한 자리에 모을 필요가 있다.

그리고 그들을 한 자리에 모으기 위해서는 그들이 서로에게 편한 마음을 가져야만 한다. 그렇게 하기 위해 나는 다음과 같이 한다. :

－참석자가 누구인지를 분명히 한다.

－대화의 주제를 명시한다.

－만나서 지켜야 할 규칙을 명시한다.

서로 다투는 집단들도 사전에 이 정보를 미리 알게 되면(게다가 이런 규칙을 정하는 일을 돕기라도 한다면), 상대방을 만나 이야기하는 일에 더욱 적극성을 보이게 되고 양자가 합의에 도달할 가능성도 더욱 커질 수 있다.

각 집단으로 하여금 상대 집단과의 공통점을 찾아내도록 도와준다. 나는 그들이 서로의 다른 점을 보기 전에 그들의 기대 수준을 올려 놓으려고 한다. 만일 각 집단이 자신들은 공통 요소가 없다고 생각하거나(아니면 상대방을 만날 때마다 공통 요소를 망각하거나) 또는 자신들의 관심사를 진전시킬 가능성이 없다고 본다면, 이들의 대화는 그다지 오래 가지 못할 것이다.

각 집단으로 하여금 보다 깊은 관심사를 발견하도록 도와준다. 각 집단이 내놓는 관심사와 해결 방법들은 서로 조화될 수 없는 것처럼 보인다. 그러나 이들이 서있는 바탕의 이면에는 아직 의식되거나 명료화되지 않은 관심사들이 있다. 이런 깊은 관심사들이 다른 해결책들이 등장할 수 있는 기반이 될 수 있는 것이다.

나는 한때 교인 명부를 놓고 갈등을 겪고 있던 교회에서 시무한 적이 있다. 직원 한 사람과 수명의 자원 봉사자들이 여러 해에 걸쳐 교인 명부를 애플(Apple) 컴퓨터에 입력했다. 그 교회는 이미 다른 사무 용도로 IBM컴퓨터를 사용해 오던 중이었다.

그런데 어느 해인가 세 명의 다른 직원들이 컴퓨터 교육을 받아 교회의 재정 상황을 정리하고 정보 처리 업무를 하며 교인 명부도 같은 방법으로 정리하게 되었다. 문제는 이들이 교육받은 프로그램이 IBM컴퓨터로만 사용할 수 있다는데 있었다.

이들은 당연히 교인 명부를 IBM컴퓨터로 이전해야 한다고 주장했고, 이때 애플 컴퓨터를 사용하던 사람들은 자기들이 이제껏 해 오던 일을 제대로 장악하지 못한다는 느낌을 갖게 되었다. 이들은 자신들이 새 컴퓨터 시스템으로 하는 것 만큼 손쉽게 이름들을 올릴 수 없다고 생각했다.

IBM컴퓨터로 교육받은 사람들은 애플 컴퓨터를 쓰는 사람들을 어리석게 생각해서 1,800명 교인들의 이름을 자신들의 컴퓨터에 입력하기 시작했다. 교회에는 곧 두개의 교인 명부가 생기게 되고 각각의 컴퓨터를 관리하는 다른 그룹의 사람들이 생기게 되었다.

그 교회에 초청받아 가게 되었을 때 나는 이 그룹들을 따로 만나서 그들이 정말 원하는 것이 무엇인지 이야기를 나누었다. 그리고 교인 관리 체계를 이중으로 해나갈 때에 나타날 결과들을 깨닫도록 도와주었다. 이들은 모두 다른 그룹의 사람들과 함께 만나서 각 그룹에 필요한 사항들이 무엇인지 알아보기를 원했다. 우리는 만나서 지켜야 할 규칙과 그 모임의 대화의 주제에 대하여 합의했다.

그 결과 어느 쪽도 교회가 교인 명부를 이중으로 보유하는 것을 원치 않는 것으로 판명되었다. 결국 애플 컴퓨터를 사용하던 사람들도 IBM 컴퓨터 체계를 교육받는 일에 동의했다. 이들은 또한 IBM의 교인 명부를 보고 IBM체계를 유지하는 것이 업무의 정확성을 보장한다고 생각하게 되었다. IBM컴퓨터를 사용하던 사람들은 IBM체계의 전반적인 운용을 맡았다.

4단계 : 전투/물러남

4단계 갈등 상황에서 각 집단의 주된 목적은 관계성을 파괴하는 것이다. 자신들이 떠나든, 상대로 하여금 물러나도록 하든 그것은 문제가 되지 않는다. 이제는 더 이상 승리가 즐거운 것이 아니다. 관계성 자체가 문제가 되는 것이다.

4단계의 상황을 겪는 사람들의 언어는 3단계의 상황을 겪는 사람들과 거의 같다. 덧붙여 말하면 사람들은 자기들의 '적'을 향해 말로 하지 않고 행동으로 불만을 나타낸다. 문자 그대로 등을 돌리고, 큰 소리로 외치고, 추잡한 몸짓을 하고, 얼굴을 찌푸리는 등의 제스처를 보이는 것이다.

문제들과 감정들에 맞추어져 있던 갈등의 초점이 원리와 원칙들로 옮겨진다. 각 집단은 영원한 가치-진리, 인권, 정의 등에 대해 전투를 벌인다. 각 집단은 종종 해결해야 되는 문제들을 이슈로 발표하기도 하며 효과적인 해결 방법이 발견되는 경우도 한다. 그러나 해결되어야 할 문제들이 영원한 원리들을 나타낸다고 받아들여지게 되면 그 해결은 극히 어려워진다.

4단계의 갈등 상황에서 싸우는 사람들의 전략은 대개의 경우 관계성을 끝내는 것을 목표로 한다. 이 단계의 사람들은 반대자들이 떠나기를 바라는 마음으로 처벌하고, 부끄러움을 당하게 하고, 공격한다.

3단계의 갈등 상황에서는 동맹한 사람들이 다른 사람들과 구별되는, 그러나 느슨한 형태의 그룹 안에서 서로를 동정한다. 그러나 4단계에서는 강력한 지도자들이 나타나고 그룹들이 뭉친다. 그룹원들은 지도자를 존중하며 계획을 세울 때에도 그룹별로 세운다. 그룹원들은 자신들이 큰 명분 아래 모였다는 사실로 인해 보다 강해진 느낌을 가지게 된다. 여기에는 응집력과 결속력, 일체감 등이 있다. 이러한 것들은 참으로 기분을 돋구어주는 요소들이다.

사실상 동맹자들은 교회보다도 자신이 속한 그룹과의 일체감을 더 가지기 시작한다. 전교인의 유익은 그룹이 내세우는 명분의 뒷자리를 차지하며, 좀 나은 경우에는 그룹의 유익이 교회의 유익이 된다. 각 집단은 어떤 대가를 치르고라도 자신들의 의지를 밀어붙이며 그룹에 들지 않은 사람들의 신실성을 비난한다. 반대자들은 근본적으로 위선자라고 믿기 때문이다.

나아가서 각 집단들은 종종 외부인까지도 자기들의 명분에 끌어들이려고 한다. 교단 임원들, 신문사, 이웃 교회 목사들, 갈등 상담가 등 거의 모든 사람을 환영한다. 이 단계의 갈등을 겪는 사람들이 기대하는 것은 외부인들이 자기 그룹을 앞에서 이끄는 핵심 인사의 불만을 듣고 나면 틀림없이 자신들의 대의에 참여하고 자신들에게 힘을 보태주리라는(아니면 적어도 공감해 주리라는) 것이다.

5단계 : 처리하기 어려운 상황

4단계의 갈등에 처한 각 집단은 다른 편이 멀리 떨어져서라도 살기를 바란다. **그러나 5단계에서의 사람들은 반대자들이 너무 악하고 못되어서 그저 제거하기만 하는 것으로는 부족하다고 믿는다. 반대자들은 처벌되고 파멸되어야만 한다.** 이 5단계의 갈등을 겪는 사람들은 교회의 안정을 위해서는 악인들이 징계를 받아서 더이상 해악을 끼치지 못하게 되어야 한다고 믿는다.

예를 들어, 5단계의 갈등 상황에 처한 사람들은 교인들이 목사를 쫓아내는 것만으로는 만족하지 못한다. 이들은 교단 차원에서 자신들의 투쟁을 지속하여 쫓겨난 목사의 목사직을 박탈하려고 한다.

이 단계에 들어온 각 집단에게 있어서 갈등으로부터 벗어나는 것은 거의 불가능하다. 왜냐하면 이들은 자신들이 하나님으로부터 이 "능한 일"을 하도록 부르심을 받았다고 믿기 때문에, 물러나는 것은 퇴각으로 간주하며 그가 참되게 믿지 않았음을 보여주는 것이라고 여기기 때문이다.

4단계와 5단계의 갈등을 다루는 것은 이 책의 범위를 벗어난다. 갈등의 단계가 낮을 때에는 외부인이나 외부 집단(교단 임원들, 교회 문제 상담가들)을 끌어들이는 것이 도움이 될 수 있다. 그러나 4,5단계에서 그렇게 하는 것은 절대로 좋지 않다. 상황이 통제 불능인 것이다.

그러나 그렇게 해서 상황이 좋아질 수도 있다. 근래에 나는 한 감독 교회(Episcopal Church)에 가서 일한 적이 있었는데, 거기에서는 소수이지만 강력한 힘을 가진 사람들이 목사를 내보내기를 원했다. 그들은 교회 학교와 성가대의 임원들은 물론, 구역 임원들까지도 1/3가량이나 모아 세력을 형성했다. 모두 영향력 있는 지도자들이었다.

그 목사는 거기 있은 지 얼마 되지 않았는데 이 반대자들은 자신들이 그 목사를 초빙한 것이 실수였다고 믿었다. 그들은 먼저 감독으로 하여금 그 목사를 해임하도록 요구했는데, 이는 사실상 4단계의 갈등에 속하는 행동이었다. 감독은 그들에게 상담 전문가를 찾아보도록 권유했다.

나는 교인들의 관심사를 파악했다. 특히 목사의 리더십에 관한 그들의 관심사를 파악했다. 나는 보다 많은 교인들이 이 목사에 맞서는 반대 세력을 제대로 볼 수 있도록 도와주었다. 그 반대 세력은 교회의 주요 인물들로 구성되어 있었지만 수에 있어서는 소수였다.

그런데 교인들은 그 목사를 명백히 지지하고 있었기 때문에 교회의 목표를 정하고 비전을 세움에 있어서 적극적으로 반대자들의 협조를 요구하기로 결정했다.

이 목표를 분명히 하는 과정에서 한 부부 반대자들이 교회를 떠나기로 마음을 굳혔다. 그러나 대부분의 교인들은 남아서 이 목표들을 위해 계속 일하고 목사와의 관계도 지속해 갔다.

대부분의 4단계 갈등이 그렇듯이 이 교회에서도 이런 일이 있은 후 모든 사람들이 즐겁게 지냈던 것은 아니다. 그러나 중요한 것은 그 교회에서 갈등의 정도가 낮아졌다는 점이다.

일이 항상 이렇게 잘 풀리는 것은 물론 아니다. 그리고 이미 언급한 바 있지만 대부분의 목사들은 4단계나 5단계의 논쟁에 들어와서도 안된다. 목사들은 여전히 시무하는 교회에 갈등이 있을 때 그 갈등의 정확한 성격을 보다 잘 파악할 수 있는 위치에 있다. 그러므로 그 갈등을 해결하고 좋은 결과를 이끌어낼 수 있는 여지도 그만큼 큰 것이다.

대개의 경우 교회 갈등은 한 가지 원인만으로 일어나지는 않으며, 갈등의 다양한 원인을 이해하는 것은 갈등을 처리할 수 있는 결정적인 열쇠가 된다.

—스피드 리스

제 7 장
원인 분별

캘리포니아에서 사역하는 어느 목사가 자신이 두사람의 교인과 사이가 좋지 않다는 사실을 알게 되었다. 그런데 문제는 목사가 문제가 무엇인지 정확히 깨닫지 못했다는 점이다.

분명히 수많은 이슈들이 이 목사와 두 사람의 사이를 갈라 놓았다. 이 둘은 목사가 죄에 대해 지나치게 많이 설교한다고 생각했으며, 목사는 이들이 값싼 은혜로 살아간다고 여겼다. 목사는 성가대 찬양이 끝났을 때 박수를 치는 것이 예배 의식에 어울리지 않는다고 생각했고 이들은 성가대원으로서 박수 치는 것을 성가대 찬양을 마음으로 받아들이는 현대적인 방법이라고 생각했다.

그러나 여기에는 개인적인 문제 또한 끼어들고 있었다. 목사가 동성애에 대해 설교를 했는데 나중에 알게 된 일이지만, 이 둘 가운데 한 사람은 동성애에 빠진 아들이 있어서 목사의 "눈치 없는" 설교에 상처를 받은 것이다.

다음으로 정치적 문제가 있었다. 이들은 교회의 짧은 역사에서 큰 영향력을 행사해 왔다. 20여 년간이나 교회의 기풍을 만들어 왔던 것이다. 그 교회는 도회풍의, 자유주의적이며 신학적으로 다양한 교회였다. 그러나 목사는 교인들을 보다 개인적이고 성경 중심적인 신앙을 갖도록 이끌었다.

이러한 차이점들이 어느 날 저녁 인사위원회 모임에서 터져 나왔다. 이 둘은 인사위원회에 속해 있었다. 이들은 목사를 신랄하게 비판했고 목사는 자신을 방어하려 했다. 양쪽 다 조금도 물러나려고 하지 않았다.

몇 주가 지나서 목사는 이들과의 관계를 회복하려 했다. 그러나 그는 주된 문제가 도대체 어디에 있는지 알 수가 없었다. 문제가 신학에 있는지 인간성에 있는지, 아니면 정치에 있는지 알 수가 없었던 것이다.

이 목사가 서서히 깨닫게 된 것은 교회 갈등의 기본적인 진리였다. 즉 대개의 경우 교회 갈등은 한 가지 원인만으로 일어나지는 않으며 갈등의 다양한 원인을 이해하는 것은 갈등을 처리함에 있어 결정적으로 중요하다는 사실이다.

나는 다년간 교회에서 사역해 오면서 갈등은 네 가지 분야에 그 뿌리를 둔다는 점을 발견했다. 그것은 빈약한 관계성, 인간적 약점(평신도이건 목사이건), 해결되지 않은 문제들, 교인들의 행동 양식이다. 첫번째 분야는 이 책 다른 곳에서 다루어지므로 여기서는 나머지 세 분야를 살펴보도록 하겠다.

개인적 단점들

우리는 종종 교회의 문제점이 어떤 사람들의 단점 때문에 비롯되었다고 생각한다. 맞는 생각이다! 그것만이 이유가 되는 것은 아니겠지만 그런 이유가 있는 것만은 사실이다. 교회 생활이 고통스러운 것은 싸우기 좋아하는 비열한 사람들 때문인 경우가 많다.

나는 교회의 갈등을 일으키는 사람들의 세 가지 단점을 발견했다.

두려움. 교회 갈등은 사람들이 교회에서 일어나고 있는 일(또는 일어나지 않고 있는 일)에 대해 걱정할 때 시작되는 경우가 많다. 어느 정도의 걱정은 조직을 건강하게 하지만 걱정이 더 큰 근심과 두려움으로 변하게 되면 사람들은 실제로 무슨 일이 일어나는지 정확히 파악할 수 없게 된다. 그러면 갈등에 빠져드는 것이다.

그런 경우에 두려움은 마치 꽃가루가 건초열에 걸린 사람에게 작용하는 것처럼 교회에 작용한다. 건초열이 있는 사람은 어떤 알레르기원에 대해서는 매우 민감한데, 꽃가루와 같은 물질이 몸에 들어가면 몸의 면역 체계가 매우 강력한 반응을 보여 괴로움을 느끼는 것이다. 이러한 몸의 기제들은 항원들이 몸에 해독을 끼치지 못하도록 하기 위해 만들어진 것이다.

두려움도 그와 마찬가지이다. **종종 우리는 문제를 알고 난 후 과잉 반응을 보임으로써 우리가 처음 두려움을 가졌을 때보다도 문제를 악화시키는 수가 있다.** 두려움을 느끼게 되면 명료하게 사고하고 상황을 정확히 이해하는 능력을 잃어버리는 경우가 가끔 있기 때문이다. 그래서 나중에 후회할 행동을 하거나 결정을 내리게 된다.

나는 투표로 뽑은 교회 지도자들에게 불만을 사게 된 어느 목사와 일을 한 경험이 있다. 그는 교회의 지도자들이 자기를 쫓아내려 한다고 믿게 되었다.

그의 반응은 신속하고도 광범위한 것이었다. 그는 많은 교인들과 이야기를 나누고 자신을 지지할 그룹을 만들었다. 자기가 속한 지방 회의 감독에게도 이야기를 했으며 반대자라고 느껴진 사람들은 영향력 있는 자리에 재임명하지 않았다.

그러나 이른바 '반대자'들이 보인 우려의 정도를 볼 때 그의 반응은 과잉반응이었다. 이러한 과잉반응은 오히려 교인들의 불만을 더욱 키웠을 뿐이다.

다행스럽게도 이 목사의 과잉반응을 근본적으로 바꾼 두 가지 사건이 일어났다.

하나는 교회가 그 목사를 쫓아내는 것을 허락하지 않겠다고 감독이 다짐을 한 것이다. 감독은 이렇게 말했다. "당신은 지금의 자리를 보장받고 있소. 교인들이 당신을 쫓아내기 위해 할 수 있는 일은 실제로는 아무 것도 없으니 걱정하지 마시오."

다음은 목사와 불만을 가진 교인들이 함께 모인 일이다. 이들은 노련한 교단 임원의 지도를 따라 자기들 사이에 벌어진 냉전에 대해 논의했다. 이 목사는 자신이 교회를 떠나는 것을 이들이 바라지 않으며 그저 예배와 행정에 대해 우려하는 바가 있음을 알게 되었다.

요구 사항. 가끔 우리의 요구 사항이 다른 사람들의 요구 사항과 상충할 때가 있다. 그 때가 바로 교회에 갈등이 일어날 수 있는 때이다.

그러한 갈등은 모든 관계에 어려움을 끼친다. 나는 근래에 내가 짠 교인 훈련 프로그램이 제대로 성과를 거두지 못해서 우울하게 지냈다. 그런데 같은 시기에 컴퓨터 서적 작가인 내 아내는 큰 컴퓨터 회사로부터 상당한 분량의 컴퓨터 책자를 저술해 달라는 요청을 받았다.

아내는 신이 나서 내가 축하해 주기를 원했고 나는 풀이 죽어 아내가 돌보아 주기를 원했다. 말할 것도 없이 우리는 서로의 요구를 만족시키지 못한 것이다.

교회의 형편을 보면 사람들의 요구 사항이 다양하기 때문에 갈등이 복잡해진다. 어떤 이들은 자기들의 아이들을 위한 기독교 교육에 대해 맹렬한 관심을 보인다.

다른 이들은 교회가 회복을 위한 그룹들(recovery groups)을 더 많이 만들기를 원한다. 결혼 생활을 지속하기 위해 힘들게 노력하는 사람들이 있는가 하면, 또 다른 이들은 왜 교회가 남아프리카의 흑인들을 위해 더 많은 일을 하지 않는지 이해하지 못하고 답답해 하고 있다. 예배 시간에 더 많은 찬양을 부르기 원하는 사람들도 있으며 예배 시간에 더 조용하게 예배하기를 원하는 사람들도 있다. 예배 시간에 더 길게 설교해주기를 원하는 사람들도 있다. 이 모든 것을 같은 예배 시간에 하기 바라는 것이다. 만사가 이런 식으로 되어간다.

대부분의 경우에 교회가 충분히 크다면 사람들은 가서 "자기들의 할 일에 힘쓸 것이다." 그리고 교회의 한 파트에서 자기들이 원하는 바를 만족시킬 수 있을 것이다. 그러나 교회들이 어쩔 수 없이 다른 이들의 필요를 채우지 못하게 되는 경우도 종종 있다. 교회들은 가진 돈이 없으며 사람들도 부족하다. 또한 모든 사람들을 만족시킬 수 있는 시간도 부족하다. 그런 경우에, 나는 교인들에게 다음과 같이 자문해 보도록 주문한다.

- 한 그룹이 자신들의 필요를 충족시키는 일을 연기할 수 있는가?
- 타협이 가능한가? 아마도 모든 그룹들이 요구 사항의 어느 정도, 또는 대부분을 얻을 수 있을 것이다.
- 한 그룹이 자신들의 필요를 채우지 못하게 되더라도 견딜 수 있을 정도로 서로의 관계가 튼튼한가?

일리노이주에 있는 어느 교회에서 교회 지도자들이 성능이 저하되어가는 오르간 때문에 예배하는 사람들이 불편해 하는 것을 느꼈다. 다른 사람들은 어린이들이 교실이 부족해서 불편해 하는 것을 느꼈다. 이 경우에는 예배하는 사람들이 자기 교회에서 쓸 오르간을 새로 구하여 들이게 되었고, 후자의 사람들은 앞으로 교육 시설을 새로 짓겠노라는 약속을 받았다.

이 상황도 정치적인 면과 신학적인 면을 가지고 있다. 이것은 분명히 인정되어야 한다. 그러나 이 갈등의 중심부에는 예배를 드리고자 하는 인간의 요구와 배우고자 하는 인간의 요구가 있는 것이다. 이러한 정당하고도 늘상 존재하는 요구를 무시한다면 문제의 한 측면을 무시하는 것이 될 것이다.

죄. 갈등의 문제를 다루고 있는 심리학 서적들이 죄에 관한 내용은 빼먹고 있지만, **내 경험으로 볼 때 죄는 교회 분란의 가장 중요한 이유이다.**

나는 죄된 본성에 대한 사도 바울의 가르침을 읽지 않고도 수시로 내 마음속에서 일어나는 어떤 것이든지 내가 가지고 있는 욕구와 가치가 가장 중요하다고 하는 소리를 듣는다. 다른 사람들은 자기들의 것이 가장 중요하다고 느낄 것이 아닌가! 나는 다른 사람들이 얼마나 이기적으로 행동하는지 볼 자세가 되어 있지만, 나 자신의 이기심에 대해서는 눈을 감는다. 이러한 태도는 갈등을 격화시킬 뿐이다.

캘리포니아에서 목회하는 목사를 보면 그는 자신에게 반대하는 두 사람의 모습에서는 판단하는 태도와 파워를 행사하려는 욕심을 분명히 보았다. 그러나 그가 인정하는 바와 같이 그가 몇 달 동안 보지 못했던 것은 바로 자신의 오만함과 스스로 의롭다 하는 생각이었다.

죄를 처리하는 유일한 길은 물론 회개이다. 갈등의 와중에서 그렇게 하는 것이 어려운 경우도 있을 것이다. 그러나 각 집단이 자신들의 죄가 갈등을 부채질했을 가능성을 최소한 인정이라도 한다면 문제를 해결하는 과정에서 큰 겸손을 보여주는 것이 될 것이다. 그렇게 되면 갈등이 통제 불능 상태로 확산되는 것을 막을 수 있다.

풀어야 할 문제들

인간적인 약점들은 사람들의 속에서 나온다. 그러나 풀어야 하는 문제들은 "외부로부터" 교회로 들어온다. 풀어야 할 문제들이란, 예들 들어

"선교비는 얼마나 써야 하는가", "사진 복사기를 사야 하는가 말아야 하는가", "낙태에 대해 어떤 입장을 취할 것인가" 하는 등의 문제들이다.

이러한 문제들은 여러 가지 범주로 나누어 볼 수 있다. 그 각기 다른 문제들을 해결하기 위해서는 서로 다른 접근 방법을 활용하여야 한다.

이슈들. 아직 해결되지 않은 다양한 문제들이 정원에 널려진 것처럼 많이 있는데 논쟁자들이 그 선택권을 가지고 있다. 이들은 양자택일(either /or)의 딜레마에 빠져있지 않으며 다양한 선택의 여지를 가지고 있다.

예를 들어보자. "'교회 사무실을 새단장하기 위한' 용도로 10,000달러의 기부금이 들어왔는데 이 돈으로 무엇을 할 것인가?"하는 질문에 우리가 답변해야 한다고 생각해 보자. 우리는 많은 선택의 여지가 있다. 컴퓨터를 새로 구입할 수도 있고, 사진 복사기를 새로 구입할 수도 있으며, 목사의 연구를 위하여 가구를 새로 살 수도 있다. 아니면 리셉션 장소를 새단장하는 등등의 일을 할 수가 있다.

나아가 각 선택에 따르는 다음과 같은 문제들이 또한 있다. 어떤 기종의, 그리고 얼마나 큰 컴퓨터를 구입할 것인가? 가구를 산다면 어떤 모양의 가구가 좋겠는가? 벽을 칠할 페인트는 무슨 색으로 살 것인가?

문제를 해결하는 기본적인 기법들은 대개 이런 형태의 갈등을 처리하는 가장 좋은 방법이다. :

— 문제를 분명히 정의하라.

— 문제에 대한 정의에 동의하라.

— 문제를 해결할 수 있는 또 다른 해결방법을 찾아라.

— 한 가지의 선택을 할 수 있도록 선택의 기준을 정하라.

— 협동을 통해서든, 협상을 통해서든 한 가지를 선택하라.

협동을 통한 선택이 이루어지면 관련된 두 집단, 또는 모든 집단들이 기본적으로 동의하게 된다. 각 집단의 요구 사항이 충분히 논의되고 모든 집단들의 관심사를 참작한 해결책이 구해진다.

위에 든 예문에서 10,000달러라는 돈은 비서에게 새로운 사진 복사기를 사주고 목사의 집무실을 새로 꾸며주고 회계에게 새로운 컴퓨터를 사줄 만큼 큰돈은 아니다. 이런 경우 협동을 통한 선택을 하게 되면 비서는 사진 복사기를 얻게 되고 목사는 새로운 집무실 가구를 얻게 된다. 그렇게 하고 나서 목사가 자신이 쓰는 신형 컴퓨터를 회계에게 매도하는 것이다(이 목사는 컴퓨터에서 워드 프로세서 기능만 사용하는데 이 정도는 구형 컴퓨터만으로도 충분히 할 수 있다).

이것은 "함께 승자가 되는 해결(win-win solution)"이라고 불리워지기도 한다. 그러나 이 해결은 모든 집단들이 완전하게 '이기는' 것이 아니라 상호 만족스러운 해결을 위해 가능한 모든 것을 해보는 것일 수도 있다.

교섭을 통한 선택이 이루어지면 각 집단은 해결하는 일에는 동의하나 각 집단의 필요를 전적으로 만족시키는 해결책을 찾는 일에 직접 나서려고는 하지 않는다. 교섭을 하는 과정에서 관련 집단들은 어떤 것을 얻기 위해서는 다른 것 하나를 버려야 한다고 생각하게 된다.

새 오르간을 구입하기로 결정한 일리노이 주의 교회에서 교회 교육에 봉사하는 사람들은 운영위원회 위원들에게 자신들의 여건 미비가 심각한 정도임을 보여줄 수는 있었다. 그러나 교회 학교 건물을 확충하기 위해서는 3, 4년을 기다려야 했다.

이분법. 이분법에서는 가능한 해결 방법이 두 가지로 한정된다. 그런데 이 경우에는 교인들이 어떤 결정을 하더라도 논쟁에 개입되어 있는 양자를 모두 만족시킬 수는 없다.

교회에서 전형적으로 나타나는 이분법적 문제들은 다음과 같은 것들이다. 교회가 있는 장소를 옮겨야 하는가? 교단을 탈퇴해야 하는가? 오르가니스트를 교체해야 하는가?

이런 경우에 대답은 "그렇다"일 수도 있고 "아니다"일 수도 있다. 그리고 '패배자'에게 무언가 가치있는 것을 주어서 결정을 완화할 수 있는 경우도 있다. 그러나 진정한 이분법적 질문 앞에서는 분명한 승자와 분명한 패자가 있기 마련이다.

1,800명 가량이 모이는 어느 교회에서 청년 담당 목사를 두고 이분법적인 문제가 일어났다. 그는 곧 사임해야 할 형편이었다. 이 목사는 개인적으로는 몇 명의 고등학생들에게 영향을 끼쳤다. 그러나 전체적인 참석 인원 수는 줄어들어 있었다. 자연히 이 목사에게 도움을 받은 아이들의 부모들은, 비록 그 수는 적었지만, 이 목사의 사역에 대해 만족했고 그가 청년 사역을 그만 두게 되었다는 말을 듣고는 크게 놀랐다. 다른 학부모들은 이 목사를 단순히 조직력이 없고 추진력이 없다는 정도로만 생각했다.

교회 인사위원회는 문제가 이분법적 문제가 되지 않게 하려고 노력을 기울였다. 처음에는 이 청년 담당 목사를 만나 대부분의 학부모들이 이야기하는 우려를 알려 주고 무언가 변화를 일으켜 보도록 격려했다. 그러나 이 청년 담당 목사는 그렇게 하려고 하지 않았다. 결국 그는 교회를 떠나야만 했다(이 목사와 그의 지지자들이 받을 충격을 완화하기 위해 3개월분의 퇴직금을 주었다).

이분법적인 문제들을 처리하는 일은 이슈들을 처리하는 일보다 훨씬 어렵다. 패배자들은 화가 나서 결정에 불복하기 쉽다. 합의 사항을 사보타지하기도 하며, 자신들의 뜻대로 일이 되어가지 않을 때에는 교회를 떠나기도 한다.

사실상 누구든 관계성에 민감한 사람이라면—대부분의 교인들이 그렇다—이분법적 문제가 초래하는 긴장을 좋아하지 않는다. 사람들이 다른 사람들로부터 소외되는 모습을 보는 것은 즐겁지 못한 일이다.

그러나 후유증을 줄이는 두 가지 방법이 있다.

1. 사람들을 설득시킬 것. 지도자란 문제에 새로운 비전을 더할 수 있는

다른 사람들을 납득시킬 만한 논변을 펼쳐서 반대자들을 따라오도록 이끌 수 있는 사람이다.

아니면 반대자들의 반대와 관심사를 진중하게 고려하여 그들을 설득할 수 있는 사람이 지도자이다. 교회에 조금이라도 신뢰가 남아 있다면 지도자들은 교인들이 이슈들을 찾고 논의할 수 있도록 도와줄 수 있다. 그리고 이렇게 해서 반대자들의 구체적인 요구 사항들을 밝혀내는 경우도 있다. 일단 이 요구들이 공개화되면 마지막 결정의 영향이 완화될 수도 있다. 반대자들은 여전히 반대하지만 자신들의 요구가 충분히 전달되었다는 사실은 알고 있다.

2. 사소한 일에 주의를 기울일 것. 한 교회의 목사라면 유아 세례를 승인할 비공식적 권위가 있다. 목사는 자기 아이들을 유아 세례를 받게 하려는 부부들을 면담하고, 그렇게 하는 것이 적절한지를 결정하며, 세례일을 정한다. 나중에 운영위원회의 공식 승인을 얻지만 그것은 형식적인 절차에 불과하다.

그런데 어느날 어느 젊은 남녀가 자기들의 아이에게 유아 세례를 줄 수 있는지를 물어왔다. 이들은 교회에 출석하지 않았으며 그저 동거하는 사이였다. 목사는 반대했으나 그 남자는 교회 명부에 교인으로 등록된 사람이었다. 교회법에 따르면 그는 자기 아이를 유아 세례 받게 할 권리가 있었다.

그러나 목사는 세례에 관한 최종 결정권은 운영위원회에 있다는 것을 알고 있었다. 운영위원회의 결정만이 그 남자의 권리를 거부할 수 있었다. 목사는 자신의 비공식적인 권리를 사용하지 않고 모든 것을 교회 헌법에 따라 처리하기로 했다.

이 목사는 이 문제에 관한 결정을 운영위원회에 떠맡겼다. 사실을 설명하고 주관적인 견해는 말하지 않은 채 운영위원회에 결정을 주문했다. 운영위원회는 투표를 통해 그 세례를 거부했으며, 목사는 이 결정을 그 남자와 그 여자친구에게 통보해 주었다.

이들 남녀는 불쾌했지만 목사에 대해서나 교회에 대해서 의견을 달리하는 것 밖에는 어떤 트집도 잡을 수가 없었다. 만일 당신이 어떤 결정을 해야 하는데 완전한 의견의 일치를 이끌어내지 못할 때에는 적어도 민법과 교회법에 따라서 일을 하라.

가치관의 차이. 가치관의 차이 문제는 이슈나 이분법의 문제만큼 교회에서 많이 발생하는 것 같지는 않다. 교인들이 이런 문제들은 전면에 등장하지 않도록 하는 데 능숙하기 때문이다. 교인들은 본능적으로 가치관의 차이에서 오는 갈등은 해결하기 어려우며 의견의 일치를 볼 가능성이 적다는 것을 알고 있다.

예를 들어보자. 교회에서 이혼한 사람들이 지도적 위치에 앉는 것을 반대하는 사람들이 상당수 있을 수 있다. 그러나 다른 사람들은 이혼을 용서할 수 있다면, 나아가 이혼한 사람들이 교회를 이끌어 나가는 것도 허용해야 한다고 믿는다. 또한 교인들 가운데에는 교회 예산에서 최소한 10%는 해외 선교를 위해 배정되어야 한다고 생각하는 사람들도 있을 것이다. 그러나 또 다른 이들은 국내 지방 선교가 우선적으로 배려되어야 한다고 믿는다.

사람들이 가치관에 대해 논쟁하는 것은 쉬운 일이 아니다. 우선 사람들의 정체성은 그들이 깊이 지녀온 가치관에 의한 것이다. 따라서 쉽게 변하지 않는다.

또한 사람들은(특별히 교회에서) 자신들의 가치관을 지키고 자신들이 귀하게 지키는 것을 양보하지 말도록 권고를 받는다. 우리는 신실하게 믿음을 지켰던 위대한 순교자들에게 정기적으로 경의를 표한다.

그러므로 가치관에 대한 문제는 큰 문제이다. 일단 가치관에 관한 문제가 발생하면 사람들은 "나는 당신의 이야기를 들을 마음이 되어 있습니다. 필요하다면 내 생각도 기꺼이 바꿀 수 있습니다."라고 쉽게 말하지 않는다. 오히려 사람들은 자기들의 방식대로 하기를 원한다. 자기들의 가치관이 '옳기' 때문이다.

가치관의 차이에 관한 문제가 발생할 때 교회가 할 수 있는 일들은 다음과 같다. :

1. 문제를 재구성하라. 어느 교회가 예배 시간에 교인들이 방언하는 것을 허용할 것인지에 대해 골치를 앓고 있었다. 이 문제는 사실상 이분법적인 문제였으므로 교회 지도자들에게 부담이 되었다. 이들은 이 문제로 인해 교회가 갈라지는 것을 원치 않았다.

그런데 이 문제에 직접적인 관련이 없는 제 3의 그룹이 등장하여 교인들이 서로 소외되어가고 있다는 점을 지적함으로써 상황을 타개하려는 시도를 했다. 이 교회 교인들은 더이상 전처럼 서로 내왕하며 지내고 있지 않았다. 이 제 3의 그룹은 가까스로 방언을 하는 문제로부터 교인들이 어떻게 하면 더 의사소통을 잘 할 수 있는가 하는 문제로 이슈를 바꿔 놓았다.

또한 교인들로 하여금 서로 공유하는 부분들을 찾도록 도와줌으로써 이슈를 재구성할 수도 있다. 공유하는 부분들 가운데에는 예수님을 주님으로 받아들이는 공통된 고백, 교회를 사랑하는 마음, 자신들의 반대자들이 이루어 놓은 공헌을 충심으로 존중하는 일 등이 포함된다. 자신들을 하나로 묶어 주는 것들을 보면서 교인들은 서로 의견이 다른 문제들을 보다 화해롭게 풀어갈 수 있는 것이다.

그런데 솔직히 말해서 이슈를 재구성하는 것은 이슈를 실지로 처리한다는 뜻은 아니다. 이슈가 그리 중요하지 않다면 재구성은 효력을 발휘한다. 그러나 이슈가 사람들에게 주요 관심사라면 재구성은 단기 전략에 지나지 않는다. 문제는 다시 등장할 것이다. 아무런 해결책도 없이 우물쭈물 시간을 끌었기 때문에 문제가 곪았을 수도 있다. 따라서 더욱 격화된 모습으로 나타날 수 있을 것이다.

2. 분리하라. 분리는 논쟁을 벌이는 각 집단이 같은 공간을 같은 시간대에 사용하지 않는 것을 의미한다(적어도 어떤, 갈등이 고조된 때에는).

예배시간에 어떤 행동이 적절한가 하는 논쟁의 경우 은사주의적인 사람들이 어느 특정한 시간에 모이고, 감정 표현을 억제하는 사람들은 다른 시간대에 모이는 방법이 있다.

나는 프로그램만이 아니라 예산에 대해서도 이 방법을 활용해 보았다. 아이오아에 있는 어느 교회의 교인들은 선교 기금을 어떻게 사용할 것인지에 대해 논쟁을 벌이고 있었다. 한 그룹은 교회의 선교 기금이 교단에서 벌이는 선교 사업에 쓰여져야 한다고 생각했다. 이 사업들은 주로 병원 선교, 자립 계획, 교육 사업 등이었다. 다른 그룹은 이 돈이 주로 복음 전도를 위해 쓰여져야 한다고 굳게 믿고 있었다.

이들이 의견의 일치를 보지 못했기 때문에 우리는 교회에 두 개의 선교위원회를 두기로 했다. 두 위원회는 교회에서 밖으로 쓰는 돈을 똑같이 나누었으며, 그 돈을 어떻게 사용할 것인지도 각자 결정했다. 이러한 형태의 '해결'에 대해 어느 쪽도 전적으로 만족하지는 않았다. 그러나 이 결정은 당시 그들이 생각할 수 있던 어떤 생각보다도 나은 것이었다.

3. 이슈를 다루지 않기로 합의하라. 어떤 결정도 내리지 않는 것이 가장 좋은 결정일 때도 있다. 교회가 이것을 공개적으로 인정하기만 한다면 이것은 가치관의 차이를 다루는 정직한 방법의 하나가 될 수 있다.

15년간이나 다른 교회의 건물을 빌려 사용하는 교회가 있었다. 그렇게 지내던 가운데 교인들의 절반 가량은 이것이야말로 그 교회의 독특한 특성이라고 믿게 되었다. 즉, 자신들은 맡겨진 것을 선용하는 선한 청지기이며 교회란 건물이 아니라 사람들이라는 생각을 가졌던 것이다.

그러나 다른 절반의 교인들은 교회 건축을 절실히 소원하고 있었다. 이들은 교회가 물리적인 형체를 가지고 있지 않으면 아무데도 들어갈 장소가 없으리라고 믿었다.

이 교회에 새로운 목사가 부임했는데 그는 교회를 어떻게 이끌 것인지에 대해 내용이 서로 다른 메시지를 듣게 되었다. 이 목사는 마침내 교회의 목표를 세우는 자리를 마련하고 이 문제를 논의하게 했으나 중간에 그만두고 말았다. 교인들은 이 문제에 관해 공감대가 형성되지 않았음을 깨닫고, 당분간은 이제껏 해오던 대로 지내는 것이 최선의 길이라고 생각하게 되었다.

4. 갈라서라. 의견의 일치를 위한 당신의 노력이 실패로 돌아가고 해결해야 할 문제가 뿌리 깊은 가치관에 관한 문제라면 한 그룹이 교회를 완전히 떠나야 하는 경우도 있다. 이것은 엄청난 대가를 요하는 해결책이다. 그러나 관련된 모든 이들을 위해서는 이것이 좋을 수도 있다.

캘리포니아에 있는 교회에서 목사와 다투었던 두 교인들은 결국 교회를 떠났다. 이들이 떠나자 모든 교인들은 안도의 숨을 길게 내쉬었다. 이 두 교인들과 목사 사이의 문제는 해결되지 않았지만 교회는 다시 정상적인 목회가 가능하게 되었고 그 두 사람과 가족들은 다른 교회에 정착해서 이전보다 더 나은 봉사를 할 수 있었다.

행동 양태

가족 생활을 연구하는 학생들은 가족원들의 행동이 그들 각 개인의 의식적인 결심 없이 이루어질 때가 있음을 알게 되었다. 이혼, 약물 남용, 그리고 자살 등은 가족 내부에서 세대를 이어 전해지는 반복적인 형태를 보여주는 것들의 대표적인 예이다.

사회적인 행동 양태는 미묘할 때가 종종 있다. 한 예로 나는 고등학생 시절에 토론 팀에 속해 있었는데 공적인 논쟁에는 다음과 같은 불문율이 있었다. 즉 인신 공격을 하고 다른 사람이 한 말과 행동을 격렬하게 공격해도 공정한 게임이 된다는 것이다. 따라서 나 자신도 토론 팀에 있으면서 다른 사람들에게 도전하고 공격하기도 했다. 또한 재미있게, 그리고 자유자재로 다른 사람들의 말문을 막기도 했다. 그러나 집에서나 다른 사회적 모임에서는 결코 그런 식으로 해본 적이 없다.

이와 마찬가지로 각 교회들도 서로 의견이 다른 경우에 어떻게 할 것인지에 대해 불문율이 있다. 어떤 교회에서는 말다툼이 생길 때마다 목사에게 가져가서 판결을 구한다. 다른 어떤 교회에서는 논쟁이 공식적으로는 회피되는 반면, 문제가 뒤에서 수군수군대는 사람들의 입줄에 오르내린다. 그러나 아무리 논쟁을 다루어도, 꼭 의식적으로 다루었다고 말할 수는 없다. 사람들은 교회에서 발생한 갈등을 다루는 법을 수년간 배워 왔지만 아직도 자신들이 하는 일을 정확히 말하지 못할 수도 있다.

그러나 특히 어떤 경우에는 행동 양식을 점검하지 않고 지나가면 교회에 큰 해를 초래할 수도 있다.

나는 자신들을 "마태복음 18장의 교회(Matthew 18 church)"라고 부르는 교인들과 함께 일을 한 적이 있다. 이들은 자신들의 갈등을 마태복음 18장에 나타난 예수님의 말씀을 따름으로써 해결할 수 있었다고 말했다. 마태복음 18장에 나타난 지침들은 "죄를 범한 사람들"이 겪어야 하는 과정을 말해 주고 있다. 먼저 죄를 범한 사람은 한 사람을 만나야 한다. 여기서 말을 듣지 않으면 그 논쟁과 무관한 두 명 내지 세 명의 사람들을 만난다. 그래도 여전히 말을 듣지 않으면 온 교인들로 하여금 말하게 한다.

그런데 불행하게도 이 "마태복음 18장의 교회"는 이 방법을 단순히 다른 사람에게 화를 내는 수단으로 사용했다. 화가 난 교인들은 자신을 화나게 한 사람을 찾아가서 그의 무례하고 생각없는 행위에 대해 호되게 퍼부어댄다. 그리고 나서 깊은 내용의 대화는 피하는 것이다. 사람들은 타협은 물론이고, 서로를 이해하려고도 하지 않았다. 이것은 단순히 치고 달리는 작전이었다.

이런 행동은 단순히 사람들의 분노나 좌절이나 성격상의 갈등으로부터 오는 것은 아니다. 이 문제가 발생한 대부분의 책임은 '제도적인' 면에 있다. 이 교회는 수년간 이런 식으로 갈등을 다루어 왔다. 갈등을 다룸에 있어서 조금이라도 이와 다른 방법을 아는 사람은 아무도 없었다.

교인들로 하여금 평소에 하던 것 이상의 행동을 하게 하는 일은 아무리 노력한다 하더라도 어려운 일이다. 거기에는 두 과정의 행동이 필요하다.

1. 행동을 주목하기. 사람들은 자신들이 하고 있는 일들과 그것이 얼마나 교회에 파괴적인 영향을 가져오는가를 주목할 필요가 있다.

대개의 경우 각 그룹들이 지금 일이 어떻게 되어가고 있는지 알기 위해서는 자신들의 단체 밖에 있는 국외자의 도움이 필요하다. 외부인은 내부에 속한 사람들이 못보는 경향들을 알아차릴 수 있을 것이다.

2. 새로운 행동 배우기. 교인들이 일단 갈등을 정상적으로 처리하는 법을 알기만 하면 기존의 경향을 지속하지는 않을 것이다. 게임은 끝났다. 교인들은 다음에 어떤 일이 벌어질 것인가를 알게 된다. 이제까지의 방법은 비생산적인 방법이라는 것도 알게 된다.

그러나 새로운 행동을 배우기란 여전히 쉽지 않다. 나는 적극적으로 이야기를 듣는 법(말과 행동으로 사람들에게 반응을 보여서 내가 그들의 말에 흥미를 가지고 있다는 점을 보여주는 법)을 처음 배웠을 때 흥분했던 기억을 가지고 있다. 나는 다른 사람들이 나에게 행동하도록 기대하는 것이 무엇인지를 곧바로 알아차렸다. 하지만 처음에는 실제로 그렇게 행동하는 것이 무척이나 어색했다. 나는 이 방법을 충분히 연마함에 있어서 수많은 실습을 거쳐야 했으며 숙련된 사람의 평가를 받기도 해야 했다.

만일 교인들이 서로 의견의 일치를 보지 못하는 문제가 교회에 있을 때 이 문제를 가십이나 인신공격이나 또 다른 방법으로 다루어왔다면 외부 인사들을 불러들여 설교나 교육, 세미나 등을 실시하게 함으로써 교인들에게 관계를 맺는 새로운 방법을 보여줄 수도 있다. 그렇게 하면 옛 방법을 고집하는 사람들과 부드럽지만 정면으로 맞서게 되는 경우도 가끔 있다.

어떤 목사가 교인들이 자신과 의견이 다를 때 자신을 대하는 태도 때문에 크게 낙담하게 되었다. 교인들은 목사가 없는 곳에서 떠들어댔다.

목사는 교인들이 불만스럽게 생각하는 문제가 무엇인지를 알기 위해 여기저기 찾아다녀야 했다.

이 목사는 교회 신문과 설교를 통해 이런 행동을 완곡하게 지적했다. 그는 이런 행동에 얼마나 많은 정력과 시간이 소모되는지, 그리고 얼마나 많은 사람들이 상처를 받을 수 있는지를 설명했다. 이 목사는 교인들에게 교회에 문제가 있으면 그에 대해 수군거릴 것이 아니라 목사에게 글로 써 보내거나 직접 말을 해달라고 주문했다. 자신이 교인들의 불만 사항을 만족스럽게 처리하지 못할 수도 있다는 점을 인정하면서, 그러나 자신은 적어도 교인들이 품는 생각이 어떤 것인지 알기를 원한다고 이야기하면서, 그렇게 하면 자신이 보다 민감한 목사가 되는데 도움이 될 것이라고 이야기했다.

그러나 그런 행동은 그치지 않았다. 특별히 교회의 기둥 역할을 하는 서너 명이 그런 행동을 했다. 그러던 어느날 이 목사는 병원 심방을 하던 중 그들 가운데 한 사람을 만나게 되었다. 그는 목사보다 30년이나 연상이었다. 목사는 그에게 커피나 한 잔 하자고 권했다.

즐거운 시간을 보내고 나서 목사는 요점으로 들어갔다.

"스탠(Stan), 저는 당신이 예배 순서를 바꾼 데 대해 기분이 좋지 않은 것을 이해합니다."

스탠은 말이 없었다.

"그리고 당신이 존과 잭에게도 불만을 이야기한 것도 압니다."

스탠이 꿈틀하고 몸을 움직였다.

"솔직히 터놓고 말씀드리죠." 목사는 앞으로 몸을 기울이면서 스탠의 눈을 똑바로 쳐다보았다. "저는 도움을 받고 싶고 교회도 필요하다면 도움을 받아야 합니다. 제가 일을 하는 방법에 대해 문제점을 느끼신다면 저에게 직접 오셔야 합니다. 다른 사람들에게 가서서 제가 결정한 일에 대해 불평하는 일은 그만 하시지요. 그런 행동은 저의 목회에도 해롭고 교회도 부도덕하게 만듭니다."

스탠은 작은 목소리로 동의했다. 그리고 곧바로 이 목사의 강력한 지지자가 되었다. 물론 무비판적이지는 않았지만 말이다. 수군수군하는 교인들의 습관은 커다란 타격을 받게 되었다.

교회의 갈등은 마치 교회가 큰 물결에 휩쓸려가는 듯한 느낌을 준다. 그리고 실제로 그런 경우도 가끔은 있다. 그러나 교회는 갈등이 지속되게 하는 다양한 갖가지 모습의 지류들을 발견하기만 하면 된다. 그러면 이들이 모든 것을 파괴하는 큰 물결을 바꾸어 잔잔하면서도 힘있게 그들을 흘러가게 하는 강물로 만들 수 있는 것이다.

목회자들은 교회에 갈등이 다가오는 것을 알고 있다. 갈등이 언제 일어날 것인지 아는 것과 목회자가 이에 지혜롭게 대비하는 것은 별개의 문제이다.

—스피드 리스

제 8 장
갈등을 예측할 수 있는 열 가지 경우

목회자들은 크리스마스 다음 주일이나 부활절 다음 주일에 실망해서는 안 된다는 말을 들어왔다. 이런 주일에는 전통적으로 예배에 참석하는 교인들의 수가 적다. 이런 일은 교회력의 절정을 이루는 절기 다음에 곧바로 나타나는 현상이지만, 만약에 목사가 이런 양상을 알지 못한다면 미처 이에 대한 준비를 갖추지 못해서 실망하고야 말 것이다.

마찬가지로 목회자들은 교회 갈등도 언제쯤 일어날 것인가를 알고 있어야 갈등에 잘 대비하는 것이 된다. 분명한 사실은 목회자들이 교회에 갈등이 다가오는 것을 알고 있다는 점이다. 갈등은 애초부터 교회에 늘 있어왔다. 갈등이 언제 일어날 것인지를 아는 것과 목회자가 이 갈등에 지혜롭게 대비하는 것은 별개의 문제이다.

전도서 기자는 모든 일에는 때가 있다고 말했다. 전도서 기자는 전도서에서 교회 갈등을 실제로 언급하지는 않았으나 당시에 교회가 있었더라면 교회의 갈등을 언급할 수도 있었을 것이다. 내가 여러 교회들을 다니면서 사역하는 동안 생각컨대, 교회 생활에서 특정한 열 가지의 경우에 도움 요청을 많이 받는다고 생각된다.

1. 부활절

사순절 기간과 부활절 직후에 알반 연구소(Alban Institute)에서 접수하는 도움 요청의 숫자가 많이 늘어난다. 한 달에 들어오는 요청의 수가 평상시 들어오는 요청의 수보다 28%나 늘어나는 것이다.

대개의 경우 부활절은 일년 중 가장 바쁜 때이다. 강림절과 크리스마스보다도 바쁘다. 사순절 기간에는 교회가 보다 많은 프로그램을 제공하고 예배도 많이 드린다. 그리고 출석 인원도 늘어난다. 이러한 모든 것들이 더 많은 스트레스와 긴장을 초래하게 되어 저변에 깔려 있거나 잠복해 있던 갈등이 전면에 쉽게 떠오르게 된다.

게다가 여름이 서서히 시작되기 전에 부활절이 돌아오면 교회 지도자들은 교회 행사 년도에 뒤따르는 문제점들을 살펴볼 수 있는 기간이 두 달밖에는 남지 않았다는 사실을 알게 된다.

청소년들을 후원하는 사람들은 고등학생들의 모임을 지원하는 노력을 가끔씩 기울이기도 해왔을 것이다. 부교역자는 이 문제를 가을까지 그냥 두기를 원치 않는다. 만약 그렇게 된다면 이 문제를 다음 년도로 넘기지 않을 수도 있다. 이런 문제는 초기에 해결해 버리고 다음 년도의 계획은 새롭게 시작하는 것이 훨씬 나은 것이다.

이에 부교역자는 다른 부부에게 청소년 후원자가 되어 달라고 부탁을 하고 현 후원자들은 여름이 되면 그만두도록 이야기한다.

현 후원자들은 마음에 상처를 받고 부교역자가 하는 일, 한동안 자신들이 만족스럽지 못했던 일에 대해 불평을 늘어놓는다. 고등학생 후원자의 문제는 금방 전 교회의 문제로 비화된다. 이는 부활절 여파에 따른 또 다른 하나의 갈등이다.

2. 청지기직 캠페인/시간 예산

매년마다 11월과 12월이 되면 나는 몇몇 목사들이나 평신도 지도자들로부터 초청을 받는다. 초청의 이유는 매년 실시하는 청지기직 캠페인을 벌이는 와중에 발견하는 문제들 때문이다. 교회에서 나를 초청한 사람들은 교인들과 자신들의 계약에 대해 이야기하면서 자신들이 기대했던 것보다 돈을 적게 받았다는 사실 뿐 아니라 교인들이 불만족스럽게 느낀다는 사실을 알게 되었다. 이런 경우 전체 교인들의 의견을 세세하게 조사함으로써 교회에 깊이 뿌리박고 있던 문제들 가운데 일부를 찾아낼 수 있었다. 이 문제들은 돈과는 아마도 별 상관이 없는 것 같았다.

미시간의 어떤 교회에서 교인들이 내는 헌금 액수가 눈에 띄게 뚝 떨어졌다. 그리고 몇몇 부교역자들의 위치가 위협받고 있었다. 이에 그 교회의 운영위원회는 교회의 전 교인들을 모아서 재정 지원을 부탁하기로 했다. 이들은 교회의 주요 지도자들을 훈련시켜 모든 교인들을 방문하도록 했다. 이들은 교인들의 집을 다니면서 교인들이 교회에 바라고 있는 사항들과 교회에 대한 관심사들을 듣기 원했다. 그리고 교회가 현재 하고 있는 일을 그들에게 설명하면서 헌금 약정 액수를 올려 달라고 이야기했다.

교회가 자원자들에게 교인들을 방문해 주도록 부탁했을 때 처음에는 호응을 한 사람들의 수가 적었다. 방문자를 충분히 확보하고 그들로 하여금 방문을 하게 했을 때 운영위원회는 교인들의 반응에 놀랐다. 방문자들이 교인들로부터 상당한 불만의 소리를 듣고 온 것이다. 불만의 대상은 목사의 설교, 교회 교육 담당자들의 엉성한 솜씨, 그리고 예배가 대체로 따분하다는 사실 등이었다.

교인들이 이렇게 느낀다는 사실을 운영위원회에서는 알아차리지 못해 왔다. 교인들이 운영위원회에는 물론 서로 간에도 교회에 대해 품고 있는 불만 사항을 이야기하지 않았기 때문이다. 모든 교인들을 하나하나 찾아다니며 의견을 청취한 일은 교인들이 불만을 이야기할 수 있는 물꼬를 터주었다.

3. 새로운 직원 보강

교회에서 가장 빈번한 갈등의 유형은 목사와 교회의 주요 지도자들 사이의 갈등이다. 이것은 특히 새로운 교역자들이 부임할 때 그러하다.

새로운 교역자가 온다는 것은 인간 관계와 업무 수행 절차가 바뀔 뿐만 아니라 교회의 방향과 우선 순위도 바뀐다는 것을 의미한다.

나는 한때 목회자를 구하는 2년의 기간 동안 두 명의 임시 교역자들이 있었던 어느 교회에서 일을 한 적이 있다. 임시 교역자들은 소극적인 사람들이어서 교회를 이끌어가는 일에 끼어들려고 하지를 않았다. 그 결과 여덟 명의 평신도들이 그 과도 기간중에 교회의 업무를 처리하게 되었다.

새로운 목사가 온다는 말에 이들 여덟 명의 평신도들은 기뻐했다. 드디어 교회 일에 지나치게 많은 시간을 쓰지 않아도 되게 된 것이다. 이들은 다른 사람이 교회의 모든 세세한 업무를 처리하게 됨에 따라 휴식을 취하려고 했다.

그런데 이 새로 온 목사가 교회의 업무를 세세한 부분까지 장악하면서 이 여덟 명의 지도자들은 크게 실망하게 되었다. 목사가 내리는 결정들은 모두 나무랄 데가 없는 것들이었다. 그러나 이제껏 그들이 해오던 것과는 다른 것이었다. 더욱이 이 목사는 이 여덟 명의 의견보다도 다른 이들의 의견을 자주 듣는 편이었다.

4. 지도력 유형의 변화

다른 어느 교회를 보자. 이 교회의 목사는 내성적인 사람이었다. 조용하고 점잖고 학구적인, 그러나 사려 깊고 자상하기도 한 사람이었다. 그런데 문제는 이 목사의 전임 목사가 매우 외향적인 사람이어서 교회에서나 마을에서나 사람들과 같이 있기를 즐기는 사람이었다는 데 있었다.

교인들은 이 새로운 목사와 대화할 때 자신들이 대화를 주도해 가는 것이 부담스러웠다. 그리고 목사가 자신들을 미온적인 태도로 대하는 것도 참기 어려웠다. 사실은 이 목사는 그들이 이제껏 익숙해져 있던 유형과는 다른 형태로 관계를 맺고 있었다. 그래서 시간이 걸리는 것뿐이었다.

교회에서 새로운 목사를 청빙해 갈 때 이 목사의 리더십 유형이 그의 전임자와 다르다면 일부러 그런 목사를 원했든 아니면 실수로 그랬든 간에 갈등은 분명히 곧 일어날 것이다.

리더십의 문제가 '추종자'의 문제일 경우가 가끔 있다. 지도자가 효과적으로 이끌기 위해서는 따르는 사람이 효과적으로 따라야 한다. 즉 목사의 리더십 유형에 교인들이 적극적으로 협력해야 하는 것이다.

한 예를 들어보자. 아이들이 십대로 들어서면서 시끄러워지는 가정이 있다. 이런 경우 부모가 바뀐 것이 아니라 자녀들이 바뀐 것이다. 이제 십대가 된 것이다. 이들은 이제까지 부모들이 행사해오던 지도 유형을 따르려고 하지 않는다. 리더십은 따르는 사람들이 얼마나 부응하느냐에 따라 그 효과를 발휘한다.

교회에서 목사를 청빙할 때 전임 목회자와는 다른 유형의 리더십을 가진 사람을 원하는 경우가 있다. 전임 목사는 권위주의적이고 새로 온 목사는 많은 사람들의 참여를 강조하는 목사라고 하자(교회에서 드물지 않게 일어나는 경우이다).

이런 경우, 교인들에게 위기가 닥치거나 교회에서 중요한 결단을 내려야 하는 때까지는 모든 일이 잘 되어갈 수 있다. 그러나 이런 위기의 순간이 닥치면 교인들은 걱정을 하면서 옛날의 행동방식으로 돌아간다. 그리고 목사 등 다른 사람들이 그런 양식을 따라주기를 원한다. 갑자기 목사에게 과단성 있고 담대하기를 원하는 것이다. 이렇게 되면 모든 사람들이 혼란을 일으키게 된다.

5. 목사의 휴가

어느 장로교회의 목사가 신혼 여행을 떠났다. 그런데 그 기간중에 교회 운영위원회가 모여 이 목사의 리더십에 대하여 의논하였다. 이들은 이 문제가 너무도 중요하기 때문에 비록 신혼 여행중이었지만 목사에게 전화를 걸기로 했다. 그리고 전화를 통해서 그 목사에게 자신들이 지방회에 사람들을 파견해서 목회 분과 위원회의 도움을 요청했다고 알려 주었다.

아뿔싸!

이런 경우가 전형적인 경우일까? 그렇지는 않다. 그러나 교회 안에서 심각한 문제들이 자라나고 있다면 불만을 품게 된 일단의 사람들이 목사가 부재중일 때 모여 이런 문제점들을 논의하더라도 그리 놀라운 일은 못된다.

또한 어떤 교회들은 지나치게 목사에 의존하기도 한다. 그래서 목사가 휴가를 떠나면 교인들이 거의 무의식적으로 불안을 느끼게 된다. 한 그룹의 사람들이 다른 그룹의 사람들과 싸우기도 하고 부교역자가 설교를 하는 도중에 교인들을 공박하는 말을 하기도 한다. 예를 들어, "만일 여러분이 우리 교회에 십일조를 드리지 않고 있다면 여러분은 그리스도께 전적으로 헌신되었다고 말할 수 없습니다."라는 식의 말이다. 그리고 교인들은 여기에 반응을 보인다. 오래지 않아서 교인들 가운데서는 휴가를 즐기는 목사에게 전화를 걸어 교회 분위기가 이상하게 되어가고 있다는 사실을 알려주고 싶은 사람이 나타나게 된다.

6. 목사 가정의 변화

목회자 가정에서 어떤 변화가 있을 때, 그것이 좋은 변화일지라도, 교회에 갈등을 일으킬 수도 있다.

여러 해 동안 교회 사역을 하면서 자신의 노력과 정성을 거의 다 쏟은 목사가 있었다. 교인들은 이 목사가 매주 7,80시간을 일하는 데에 익숙해져 있었다.

이 목사의 딸이 십대가 되었을 때 목사와 이 딸은 그전보다 더 많이 말씨름을 하게 되었다. 목사의 딸은 학교에서 문제를 일으키기 시작했고 목사는 이런 것이 걱정되었다.

이에 목사는 전보다 많은 시간을 집에서 보내기 시작했고 아내와 딸과 함께 매주 치료 모임에 참석하기 시작했다.

그런데 교인들은 자신들이 소홀하게 취급당한다고 느끼기 시작했다. 목사는 아직도 매주 50여 시간을 일하고 있었지만 교인들은 목사가 교회 일에 흥미를 잃어간다고 불평했다.

7. 베이비 붐 세대들의 교회 진입

지난 10년간 교회에 오는 사람들 가운데 새로운 세대가 교회 생활에 참여하기 시작하였다. 이른바 "베이비 붐 세대(Baby Boomers)"라고 일컬어지는 이들은 이전 세대보다 진보적이며 매우 다른 생활 스타일을 누리고 산다. 이 세대에 속한 사람들은 부부가 모두 풀 타임의 직업을 가지고 있는 경우가 보통이다. 이들은 자유롭게 보낼 수 있는 빈 시간을 거의 갖지 않으며 봉사하는 일에 들이는 시간이 짧다. 또한 이들은 자신들의 필요를 채워 주는 프로그램만 후원하는 경향이 있으며 이들의 성격은 보다 솔직하고 직선적인 성향이 강하다.

이들이 교회 활동에 참여하면서 많은 문제가 교회에 생기기 시작했다. 교회의 여성 모임에서는 직장 여성들을 끌어 들이려고 했으나 쉽게 되지 않는다. 프로그램을 짜는 사람들도 이들 베이비 붐 세대들이 긴 시간 동안은 봉사하려고 하지 않는 바람에 애를 먹고 있다. 각 위원회들도 이들 때문에 골치를 앓고 있다. 그 이유는 이들 베이비 붐 세대들이 탁월하게 좋은 것들만 찾기 때문이다. 특히, 이들은 아이들을 위한 프로그램과 시설에 대해서는 더욱 그런 성향을 보여주는데 어떤 일을 탁월하게 해낸다는 것은 매우 어려운 일이 아닌가?

이 모든 것이 나이든 세대에는 골칫거리가 될 수 있다.

8. 새로운 건물의 완공

알반 연구소에서 목회자가 사임하는 경우를 조사한 결과 새로운 건물을 완공한 뒤에 교역자들이 자리를 내놓기 쉽다는 사실을 발견했다. 거기에는 몇 가지의 원인이 있다.

교회의 리더십(목사의 리더십을 포함해서)은 교회의 관심사가 되고 있는 구체적인 일에 집중 되어왔다. 그런데 일단 그 일이 성취되면 새로운 리더십이 요구되는 것이다. 그것은 대개의 경우 프로그램에 초점을 맞춘 리더십이다.

만약 변화가 이루어지지 않는다고 하자. 그러면 교회는 성공적인 경험을 이미 겪었기 때문에 지금은 표류하고 있다고 느낀다. 교인들은 건축 기간중에 있었던 정력과 집중을 요구하는 것이다. 새로이 집중할 사안을 찾지 못하면 좌절은 갈등으로 이어지게 된다.

9. 교인 수의 감소

교회가 교인들이 감소하는 상황을 맞을 때 갈등이 생기기 쉽다. 많은 교회들에 있어서 교인들은 희소한 자원이다. 자원 — 돈이든 사람이든 — 이 감소하면 긴장이 증가한다.

교인 수가 줄어드는 교회의 교인들은 종종 자신들이 겪고 있는 문제를 어떤 한 사람이나 그룹의 탓으로 덮어씌운다. 자신들이 비난하는 사람들이 그 어려움에 대해 별로 책임이 없는 경우에도 그렇게 하는 것이다.

뉴욕 주 북부의 한 마을에 있는 어느 교회는 지난 10년 동안 완만하고도 꾸준하게, 그리고 현저하게 출석 교인 수가 줄어들고 있었다. 15년간 교회를 맡아온 목사는 도심 재개발이 교인 감소의 한 원인인 것을 알고 있었다. 도심 재개발로 말미암아 교회 주변의 주택지들이 없어졌기 때문이다. 이에 더하여 같은 교단에 속한 두 교회가 그리 멀지 않은 교외에 새로 세워졌다.

그러나 이 목사는 교회에 교인 수가 줄어드는 **진정한** 이유는 세 명의 오래된 여자 교인들 때문이라고 믿고 있었다. 그들은 지난 20년간 교회를 주물러왔다. 그들은 목사가 하는 일에는 항상 반대만 하는 호전적이고 까다로운 사람들이었다. 이 세 사람들은 무언가 새로운 일을 시도하려는 사람들에게는 누구에게든지 으름장을 놓았다. 그 일이 주일학교 교실을 새로 마련하는 것이든, 무주택자들을 위한 계획이든, 예배를 갱신하는 것이든, 이들은 아랑곳하지 않았다.

많은 교인들이 막강한 힘을 행사하는 이 세 사람의 트로이카에게 문제가 있다고 생각하고 있었으나, 그와 비슷하게 많은 수의 교인들이 목사에게 문제가 있다고 생각하고 있었다. 사실 이 목사는 오래된 교인들에게 관심을 충분히 기울이지 않았다. 또한 오래된 교인들을 필요한 만큼 자주 심방하지도 않았다. 게다가 그는 논쟁의 가능성이 있는 사회적 문제인 가난한 사람들에 관한 문제에 지나치게 깊이 관여하고 있었다.

어느 쪽의 입장이 "옳았을까?" 양자가 모두 옳았으며 동시에 양자가 모두 틀렸다. 그러나 교인 수가 줄어드는 데 대한 고통이 너무 컸기 때문에 이들은 모두 누군가를 비난하지 않으면 안될 것 같은 기분이었다.

나는 양쪽 사람들 모두에게 그 여인들과 목사가 교회에서 일하는 방식을 개선할 수는 있지만 교인 수가 증가하거나 감소하는 주된 원인은 어느 한 개인이나 그룹의 능력 밖에 있다는 사실을 지적해 주었다. 그렇게 해서 나는 그들로 하여금 지역 사회에서 교회의 역할을 강화할 방법을 찾도록 하고 피차 상대방을 변화시킬 생각은 하지도 말도록 했다.

10. 교인 수의 증가

한편, 교인 수가 증가해도 갈등이 일어날 수 있다. 교인 수가 증가하면 교회의 사람들이 바뀌기 때문이다. 대개 오래된 교인들과 잘 지내는 사람은 새로운 사람들이 등장하는 것을 좋아하지 않는다.

다른 사람들과 마찬가지로 나도 교회들을 크기에 따라 네 종류로 분류해본다. 그것은 가족 규모, 목양 규모, 프로그램 규모, 법인체 규모의 교회이다.

1. **가족 규모.** 가족 규모의 교회에서는 주일 아침 예배에 평균 50명 미만의 교인들이 참석한다. 이 경우의 교회는 한 사람의 두드러진 지도자와 단일 조직으로 이루어지기 쉽다. 이 때의 지도자는 대개 목사가 아닌, 오래되고 활동적인 교인인 경우가 많다. 가족 규모의 교회에서는 어떤 일에 결정을 내려야 할 경우, 과거를 돌아보고 무엇이 잘 되고 무엇이 잘 되지 않았는지 참조하는 경향이 있다.

2. **목양 규모.** 목양 규모의 교회에서는 평균 50명에서 150명의 교인이 주일 아침 예배에 모인다. 여기에는 몇 개의 세포, 또는 기본 그룹들이 있다. 이들은 목사를 통해 서로 관계를 맺는 경향이 있다.

이 경우 교인들 사이의 연결고리는 목사이다. 새신자를 심방하고 이들을 교인들에게 소개시켜 주는 것도 대개는 목사의 일이다. 목사는 새신자들이 교회 생활을 할 수 있도록 인도해 주고 이들이 정착해 교회 생활을 할 수 있는 부서들—위원회, 성경 공부반, 성가대 등—을 소개해 준다. 나아가 목사는 거의 유일하게 교회의 모든 활동에 참여하는 사람이기도 하다.

그러므로 목사는 가족 규모의 교회보다는 목양 규모의 교회에서 보다 큰 권위를 행사한다고 할 수 있다. 교인들은 목사에게서 정보와 조언을 얻을 것을 기대한다.

목양 규모를 가진 교회에서도 교회 활동의 계획은 가족 규모의 교회만큼은 아니지만 과거에 있었던 일들에 비추어보아 결정된다.

교회가 목양 규모를 갖추어 감에 따라 교회를 그동안 좌지우지해 오던 사람들은 그 힘을 목사에게 넘길 수밖에 없게 된다. 물론 이와 같은 힘의 이동은 쉽게 되는 것이 아니다.

또한 교회 규모의 확장은 특정 그룹들에도 영향을 미친다. 전에 교회가 하나로 뭉쳐 있고 가족적 분위기를 풍기던 시절을 좋아하는 사람들은 불평을 늘어놓기 쉽다.

3. 프로그램 규모. 프로그램 규모의 교회는 주일 아침에 150명에서 350명 사이의 교인들이 예배에 참석한다. 목사 한 사람의 몸으로는 해야 할 일들을 모두 감당할 수 없기 때문에 교회에서는 부교역자를 두고 각 임원회나 위원회에 업무를 위임한다.

이 규모의 교회에서는 모든 교인들이 담임 목사와 직접적으로 같이 일하지는 않는다. 어떤 사람은 음악 담당자와 연계해서 일하고, 다른 사람들은 기독교 교육 책임자와 연계해서 일한다. 또 다른 사람들은 부교역자와 같이 일한다. 그러므로 교인들 가운데에는 교회를 교회라기보다는 '기구'로 느끼는 사람들도 있다.

교회의 계획에 긴급 사태가 결정적 영향을 미칠 경우도 있다. 같은 날 같은 장소에서 두 가지 행사가 계획되어 있을 경우 교인들은 서로 갈등 관계에 빠져들게 된다. 온 교인이 야유회를 떠나는 주일에 젊은이들을 모아 주말 수련회를 가지려고 할 때에도 마찬가지로 갈등이 생긴다. 예배를 계획하는 일은 더욱 복잡하다. 음악 담당자와 설교자, 그리고 예배위원회의 관심들이 모두 고려되어야 하기 때문이다.

(사실상 주일 아침 예배에 150명 이상이 모이는 교회는 목양 규모의 교회처럼 기능할 수 있다. 이런 교회는 대개 위원회도 별로 없고 프로그램도 빈약하기 마련이다. 교회는 주로 주일 아침 예배의식을 반복할 뿐

이다.)

교회가 목양 규모에서 프로그램 규모로 넘어갈 때에는 더욱 큰 동요가 있기 마련이다. 이 변화는 보다 눈에 잘 뜨이며 따라서 더욱 많은 사람들을 위협한다.

예를 들어보자. 교회에서 예배를 한 번만 드리다가 두 번 드리게 되는 것은 아마도 가장 혼란스러운 변화가 될 것이다. 사람들은 이렇게 불평한다. "우리 교회는 앞으로 하나가 되지 못할 거야." 만일 친구들이 다른 예배에 참석한다면 얼굴도 못 보겠군."

교회들은 대개의 경우 목양 규모로부터 프로그램 규모로 넘어갈 때에 운영위원회를 재구성한다. 운영위원회는 교회 생활의 모든 면에서 예전처럼 섬세하게 기능하지 못한다. 위원회 가운데에는 운영위원회에 보고할 때 전보다 적게 보고하는 위원회도 있으며, 전혀 운영위원회에 보고하지 않는 위원회도 있다. 그리고 그 결과로서 많은 사람들이 점점 더 교회 지도력을 피부로 느끼지 못하게 되는 것이다.

목사도 물론 자신의 스케줄을 다시 짠다. 이제는 담임 목사도 더 이상 몸이 아픈 사람을 심방하지 못하며 사무실에서 위원회를 다 만나지도 못한다. 이것이야말로 목사를 포함한 모든 교인들이 진정한 손실로 여기는 것이다.

4. 법인체 규모. 법인체 규모의 교회에서는 주일 아침 예배에 350명 이상의 교인들이 참석한다. 이 규모의 교회는 프로그램 규모의 교회보다 훨씬 계급적인 질서가 있는 조직이다. 이제 목사는 프로그램 담당자와만 관계를 가지며 모든 직원들을 다 만나지 않는다. 이 규모의 교회에서는 종종 목사가 자신만의 특유한 목회 활동(대개는 설교이다)에 중점을 두며 다른 사람들은 행정 업무와 프로그램을 책임진다.

이 법인체 규모의 교회 안에는 핵심적 역할을 하는 교인들, 그룹들, 특수 목회 사역, 나아가 목양 규모의 교회들이 나타나기도 한다. 목사는 전체 교인들을 하나로 묶어주는 상징이 된다.

이 규모의 교회에서는 계획을 세우는 것이 더욱 힘들게 되어 있다. 그러나 법인체 규모의 교회는 당면한 필요를 충족시키는 것 이외에도 미래의 일들을 결정함에 있어 시간을 사용할 수도 있고 담당자들을 투입해서 할 수도 있다.

이전 단계에서 교회의 규모가 변화할 때 느끼던 긴장들을 여기서도 느낄 수 있다.

이러한 예측 가능한 갈등에 보다 잘 대처하기 위해 무슨 일을 할 수 있는가?

갈등의 단계들을 아는 것이 도움이 된다. 결국 거의 모든 이러한 경우들은 과거의 일들을 떠나 보내는 것과 관계가 있는 것이다.

또한 낮은 단계의 갈등과 스트레스가 교인들에게 도움이 된다는 사실을 알고 있으면 단계 이동에 따르는 이러한 긴장을 어느 정도 해소하는 데에 도움이 된다.

그러나 어떤 경우에도 무슨 일이 일어날지 알기만 해도 도움이 된다.

풋볼 리시버는 종종 공을 잡은 다음 자신이 히트를 기록하리라는 것을 안다. 그 사실을 안다고 해서 히트하는 순간의 충격을 줄일 수는 없다. 그러나 공을 잡는 일에, 그리고 종종 나아가서는 몸의 균형을 유지하는 데에 도움을 얻게 된다. 또한 상대 선수의 태클을 피하고 터치 다운으로 가외의 점수를 올리는 데에도 도움이 되는 것이다.

목회자의 경우도 마찬가지이다. 교회가 이제 곧 히트를 기록하려는 것을 알면 필드를 달려서 조금 더 전진할 가능성이 많은 것이다.

제 4 부

특별한 경우들

회복 과정에서는 결국 판단을 위한 모임을 갖는 것이 필요하다. 판단
이란 실로 어려운 일이므로 이를 위해서는 한 그룹이 모여야 한다. 한
개인이 전체적인 상황을 다 볼 수는 없는 것이다.

—에드워드 돕슨

제 9장
실족한 동료의 회복

디트로이트 근처에 있는 템플 침례교회(Temple Baptist Church)
는 당당하고 보는 사람을 위압하는 구조를 가지고 있다. 이 교회는 1960
년대 후반에 지어졌는데 동시에 4,000명을 수용할 수 있는 교회이다. 이
교회는 독립적인 침례교회 운동에 참가해 왔으며 풍부한 전통을 지니고
있다. 전도의 최일선에서 일해 오기도 하고, 주일학교 활동도 활발히 해
왔으며, 20세기에 들어와서는 교회 성장 운동에도 한 몫을 담당해 왔다.
나는 전에도 여러 번 그 교회에서 설교를 한 적이 있는데 모두 지금보
다 좋은 일로 그 곳에 가게 된 경우들이었다. 그러나 이번 주 강단에 오

르게 된 것은 좀 사연이 달랐다. 나는 찬송을 부르려고 했으나 울고 말았다. 특송에 주의를 기울이려고 했으나 제일 앞줄에 앉아 있는 한 가족이 끊임없이 의식되었다. 그들은 떠나기가 두려운 듯 서로 붙어 앉아 있었다. 여러해 동안 그 교회에 다녔음에도 불구하고 그들은 마치 와서는 안 될 곳에 온 것처럼 보였다.

나는 그들을 보고 웃음을 지으려 했고 그들도 나에게 웃음을 보내려고 했다. 그러나 우리 모두에게 웃을 만한 일은 분명히 없었다.

성가대원들 가운데에도 눈에 눈물이 가득 고인 사람들이 많았다. 마치 장례식을 치르는 듯한 분위기였다. 모두가 가장 좋은 태도를 취하고 앉아 있었으나 어느 순간에는 억누른 감정이 솟구치리라는 것을 느끼고 있었다.

내가 제일 앞줄에 앉은 한 집안 사람들과 그렇게 친한 사이가 아니었다면 마음이 좀 나았을 것이다. 트루만 돌라(Truman Dollar)는 훌륭한 조언자요 친구였다. 내가 버지니아주 린치버그에 있는 토마스 로드 침례교회(Thomas Road Baptist Church)를 떠나려고 할 때에 트루만은 거의 매일같이 나를 상담해 주었다. 내가 그랜드 래피즈로 옮긴 후에도 목사로서 결정을 내려야 할 경우에 조언이 필요하면 트루만을 찾았다.

그런데 이제 강단에서 그를 쳐다보고 있노라니 그가 그 교회 목사직을 사임한다는 사실이 믿어지지가 않았다. 이 모든 일들이 현실이 아닌 것만 같았다.

지난 주에 있었던 일들이 머릿속에 떠올랐다.

반갑지 않은 소식

지난 월요일이었다. 전화벨이 울려서 받아 보니 나와 거의 15년 동안이나 함께 일했던 제리 파웰(Jerry Falwell)이었다. 깊게 공명된 목소리로 그가 물었다. "자네 지금 뭐하고 있나?"

"하는 일 없네. 전화 받고 있는 중이지." 우리는 웃음을 터뜨렸다.

그런데 갑자기 제리가 심각한 태도로 말했다.

"트루만이 어떤 처지에 있는지 알고 있나?" 내 말을 기다리지도 않고 그는 말을 이었다. "나는 방금 템플 침례교회 운영위원회 의장인 커트 윌슨(Curt Wilson)과 이야기를 나누었네. 트루만이 무슨 문제가 생겨 곧 사임할 형편이야. 그들은 나더러 와서 도와달라고 했는데 내가 가면 상황을 오히려 악화시킬 것 같아. 그래서 자네는 이런 문제를 전에 다루어 본 경험도 있고 해서 자네를 부르도록 권유했지." 제리는 문제된 상황을 약간 설명해 주고는 나를 위해 기도해 주고 지원해 주겠노라고 약속했다.

"내 도움이 필요하면 연락하게." 제리가 말했다.

전화기를 내린 후 얼마 되지 않아 다시 전화벨이 울렸다.

"돕슨(Dobson) 박사님. 제리 파웰 박사님이 박사님의 도움을 얻을 수 있으면 얻어보라고 추천하시더군요." 커트 윌슨과 나는 거의 한 시간이나 전화 통화를 했다.

커트의 설명은 이랬다. 트루만이 전에 사역하던 교회의 한 여인과 이야기 하는 것을 그의 15세 된 아들이 엿듣게 되었다. 그런데 그 대화 가운데에는 그가 하지 말았어야 할 성에 관한 이야기도 오고 간 것이었다. 그의 아들은 어찌 할 바를 몰라 청소년 교역자에게 자신이 들은 것을 이야기했고 이 교역자는 트루만을 찾아가 만났다.

트루만은 자신이 해서는 안될 말을 한 사실을 인정하고 용서를 구했다. 그리고 문제가 해결된 것처럼 보였다.

그런데 2년이 지난 오늘날에 와서 그 사건이 다시 수면에 떠올라서 교회의 모든 집사들이 알게 된 것이다. 긴 시간에 걸친 격렬한 토론을 마친 후 집사들은 트루만에게 사임을 요구하기로 결정했다.

"오는 주일 이 결정 사항을 발표할 것입니다." 커트가 말했다. "주일 아침과 저녁에 설교해 주셨으면 합니다. 그리고 우리 교회의 집사들을 만나서서 밟아야 할 단계들을 순서에 맞게 밟을 수 있도록 도와주시기 바랍니다.”

내가 말했다. “먼저 우리 교회의 운영위원회를 열고 운영위원들의 조언과 생각을 듣고 싶습니다. 저는 우리 교회에 온 지가 얼마 되지 않아서 운영위원들의 권위를 인정하고 그에 따르기로 약정했습니다. 저는 운영위원들이 전폭적으로 지지해 주지 않는다면 이처럼 극적인 일은 하지 않겠습니다.” 나는 다음날 정오에 긴급 운영위원회를 열 수 있도록 조처를 취했다.

그날 밤 나는 제대로 잠을 이룰 수가 없었다. 나는 충격을 받았으며 실망스러웠고 고통스러웠다. 나는 그 주간이 길고도 어려운 한 주간이 되리라는 것을 알고 있었다. 우리 교회 운영위원회에서 어떻게 생각할지 알 수가 없었다. 아니, 내가 그런 복잡한 상황에 들어가서 조언을 해주고 지도력을 발휘할 수 있을지도 확신할 수가 없었다. 그러나 나는 트루만의 곁을 떠나지 않기로 결정했다. 그는 이제껏 나의 친구였고 지금도 나의 친구이며 앞으로도 나의 친구로 남을 것이다. 나는 그 상황에 공적으로 관계를 하게 되든 말든 계속 그의 곁에 남기로 했다.

다음날 긴급 운영위원회에는 거의 모든 운영위원들이 참석했다. 회의를 시작하기 전에 몇몇 사람들은 농담을 하고 웃기도 했으나, 이제 곧 무언가 심상치 않은 일이 일어나리라는 것을 모두가 예감하고 있었다. 틀림없이 그 중에 몇 명은 내가 곤경에 처해 있다고 생각할 것이다.

내가 커트 윌슨과 제리 파웰과 나눈 이야기를 설명하자 운영위원들은 하나같이 내가 템플 교회에 가서 그 교회의 운영위원회와 같이 일하고 그 곳에서 주일 설교를 하도록 적극 권유했다.

장로들은 또한 이러한 상황에서 오는 긴장을 나 혼자 받아내서는 안된다고 느꼈다. 장로들은 템플 교회에서 내가 벌일 사역을 위해 기도하겠다고 약속했으며, 나와 같이 가도록 세 사람을 임명했다. 이들은 나를 격려하고 힘과 지혜를 빌려 주고, 나를 받쳐줄 사람들이었다.

당시를 회상하면 나는 나와 함께 갔던 이들에 대해 마음 깊이 감사하지 않을 수 없다. 그들 중 가장 나이가 어렸던 켄 엘리스(Ken Ellis)는 공인된 심리학자였으며 인간 행동을 꿰뚫어보는 예리한 통찰력을 지니고 있었다. 아드리안 반위크(Adrian VanWyk)는 그 중 존경받는 나이 지긋한 사람이었는데 우리 교회 목사 가운데 한 사람이었고 전에 이와 비슷한 경우를 경험한 적이 있는 사람이었다. 필립 나이메이어(Philip Nymeyer)는 허튼 소리를 하지 않는 단도직입적인 성격의 기업인이었다. 나는 긴장된 상황에서는 이들이 문제의 핵심에 신속하게 다다를 수 있다는 것을 알았다.

수요일에 나는 커트 윌슨과 몇 사람의 직원들, 그리고 돌라 가족을 만나기 위해 혼자 디트로이트로 떠났다. 그것은 긴 여행이었다. 나는 그 긴 시간을 사념에 잠겨 보냈다. 트루만과 내가 전화로 이야기를 나누었던 수많은 기억들을 떠올렸다. 우리가 함께 캘리포니아에 갔던 일도 기억이 났다. 당시 트루만은 목회하고 있던 캔자스 시티를 떠나 디트로이트로 갈 것인지를 놓고 고민하고 있었다. 나는 그가 하나님의 뜻대로 행하려고 애쓰면서 힘들어 했던 것을 기억한다.

나는 또한 60명의 근본주의 설교자들이 모인 회합에 트루만과 내가 함께 참석했던 일도 생각이 났다. 그때 나는 자유주의자와 복음주의자, 그리고 근본주의자의 차이점에 대해 강연을 했었다. 내가 '정확히 말해 진정한 근본주의자라고는 할 수 없는 사람'에 대해 이야기하고 있을 때, 목에 금목걸이를 걸고 있던 트루만은 기꺼이 그 실례가 되어 주었다. 참석한 사람들은 웃고 박수를 쳤다. 그 다음날 우리는 함께 조깅을 했다.

나는 트루만이 린치버그에 왔던 때를 기억한다. 우리는 '펀더멘탈리스트 저널(Fundamentalist Journal)'의 컬럼니스트였는데 서로 전화를 통해 자료를 읽어 주고 글의 내용에 변화를 주도록 제안하기도 했다. 우리는 여러 해 동안 친밀한 관계를 유지해 왔는데 나는 우리들의 이러한 관계가 영영 달라져 버리지나 않을까 두려웠다.

트루만과의 대화

트루만의 집 대문을 지나 현관으로 가려고 하는데 집 전면에 붙은 매매광고가 눈에 들어왔다. 내가 집으로 들어가자 트루만과 돈나(Donna)가 맞아주었다. 우리는 서서 함께 울었다. 이야기를 나누던 중 돈나는 자신이 전적으로 남편의 편에 서 있음을 분명히 했다.

"나는 어떤 경우에라도 남편과 함께 할 마음의 준비가 되어 있어요." 돈나는 이렇게 말했다.

다른 식구들도 다 거기 있었으므로 그 집은 활기찬 모습을 보이고 있었다. 트루만과 나는 서로 아쉬운 이야기를 하면서 지하실 방으로 내려갔다. 카페트를 깔고 판넬로 장식해 놓은 큰 방이었는데 한 쪽 구석에 책상 하나와 두 개의 접는 의자만 있을 뿐 텅 비어있었다. 트루만 가족은 가끔 많은 교인들을 그곳으로 초청하곤 했다. 우리는 거기 앉았다. 트루만은 눈물을 흘리며 자신의 이야기를 해주었다.

그는 캔자스 시티에서 디트로이트로 옮겨온 것이 가족들에게 얼마나 큰 부담이었는가를 이야기했다. 이 가정은 집과 친구들을 떠나야만 했던 것이다.

그는 또한 목회의 중압감이 점점 심해졌다는 이야기도 했다. 트루만은 자신이 20여년 전 세운 교회로부터 많은 문제를 안고 점점 기울어가는 교회로 갔기 때문이다. 그 교회는 트루만을 과도하게 환영하는듯한 태도는 가지고 있지 않았다.

트루만은 흑인들을 교인으로 받아들이기로 결정함으로써 몇몇 가정이 교회를 떠난 경위도 이야기했다. 최근에 있었던 교회 이전에 관한 논의는 문제를 일으킬 가능성이 더욱 많았다. 교인들은 대부분 트루만에 대해 분노하고 있었다.

이 기간에 트루만은 오랜 친구사이였던 어느 부부와 이야기를 나누곤 했다. 어떤 때 남편이 없을 때에는 그 아내와 대화를 나누곤 했다. 대화를 나누던 중 트루만은 자신이 느끼던 압박감과 좌절감을 털어놓기 시작했다.

후일에 트루만은 이렇게 말했다. "돌이켜보건대 그것은 결정적 실수였네. 다른 사람들이 그 대화를 들었는지도 모르지. 나는 해서는 안되는 잘못된 말을 한 셈이야. 나는 당황했고 이미 한 말에 대해 부끄럽게 생각했네. 나는 육체적으로 범죄하지도 않았고 그 여자와 같은 자리에 있어 본 적도 없어. 그러나 그렇고 그런 이야기를 했다는 점에서 나는 분명히 죄를 지었다네. 나는 지금도 그녀에게 한 말을 옮기기가 곤란하다고 느끼고 있네."

트루만의 열 몇살 된 아들은 집안의 다른 전화기를 들었다가 이러한 대화 가운데 하나를 엿듣게 된 것이다. 그의 아들은 자기가 들은 내용에 충격을 받았다.

그리고 얼마 후에 이 아들은 청소년 수련회에 참석했다. 그의 아들은 엿들었던 자기 아버지의 말을 청소년 교역자에게 은밀히 이야기했다. 수련회가 끝났을 때 트루만의 아들과 청소년 교역자는 트루만을 찾아와 대면했다. 트루만은 내키지는 않았지만 자신이 그런 말을 입에 담은 사실을 결국 시인하고 말았다.

트루만은 이렇게 말했다. "그러한 종류의 언어와 대화는 내가 입에 담기에는 전혀 걸맞지 않는 말이네. 나는 그들의 용서를 구했지. 그리고 그 여인과는 더 이상 대화를 나누지 않겠다고 약속을 했어."

그들은 자신들 이외의 다른 사람들은 이 사실을 알 필요가 없다는 점에 의견을 같이했다.

그러나 트루만과 청소년 교역자 사이의 비밀은 엄청난 압박감을 초래했다. 두 사람의 관계는 악화되기 시작했다.

"청소년 교역자가 업무를 제대로 하지 못해서 내가 그 문제로 이야기를 꺼내면 그는 이렇게 말하곤 했네. '글쎄요. 실수한 사람이 나 혼자만은 아닐걸요.' 그의 사역이 실패로 돌아감에 따라 나는 그를 사임토록 할 생각도 해보았지. 그러나 그럴 경우에는 그가 나와의 사이에 가지고 있는 비밀을 공개적으로 떠벌일 것이 불을 보듯 뻔한 일이었네. 적어도 내 생각에는 그랬다네. 그는 계속 나를 협박했고 나는 그가 사건을 공개할 수도 있다고 생각했지."

트루만의 말은 계속되었다. "지금와서 생각컨대, 나는 그때 바로 운영위원회에 가서 내 문제를 이야기하고 도움을 구했어야 했어. 그랬더라면 아마도 그들은 나를 휴가의 형식을 빌어 잠시 쉬게 한 뒤 나를 도와서 건강을 되찾도록 돌보아 주었겠지."

그러나 청소년 교역자는 오래지 않아 몇몇 직원들에게 비밀을 털어놓았다. 그때까지 교회는 지나치게 많은 장거리 전화 비용을 지출해 오고 있었다. 이로 인해 트루만은 전화를 건 곳의 전화번호를 알 수 있는 장비를 설치했다. 그런데 그 몇몇 교회 직원들 가운데 한 사람이 그 달의 통화 상황을 점검하는 중에 트루만과 좋지 않은 대화를 나누었던 여인의 전화번호를 트루만이 사용하는 전화에서 발견하게 되었다. 이 직원은 트루만이 그 여인과 다시 통화를 시작한 줄로 추정하고는 다른 사람들에게 모든 것을 털어 놓고 말았다.

어느 주일 아침 예배가 끝났을 때 직원들은 트루만을 그의 사무실로 찾아와 비난하면서 방증을 내놓았다.

"사실은 그 여자의 남편이 내가 밖에 출타중일 때에 전화를 했었다네." 트루만은 이렇게 설명했다. "그래서 내가 전화를 걸어 그 남편과 통화를 한 것이지. 나는 그 집에 전화 한 통 했다고 그 여자와 관계를 재개했다고는 생각하지 않았네. 나는 내 입장을 설명하려고 했지만 직원들은 2년 전 그 사건이 제대로 다루어지지 않았다고 주장하면서 내가 즉각 사임할 것을 요구했네.

나는 오래지 않아 이들이 나를 찾아온 것은 순수한 의견 교환 이상의 어떤 의도가 있음을 알게 되었지. 그것은 잘 계획된 반란이랄까, 일종의 궁정 쿠데타였네. 그들은 내가 만일 사임하지 않을 경우에는 문제를 공개화하겠다고 했다네.”

“나는 굳이 나 자신을 변호하려 들지 않았어. 나는 도와주는 사람도 없이 비참한 처지에 놓이게 되었네. 잘 처리했다고 생각했던 문제가 갑자기 드러나고 만 셈이지.”

후일에 트루만은 그날 오후에 자신이 고통스러웠다고 말했다. 일단의 직원들과 괴롭게 대면한 뒤로는 논리적으로 생각하거나 행동하지 못했다고 말했다. “나는 한동안 사무실에 홀로 남아 있었네. 마음 속에서는 유혹이 일어났네. 내가 살아있지 않다면 내 가정과 교회가 입은 상처는 최대한 줄일 수 있다는 생각이 들었다네.”

“막내 아이의 30-30 크기의 사슴 사냥총이 내 사무실에 있었네. 최근에 직원 한 사람이 깨끗이 정비해 주었지. 나는 끝부분이 부드러운 총탄을 탄알집에서 꺼내 긴장한 채로 약실에 밀어넣었네. 극히 짧은 순간 가장 손쉬운 해결책은 모든 것을 끝장내는 것이라는 생각이 들었었지.”

다행스럽게도 트루만의 아내와 비서가 그때 도착해서 그는 혼자 있지 않게 되었다. 그는 아내에게 그 생각을 이야기하지 않았다.

“나는 그런 생각이 얼마나 자기 중심적인지를 깨달았네.” 트루만은 훗날에 이렇게 말했다. “나는 그저 내 생각만 하고 있었네. 또한 그것은 이제껏 내가 설교해 온 책임과 하나님의 돌보심, 하나님의 주관하심 등을 부정하는 것이기도 했지.”(그는 매우 당황해 있어서 3년이 지난 후에야 그 사실을 공개적으로 인정할 수 있었다.)

그날 밤 트루만과 돈나는 교회 서재를 나와 주차장으로 통하는 두 계단을 향하여 천천히 걸어갔다. 그날 오후는 참으로 길었다. 가까이 있는 유서 깊은 디트로이트 템플 침례교회의 예배당으로부터 교인들이 부르는 찬송 소리가 들려왔다. 이들도 이제껏 알고 불러오던 찬송이었다. 주일 저녁 예배가 시작된 것이다.

“병에 걸린 것 말고 다른 이유로 주일 저녁 예배를 안 드린 것은 30년만에 처음이었지. 우리가 교회에 가 있지 않은 것이 이상하게 여겨졌네.
나는 그 때까지도 공식적으로는 담임목사였지만 곧 사정이 바뀔 것을 알
고 있었지. 모든 것이 순식간에 바뀌리라는 것을 알았네. 우리 부부는 무
척 괴로웠다네."

그들은 교인들을 생각했다. 그날 밤에는 교인들도 역시 괴로워하고 있
었다. 전체 교인들은 아직 트루만이 강단에 서지 못하는 이유를 듣지 못
하고 있었다. 교인들은 그날 오후에 알려진 그 사건을 모르고 있었다. 아
마도 다음 주일이나 되어야 알게 될 것이다.

그날 밤 트루만과 돈나는 그저 어디론가 사라지고 싶은 생각에 단 둘
이만 따로 나와 그 밤을 보냈다. "우리는 누구도 만나거나 이야기하고
싶지 않았네. 돈나와 나는 그날 오후의 사건에 휩싸여 감각이 없어지고
아무 말도 나오지 않았어. 우리가 살아오던 세상은 땅 속으로 가라앉아
버렸네. 하나님과 사람에게 버림받았다는 느낌이 들었네. 우리는 둘 다
멍한 상태에 있었지. 30년간의 목회가 물거품이 돼 버렸어. 이제 직업도
없고 보장된 안전도 없고 미래도 없다네."

그러나 묘하게도 트루만은 자신이 스스로의 죄를 다룰 수밖에 없게 되
었다는 점에서 안도감을 얻었다. "나는 은밀히 회개했지만 불완전한 것
이었네. 그러나 이제는 내 죄를 철저하고도 공개적인 방법으로 다룰 수
있게 됐어."

트루만은 자신의 행위로 말미암아 상처받은 사람들에게 보상해 줄 필
요가 있다는 사실을 깨달았다. 그 회복은 쉬울 것 같지는 않았지만 그는
그 일을 시작하기로 결심했다. "일상적인 생활을 멈추고 번거로운 개인
적인 문제들을 처리할 만한 시간이 없었는데 당시에 일어난 사건들은 나
로 하여금 그런 문제들을 처리하도록 몰아붙였네. 주권자이신 하나님께
서 당신의 지혜 가운데 내가 회복의 시간들을 거치도록 정하신 것이 분
명하네. 그러나 이 사실이 당시에는 분명히 보이지 않았지. 하지만 난 그
때 그 자리에서 깨어진 내 인생을 다시 세워가기로 결심했다네." 후일에

트루만이 한 말이다.

그는 또한 그날 밤에 대해 이렇게 말하기도 했다. "내가 명료하게 생각하지 않았다는 것은 알고 있네. 그러나 그날 밤 이상하게도 평안을 누리게 됐어. 걱정도 거의 없었고."

트루만은 나와 만나 이야기를 나누기 이틀 전 자신이 개인적으로 이야기해 줄 필요가 있는 사람들에게 정보를 제공하는 일을 시작했다. 그는 그것이 초상이 났을 때 가족들에게 알려 주는 일과도 흡사하다고 했다.

그날 오후 2시에 트루만은 딸 소냐(Sonya)와 아들 팀(Tim)을 불렀다. 이들은 모두 결혼해서 캔자스 시티에서 살고 있었다. 이들은 그날 오후 5시 30분에는 벌써 트루만과 돈나 부부에게 오기 위해 디트로이트로 오는 비행기에 탑승해 있었다. 이들은 그 주간을 내내 함께 보냈다. 그리고 트루만이 공식적으로 사임하던 주일 강단 위에서 트루만 옆에 앉아 있었다.

트루만은 훗날 그 주간에 일어나고 있는 일들의 역사적 의미를 점점 크게 인식하게 되었다고 말했다. "나는 내가 하는 모든 말들이 기록되고 모든 문서가 교회에 보관되리라는 것을 알았네. 나는 심각한 갈등을 기록한 십 년씩 된 문서들을 읽느라고 보낸 시간들을 생각했네. 그런데 이제 다름아닌 내 이름이 여기에 등장하게 되고 내 기록철에는 좋지 않은 내용이 실리게 되었네. 나는 후세대가 나를 어떻게 판단할 것인지를 생각하니 어찌나 후회스러운지 말도 나오지 않았다네."

나는 이 모든 것에는 다른 요소들이 작용하고 있음을 알게 되었다. 지난 1년 가량 내가 트루만과 이야기할 때마다 그가 무척 피곤하다고 말했던 생각이 불현듯 떠올랐다. 트루만은 자신이 얼마나 힘들게 일했는지, 자신의 처지가 얼마나 힘들었는지, 얼마나 영적인 갈등을 느꼈는지 이야기하곤 했었다. 나는 트루만이 사임을 최소한 희망의 가능성을 주는 것으로 보고 있지는 않을까 하는 생각도 해보았다. '나는 이 문제로부터 손을 떼고 이 부질없는 노력을 그만 두게 될 것이다.' 트루만이 이런 생각을 한 것은 아닐까?

그 날 오후에 우리가 이야기를 나눈 후에 트루만은 집을 벗어나 전화로부터 멀리 있고 싶어 했다. 이에 트루만과 그의 두 아들들과 나는 오후에 골프를 쳤다. 태양이 빛나고 있었고 골프 코스도 아름다웠다. 짧은 순간이었지만 모든 것이 정상으로 돌아왔다. 팀은 그의 법률 업무에 대해 이야기했고 디본(Devon)은 자신의 여자 친구들에 대해 이야기했다. 나는 갈보리 교회에 관해 이야기했고 트루만은 골프에 관해 이야기했다.

경기는 너무도 빨리 끝나고 우리는 다시 트루만의 집으로 돌아왔다. 우리는 집을 팔려고 내놓았음을 알리는 표지판을 지나 미래가 불확실한 냉혹한 현실로 돌아왔다.

그리고 나는 그랜드 래피즈로 돌아왔다.

일 처리 과정 중 내 목표를 분명히 하다

나는 다음 주 토요일 오후 2시에 나와 같이 여행을 할 동료들을 갈보리 교회의 주차장에서 만났다. 우리는 지프차 뒤에 짐을 싣고 그랜드 래피즈에서 디트로이트까지 여행을 떠났다. 나는 트루만, 커트, 그 외의 사람들과 대화를 나누는 외에 다른 사람들과도 대화를 나누었다.

반위크 목사는 여러 해 전 자신이 겪었던 비슷한 상황을 자세히 설명해주었다. 그는 그 사건이 사람들의 삶에 장기적으로 미치는 영향에 대해 이야기했고 교회가 어떻게 그 문제를 놓고 분열되었는지 이야기했다. 어떤 사람들은 목사를 용서하고 아무 일도 없었던 것처럼 다시 받아들이고 싶어 했다. 다른 이들은 영구히 그 목사의 목사직을 박탈하기를 원했다. 또 다른 사람들은 무엇을 할지 몰랐다. 반위크 목사는 거중자로서 일했으며 그 결과로서 교회에서 그에게 분노하는 사람이 많아지게 되었다.

나는 이 상황을 헤쳐 나갈 만한 간단하고도 예측 가능한 전략이 없음을 깨닫기 시작했다. 이미 손해가 발생했고 우리가 취할 수 있는 가장 좋은 길은 손해를 관리하는 것이었다.

그러나 우리가 일을 추진해 나감에 있어서 내가 맡아야 하는 역할이 관심사가 되었다. 나는 네 가지 목표를 세우고 이를 위해 힘쓸 것을 다짐했다.

1. 교인들이 트루만을 예의를 갖추어 대하도록 만드는 것이다. 트루만이 잘못했다 하더라도 그에게 발길질을 하는 것은 옳지 않다.

2. 교인들이 쇼크와 감정의 격동을 벗어나도록 도와주고 그 너머에 희망이 있음을 보게 한다. 또한 이번 사건에도 불구하고 템플 교회에 좋은 결과를 가져올 수 있는 목회가 끝난 것은 아니라는 점을 알게 한다.

3. 성경적인 관점에서 의사소통을 하도록 한다. 이 모든 상황의 열쇠는 자신들이 느끼는 대로 반응하는 것이 아니라 성경의 원리에 따라 반응하는 것이다. 나는 템플 교회의 어떤 교인들은 트루만이 곤란을 겪게 되어서 즐거워한다는 사실을 알게 되었다. 그들은 애초부터 트루만을 좋아하지 않았다. 교인 전체, 특히 이 사람들은 용서하라는 성경의 명령에 순종할 필요가 있었다.

4. 교회가 성급한 결정을 내리지 않도록 한다. 어떤 사람들은 트루만의 머리를 잘라서 쟁반에 올려놓기를 원했다. 그러나 다른 교인들은 트루만이 어떠한 심각한 잘못도 저지르지 않았다고 주장했다. 어떤 사람들은 트루만을 산 채로 피부를 벗기려 들었다. 또 다른 이들은 투표를 통해 트루만을 다시 담임목사로 복귀시키기를 원했다. 나의 목표는 교회가 분열되지 않도록 돕는 일이었다.

분리 결정

우리는 홀리데이 인(Holiday Inn)으로 가서 저녁식사를 했다. 커트 윌슨이 자리를 함께 했으며 우리는 그날 저녁에 열릴 예정인 운영위원회에 관해 이야기를 나누었다. 그리고 함께 교회로 갔다. 모든 사람이 모여 있었다. 수년 전 트루만과 마찰을 빚었던 직원과 지난 주에 트루만을 찾아갔던 직원들도 참석해서 이 문제를 전체 운영위원회에 내어놓았다.

나는 방을 둘러보았다. 직원들과 집사들을 보니 안됐다는 느낌이 들었다. 그들은 지도자를 잃은 것이다. 그들은 무엇을 할지 분명한 생각이 들지 않는 것 같았다.

그 모임의 처음 두 시간은 발생한 상황과 당시까지의 처리 단계들을 자세히 되짚어 보는 시간이었다. 모임이 심각하게 나누어져 있다는 점이 금방 분명해졌다. 모두가 트루만이 잘못을 저질렀다고 느꼈다. 그러나 어떤 이들은 트루만을 비난한 사람들의 행동이 트루만의 잘못 만큼이나 잘못되었다고 느꼈다.

모인 사람들 사이에 격렬한 공방이 오갔다.

"이 교회의 어떤 지도자들은 죄를 담요로 덮어 버리기를 바라는 것이 분명합니다. 곤란함을 피하기 위해 자신들의 순전함을 버리려 하고 있습니다."

"내가 보기에는 여기 모인 직원들 중에는 이 불행한 사건을 이용해서 출세해 보려는 사람들이 있는 것 같습니다. 교회에서 징계를 받아야 할 사람이 있다면 그것은 바로 직원들입니다."

"사건이 일어난 지 2년이나 지났습니다. 그리고 의심쩍은 행동이 재발하지도 않았습니다. 트루만 목사님은 담임목사로 머물러 계셔야 합니다."

"그런 심각한 죄를 범한 이상 영적인 지도권은 상실했다고 봐야죠."

우리는 막다른 골목으로 들어갔다. 우리 교회에서 온 세 사람은 뒤에 앉아 있었는데 고개를 숙이고 기도하고 있었다. 나는 하나님만이 이 모임에 화합을 가져오실 수 있는 유일한 희망이심을 알았다.

"내 말을 들으시오. 이 자리에서 진짜 다루어야 할 문제는 일을 처리한 방식을 우리가 좋아하느냐 좋아하지 않느냐의 문제가 아닙니다. 이 자리에서 문제는 여러분의 담임목사가 사임했다는 점입니다. 우리는 이 문제를 논해야 합니다."

나는 기도할 것을 제안하고 모두 무릎을 꿇자고 했다.

나는 무슨 말을 할지도 모르고 기도를 시작했다. 그 기도는 내가 공식 석상에서 한 기도 가운데 가장 길게 한 기도였다. 나는 교회 지도자들과 돌라의 가족, 그리고 교회를 위해 기도했다. 그때 나는 순간적으로 자제심을 잃고 흐느끼기 시작했다. 나는 하나님께 우리 모두가 이런 종류의 실수를 범하지 않도록 보호해 주시기를 간구했다. 나는 하나님께 하나님의 이름을 손상하기를 원치 않으며 나를 불러준 이 교회를 실망시키는 것도 원치 않으며 내 가족들도 실망시키기를 원치 않는다고 말씀드렸다. 내가 기도를 마칠 때에는 모인 사람들 거의 모두가 울고 있었다.

기도를 마친 후 우리는 잠깐의 휴식을 가졌다. 그리고 다시 모임을 재개해서 내일 어떻게 할 것인지를 이야기했다. 이때 나는 분위기가 약간 달라진 것을 느낄 수 있었다. **누구한테 책임을 떠넘길까?** 하는 문제로부터 **이제부터 어떻게 할 것인가?** 하는 문제로 관심이 바뀌어 있었던 것이다. 누구든지 책임 있는 자리, 결정을 내려야 하는 자리에 앉아 있다면 하나님 앞에서 겸손해야 한다는 사실을 모든 사람들이 긴장하는 가운데 깨닫는 듯했다.

트루만의 실수에 대해서는 우리 각자가 나름대로 심각하게 생각할 수 있다. 또 그의 뉘우침에 크게 의미를 부여할 수도 있다. 그러나 우리는 이런 것과는 관계없이 트루만은 담임목사의 자리에 그냥 남아 있을 수가 없음을 알게 되었다. 수많은 교인들의 느끼는 분노와 혼돈이 목사직을 유지할 수 없게 만든 것이다. 이에 우리는 트루만의 사임과 앞으로 취해야 할 조처들을 논의했다.

우리는 약간의 논란을 거친 끝에 트루만이 직접 교회 앞에서 사임을 발표하기로 의견을 모았다. 그러나 특히 직원들 중에는, 그 발표 문안을 대신 읽어주는 것이 바람직하다는 사람들도 있었는데, 이들은 트루만이 그 자리에 나타나서도 안된다는 생각이었다. 이들은 트루만이 그저 사라져 주기만을 원하는 사람들이었다.

여기에 대해 나는 이렇게 대답했다. "그런 식으로 일을 처리하면 교인들에게는 트루만 목사가 뭔가를 뒤집어쓰고 쫓겨난 것으로 비칠 것입니다. 그리고 그렇게 되면 교인들은 여기 있는 모든 직원들에게 적당한 죄목을 갖다 붙여서 다 쫓아내고 말 것입니다. 우리가 취하는 조처들을 트루만 목사도 정당한 것으로 인정하는 것을 교인들이 보아야 합니다. 그렇지 않으면 교회는 분열할 것입니다. 부작용을 최소화하는 길은 오직 트루만 목사가 교회에 나와서 교인들이 그와 그의 가족들을 볼 수 있게 하는 것입니다. 그리고 트루만 목사가 자신의 잘못을 고백하는 것을 듣는 것입니다. 게다가 교인들은 나중에 그에게 작별인사를 할 기회도 있어야 하니까요."

그날 모임은 커트와 내가 트루만을 만나서 사임과 다음날 일정들에 대해서 논의하기로 의견을 모았다. 우리는 발표 문안이 구체적으로 드러내지는 않더라도 사임의 이유를 정직하게 밝혀야 한다는 점에 의견을 같이했다. 트루만이 한 여인과 "있어서는 안 될 대화"를 가졌다고 언급해야 한다는 것이 우리의 결정이었다.

우리는 트루만이 어떤 내용을 어떻게 읽는가가 교인들의 반응에 큰 영향을 끼칠 것이라는 사실을 알았다. 실로 그 발표문은 교인들이 두고두고 입에 담을 문서가 될 것이었다. 사실 후일에 있었던 갈등의 한 가지 원인은 이 문안에 죄라는 용어가 쓰이지 않았다는 것이었다. 돌이켜보건대 아마도 그렇게 했어야 옳았을 것이다. 비록 트루만을 비난하는 사람들은 비난거리를 하나 더 얻었을 테지만 말이다.

우리는 사임을 어떻게 공적으로 처리할 것인지 의논했다. 누가 모임을 주재하고 누가 보도기관에 발표할 것인가 하는 등의 문제였다. 우리는 조리있고 일관된 태도를 견지하기를 원했다. 점차 우리는 이런 모든 문제들에 대해 공감대를 형성할 수 있었다.

그리고 커트와 나는 트루만의 집으로 가서 지하실에서 트루만과 함께 사임 발표문을 검토했다. 우리는 다음날 있게 될 행사들에 대해서도 이야기했다. 트루만은 어디에 앉을 것인가? 또 그는 예배 전에 들어올 것인가, 아니면 시작한 직후에 들어올 것인가? 주일학교에도 모습을 드러낼 것인가? 어찌 생각하면 이것들은 사소한 것으로도 보였지만 일어날 일들을 생각하면 세세한 부분까지 주의를 기울여야 했다.

새벽 1시 30분쯤 되어서 커트가 홀리데이 인까지 나를 데려다 주었다. 그 때까지도 나는 무슨 설교를 해야 할지 생각이 떠오르지 않았다. 대개 나는 주일 설교를 위해 20시간을 서재에서 보내곤 한다. 나는 준비 없이도 중요한 내용을 말할 수 있는 사람이 아니다. 그러나 그날 밤에 나는 성경을 약간 읽고 기도한 다음 무슨 말을 할 것인지 생각하지 않고 그냥 잤다. 이 중요한 날에 하나님께서 특별한 지혜를 주실 것을 믿었기 때문이다.

발표

강단에 앉고 보니 지난 주간이 끝없이 길게 느껴졌다. 나는 수년간 흘렸던 눈물보다도 지난 주간에 더 많은 눈물을 흘렸다. 이제 회오리바람이 사임의 순간을 향해 몰아치고 있는 것이다.

내가 설교를 시작했다. "저는 이 자리에서 여러 번 설교를 했습니다. 저는 늘 이 강단에서 설교할 수 있기를 바라고 있습니다. 그러나 오늘 하는 것처럼 설교하는 일은 바라지 않습니다. 오늘 제가 여기서 설교하게 된 것은 제가 원해서 하게 된 것이 아닙니다. 그러나 어쨌든 하게 되었군요. 여기서는 지난 주 갈보리 교회에서 했던 설교를 하는 것이 무난하리라고 생각합니다. 오늘 말씀은 다윗에 관한 말씀입니다. 그리고 누구든지 실수를 범한 사람에 관한 내용입니다."

내가 다윗과 밧세바에 대한 설교를 마치자 직원 한 사람이 사람들에게 교회에 등록하도록 공개적으로 초청을 했다. 담임목사가 막 사임하려는 판에 교인들에 대해 신경 쓴다는 것이 무척이나 어색해 보였다. 그렇지만 템플 교회에 소속되기를 바라는 마음을 가진 몇 사람이 앞으로 나왔다.

예배가 마칠 즈음에 커트가 마이크를 잡고 특별 모임이 있음을 발표했다. 그리고 교회의 등록교인이 아닌 사람들을 정중한 말로 돌려보냈다. 나는 집사들이 초청했으므로 이 특별한 날에 그 자리에 참여하게 되었다.

트루만이 가족들에 둘러싸인 채 마이크 앞에 나와서 사임을 발표했다.

그가 발표문을 낭독하자 교인들 가운데 누군가가 이렇게 외쳤다. "의장, 이 사임을 받아들이지 말 것을 동의합니다."

교인들 가운데서 환호가 터져나왔다. 큰 소리로 트루만을 지지하는 사람도 있었다. 집사들의 태도가 교인들의 감정적 반응과는 극적으로 다르다는 사실이 한순간에 분명해졌다. 나는 이것이 큰 갈등으로 빠져들 수 있는 상황임을 즉각 알아차렸다.

커트가 채 대답을 하기도 전에 트루만이 마이크 앞으로 다가섰다. 짧으나마 그의 강력한 리더십을 엿볼 수 있는 순간이었다.

트루만이 말했다. "그건 문제가 아닙니다. 제가 한 행동은 잘못된 것입니다. 여러분이 저를 담임목사로 원하든 원하지 않든, 저는 스스로 여러분의 목사가 될 자격이 없다고 느낍니다. 저는 이제 사임합니다. 이 결정을 번복하기 위해 여러분이 하실 수 있는 일은 아무것도 없습니다. 집사님들이 취하신 행동에는 잘못된 것이 없습니다."

그리고 트루만은 성찬대 앞에 나와 섰다. 사람들이 앞으로 나아와 그를 껴안고 작별의 인사를 했다. 두 시간 반 동안 나는 엄청난 사랑과 감동의 물결을 목도했다.

"보기에 좋지 않은데요." 직원 한 사람이 이렇게 말했다.

내가 말했다. "그렇지 않습니다. 이건 중요합니다. 이 교인들의 감정이 표출될 수 있어야 합니다. 앞으로 나간 대부분의 사람들은 혼란을 겪고 있어요. 그중에는 트루만 목사보다 훨씬 안 좋은 짓을 한 사람들도 많습니다. 살아오면서 안 좋은 짓들을 한 사람들은 트루만 목사를 감싸안고 이렇게 말할 겁니다. '하나님께 감사해요. 목사님께서도 우리와 똑같은 사람이군요.'"

다른 사람이 와서 말했다. "목사님은 이 모든 상황을 그저 눈가림만 해서 덮어버리신 겁니다. 성경 말씀까지도 손상하셨어요. 설교하실 때 다윗이 실수를 범했다고 하셨는데, 다윗 왕은 실수를 한 것이 아니라 죄를 지은 겁니다."

내 마음에 요동이 일었다. 이것을 어떻게 눈가림만으로 덮었다고 할 수 있는가? 담임목사가 자신의 행위를 인정하고 공개적으로 시인했다. 사람들에게 용서를 구하고 이제 사임의 고통을 맛보고 있다. 30년간 해오던 유일한 일을 떠나는 것이다. 또 공개석상에서 수치를 입었으며 당황해하기도 했다. 다시는 목회 사역에 복귀하지 못할 수도 있다. 그런데도 이 작자는 우리가 상황을 호도했다고 생각하는 것이다. 이 사람은 도대체 뭘 바랬단 말인가? 마음이 아팠다.

그 뒤로 몇 주간이 지나면서 나는 그 상황에 대해 사람들마다 각기 다른 견해를 가지고 있다는 것을 알게 되었다. 나는 그런 사건들은 대부분 한 가지 행동을 만장일치로 지지하는 일이 거의 없다는 점을 배우게 되었다.

나는 힘이 다 빠진 몸으로 호텔로 돌아왔다. 성경을 들어 갈라디아서 6 : 1~8을 폈다. 저녁 설교 때에 살펴볼 구절이었다.

그날 밤에는 교인들이 거의 다 모여들었다. 나는 90분을 설교했다. 내가 한 설교 중에 가장 어려운 설교의 하나였다. 나는 이 위기를 넘김에 있어, "다른 사람의 짐을 지는 의미에서", 트루만과 함께 하겠다고 선언했다. 나는 또한 트루만이 자신의 행동으로 인해 고통을 겪고 있으며 "자신의 짐"을 질 책임도 있다고 이야기했다.

그 날 저녁에 집으로 올 때 나는 완전히 기진맥진해 있었다. 그 날 사람들이 내 설교를 오해했다는 것을 알았지만 갈보리 교회에서 온 사람들의 격려와 지원에 기쁨을 느꼈다. 나는 마음의 평정을 찾지 못한 채 집으로 가면서 내내 이야기하기를 쉬지 않았다. 내가 갖게 된 느낌과 생각을 혼자만 가지고 있기는 싫었다. 나는 내가 행한 일과 한 말이 옳았음을 같이 가는 사람들로부터 감지하고 싶었다.

그날 밤 자리에 누워 있노라니 트루만과 돈나가 어디로 갔을지 걱정이 되었다. 그들은 무슨 생각을 하고 있을까? 무슨 이야기를 나누고 있을까? 기분은 어떨까? 그날은 내가 앞으로도 결코 잊지 못할 아버지 날(Father's Day)이었다.

돈나의 새로운 역할

그 주간에 트루만과 돈나는 정신도 못 차릴 정도로 바빴다. 이른 아침부터 밤 늦은 시간까지 그의 집에는 사람들이 드나들었다. 전화 울리는 소리도 끊이지 않았다. 트루만 일가는 500통 이상의 장거리 전화를 받아야 했다.

평생 사귀어 온 친구들 가운데서도 전화조차 하지 않는 사람들이 있는가 하면, 우연히 알게 되었음에도 불구하고 여러 차례 전화하는 사람들이 있었다. 이들은 여러 모임에서 트루만의 강연을 들었거나 그의 설교 테이프를 들었거나 그가 쓴 책과 글을 읽은 사람들이었다. 친하게 지내는 친구들도 종종 전화를 걸어 그를 위로하곤 했다.

자신의 인생이 영영 변해가고 있음을 안 트루만은 매일 일기를 쓰기 시작했다. 그는 자신의 느낌과 관찰한 바를 적었다. 그는 읽고 위로와 교훈을 얻은 성경 말씀에 대한 자신의 반응을 기록했다. "나는 일기가 나를 치료해 줄 것이라고 믿었네. 일기는 나 스스로를 나타낼 수 있는 지극히 개인적이고도 은밀한 수단이네. 일기를 쓰노라면 종종 내가 다른 사람의 이야기를 쓰고 있는 듯한 기분이 들기도 했지만, 나는 내가 나 자신의 몰락을 기술하고 있다는 점을 알고 있었다네."

그는 일기에 자신이 관찰한 일련의 결과들을 적었다. 그리고는 이것을 "인간 본성의 법칙"이라고 명명했다.

인간 본성의 제 일 법칙: 소식이 퍼지는 속도는 그 소식이 얼마나 나쁜 소식인가에 직접 관련되어 있다.

인간 본성의 제 이 법칙: 자신의 나쁜 점을 받아들일 때 다른 사람들을 비난할 수 있는 능력은 무한하다.

인간 본성의 제 삼 법칙: 돌이킬 수 없을 정도로 잃어버리기 전에는 어떤 것도 그 진가를 완전히 인정받지 못한다.

인간 본성의 제 사 법칙: 앞으로 어떤 일을 하더라도 그것이 과거를 지울 수는 없다. 그러나 살아가면서 과거에 의미를 부여할 수는 있다.

트루만은 또한 IBM 개인용 컴퓨터를 구입해서 글을 쓰기 시작했다. 그러나 그는 "나는 내가 쓴 글의 대부분은 아무에게도 읽도록 내주지 않았네."라고 말했다.

나는 후일에 돌라 집안에 일어나고 있는 일들을 어느 정도 알 수 있었다. 많은 일들 가운데 예기치 않았던 사람이 영웅으로 등장한 일이 있다. 돈나는 이제껏 늘 신실하고 사랑스러운 목회자의 아내로 지내왔다. 그는 트루만이 사역하던 모든 교회에서 성도들로부터 존경과 사랑을 받아왔다. 그러나 돈나는 매우 조용했으며 목회생활과 가정생활을 리드해 나가는 트루만의 그늘에서 살아왔다.

트루만은 다음과 같이 말한다. "내가 목회를 할 때 돈나는 늘 내 곁에 있었네. 내 그늘 속에 들어와 있었던 적도 종종 있었지. 집에서는 내가 아이들을 훈육하고 재정을 관할했으며 거의 모든 결정도 내가 내렸다네. 아내도 그렇게 하기를 바라는 것 같았네. 내가 보기에 돈나는 조용히 돕는 역할을 하기로 마음 먹었고, 또한 그렇게 하는 것이 그녀의 성격에 가장 잘 맞는 것 같았지."

그러나 어느 날 트루만의 삶이 무너지자 돈나는 강한 모습으로 트루만 곁에 나타났다. "아내는 상황의 변화에 빠르고 과단성 있게, 그리고 자연스럽게 반응했네. 돈나는 사적으로나 공적으로나 나를 도와주는 자세를 보였네. 아내는 나를 변호하고 사랑하고 위로했다네. 아내는 나의 큰 힘이 되고 변치 않는 반려가 되었네.

아내는 하루 아침에 달라진 것 같았어. 그리고 그 이후 아내는 큰 도움이 되고 있다네. 우리 아이들 네 명도 모두 엄마가 갑자기 강한 모습을 보인 데 대해 놀라고 있고 그러한 변신에 감탄하고 있다네."

트루만은 아내의 극적인 변화를 어떻게 설명할지 놀라워했다.

"이건 마치 부드러웠던 부통령 해리 트루만(Harry Truman)이 루즈벨트(Roosevelt) 사후 어떻게 해서 강한 대통령이 되었는지 설명하는 것과도 같아. 어떤 이들은 트루만이 항상 강인한 사람이었는데 새로운 역할이 그 강한 모습을 내보일 수 있는 기회를 주었다고 말하지. 그러나 다른 사람들은 트루만이 업무에 밀려 강하게 되었다고 믿고 있네.

돈나가 어떻게 해서 그렇게 변했는지는 나도 분명히 알지는 못하네. 그러나 그 변화가 영적인 성숙이라는 사실은 알고 있다네. 돈나의 희생과 도움이 없었더라면 나의 회복은 불가능했을 걸세."

단기 전략

결정적 위기는 지나갔다. 그러나 부서진 조각들을 다시 하나로 맞추는 긴 과정은 이제 시작일 뿐이었다.

위기 상황에서는 쉴 틈이 없다. 눈앞에 몰려드는 파도로부터 벗어나 조용히 묵상하고 앞으로 할 일을 정리할 수가 없는 것이다. 이 때는 신속하고도 결단성 있게 대처해야 한다. 그 다음 주는 사건의 연속이었다.

지난 시간들을 돌이켜보면서 나는 우리가 즉각 처리해야 하는 주요 업무 몇 개를 확정했다.

교인들이 감정을 정리하도록 돕는다. 이런 엄청난 사건이 교회를 강타하게 되면 사람들은 의문들과 두려움, 그리고 환멸의 감정을 처리해야 한다. 나는 템플 교회의 지도자들에게 사람들이 이 일에 대해 이야기하도록 내버려 두라고 조언했다. 사람들은 자기들의 생각을 말하고 감정을 나타낼 것이다.

이에 따라 교회의 지도자들은 사람들에게 이 사건에 대해 이야기하기 위해 12명의 집사들과 직원들의 절반이 매일 저녁 7시부터 9시까지 템플 침례교회에 나올 것이라는 점을 사람들에게 알려 주었다. 그러나 이들은 주로 듣는 입장이었고 사람들에게 확신을 주었으며 그들과 함께 기도했다.

언론매체에 정보가 흘러들어가는 것을 통제하라. 우리는 뒤죽박죽이 된 일관성이 없는 모습을 언론 매체에 보이고 싶지 않아서 한 사람을 교회의 대변인으로 임명했다. 언제든지 트루만이나 교회의 반응을 알고 싶은 사람이 있으면 이 대변인이 교회를 대신해서 공식적으로 발언할 것이다. 그런데 불행하게도 공식적으로 발표한 성명서 이상의 정보가 언론 매체에 흘러들어갔다. 발표한 문안 이상의 정보가 밖으로 새나가자 이 사건은 신문의 1면 헤드라인 기사로 보도되었고, 이로 말미암아 교회와 이 사건에 관련된 사람들이 큰 피해를 입었다.

신문들은 트루만의 반응을 얻고자 계속 따라다녔다. 다행히도 트루만은 일체의 언급을 사절했다. 자신이 더이상 말을 하면 기자들에게 말거리를 더욱 보태줄 것이기 때문이었다.

호기심을 통제하라. 이번 사건은 디트로이트 신문의 전면에 실렸기 때문에 시간이 조금 지나자 전국에 흩어진 사람들이 나에게 전화를 해대기 시작했다. 이들이 연달아 해대는 질문은 너무 많아서 내가 일일이 답변을 할 수도 없을 정도였다.

"목사들은 아마도 이 나라에서 가장 나쁜 수다꾼들일거야." 어느 날 나는 역겨움과 실망에 젖어 이렇게 내뱉었다. 사람들은 나쁜 소식일수록 그 내면의 세세한 부분을 알려고 들었다. 물론 이것은 모두 도와준다는 구실로 하는 것들이었다. 그러나 나는 실제로는 이들 가운데 아주 적은 수의 사람들만이 어떠한 실질적 도움을 줄 수 있다는 사실을 알았다. 많은 사람들이 트루만에 대해 분노했고 나는 다만 그들의 분노를 달래 줄 뿐이었다. 나는 이런 사람들의 메시지는 하나도 트루만에게 전달하지 않았다.

내가 지나치게 냉소적이었을 수도 있다. 그러나 얼마 후에 나는 내가 느끼기에 (1) 진심으로 도우려는 사람들(그저 최근에 일이 어떻게 약간 달라졌는지 알고 싶어하는 사람들이 아니다.)과 (2) 필요한 자원을 가지고 있는 사람들이 전화할 경우에만 답신을 주었다. 다른 말로 하면 나는 트루만과 전부터 친분이 있는 사람들, 또는 트루만이 존경하는 사람들에게만 정보를 알려준 것이다. 이들은 내가 알기로는 기도하는 가운데 트루만에게 전화를 걸어서 도움을 줄 사람들이었다.

나는 그들에게 이야기를 해주고 이렇게 말했다. "트루만에게 직접 전화를 해 보시지요. 여기 트루만이 직접 받는 전화 번호를 알려 드리겠습니다."

장기 전략

내가 보기에 회복은 두 가지 차원이 있었다. 기본적으로는 영적으로 온전하게 회복되는 것이 필요했다. 회복되어 어떤 직책을 맡는 것은 이 영적인 문제가 해결된 다음에라야 논할 수 있는 일이었다.

우리는 이러한 위기를 다루는 일에 있어서 참고할 만한 안내 책자가 없었다. 치유와 회복을 위해 밟아야 할 단계를 기술해 놓은 책자가 없었던 것이다. 그러나 나는 다음의 두 가지 사실을 점점 더 확신하게 되었다. (1)트루만은 회복을 향해 합법적인 과정을 밟아갈 자격이 있다. 그래서 그의 인격적이고 영적인 면들을 치유하는 일과 그가 맺고 있는 중요한 관계들을 치유하는 일에 도움을 얻을 자격이 있다. (2)그 과정은 개교회의 권한과 보살핌 속에서 일어나야 한다.

나는 트루만에게 전화를 걸어 이러한 생각들을 논의하기 시작했다. 트루만과 나는 목회자들로 구성된 작은 그룹을 만들어 어느 정도의 원칙을 설정하고 회복 과정을 위한 청사진을 제시하게 하기로 결정했다.

목회자들의 그룹

우리는 네 명의 목회자들을 모으기로 의견을 모았다. 내가 그들 모두에게 전화를 했다. 그들은 제리 파웰(Jerry Falwell), 월트 핸드포드(Walt Handford), 제리 도프(Jerry Thorpe), 해롤드 헤닝거(Harold Heninger)였다. 이들은 조오지아 주 아틀란타에 모여 지금 벌어지는 상황에 대해 갈라디아서 6장 1절의 말씀의 의미를 새겨보는 일에 기꺼이 동의했다. "형제들아 사람이 만일 무슨 범죄한 일이 드러나거든 신령한 너희는 온유한 심령으로 그러한 자를 바로잡고 네 자신을 돌아보아 너도 시험을 받을까 두려워하라".

처음 한 시간 반 동안 트루만이 자신의 이야기를 했다. 나는 그 자리에 모인 모든 목회자들이 깊은 불신을 품고 있는 것을 알 수 있었다. 그들은 트루만이 사실 전체를 말하지 않고 있다고 생각했다. 그들은 모두 가장 나쁜 상황, 즉 트루만이 육체 관계를 가졌을 상황을 추정하고 있었다. 이들은 트루만이 이야기하는 도중에 여러 차례 말 허리를 끊고는 집요하게 질문하곤 했다.

긴 시간 동안 트루만과 함께, 그리고 트루만을 밖으로 나가 있게 하고서 토론을 나눈 이들은 이 사건에 육체 관계는 없었으며 단지 전화로 분별없는 대화를 나눈 것뿐이라는 결론을 내렸다.

이 그룹의 한 사람이 말했다. "트루만, 당신은 당신이 한 말이 추호도 거짓이 없는 진실이라고 했소. 이제 우리가 당신에게 솔직하게 이야기해야겠군요. 우리 말을 잘 들으시오. 앞으로 언제라도 우리가 당신의 한 말이 전적으로 사실이 아님을 알려주는 정보를 얻게 되면 우리는 당신의 회복을 위한 이 일에서 빠질 것이오. 모든 것은 당신의 정직함 여부에 달려있소. 당신이 부정직했음을 발견하게 되면 우리는 언제라도 이 일에서 손을 뗄 것이오.”

이 위원회는 이 사건과 관련된 사람들을 독자적으로 찾아다니면서 트루만의 이야기를 확인했다.

이들 목회자들의 그룹은 모임의 결론으로 다음의 단계들을 제안했다.

1. 트루만은 공적인 강연과 문서 활동 일체를 중지하고 리더십을 발휘해야 하는 모든 직책에서 물러난다.

2. 트루만은 템플 침례교회의 운영위원회에 편지를 보내 그가 다른 교회의 훈육을 받아들일 것임을 밝히고 어떠한 경우에도 템플 교회의 목사로 돌아가는 일은 고려하지 않을 것임을 분명히 한다.

3. 트루만과 그의 아내는 어느 한 개교회에 자신들이 훈육 받고 교인들의 보살핌을 받을수 있도록 요청한다. (갈보리 교회가 좋을 것이다.) 이에 제안하는 일반론적인 지침은 다음과 같다. :

－그 교회의 운영위원회는 트루만 부부의 치유와 회복을 위한 특별한 계획을 세운다.

－이 과정은 트루만과 돈나의 개인적이고 영적인 성장에 중점을 두어야 한다.

－이 회복 과정에 시간 제한을 두어서는 절대 안된다.

－이 과정은 트루만이 앞으로 할 사역의 유형이나 장소를 보장하지 않는다.

－앞으로 사역을 재개할 수 있는지의 여부는 트루만이 훈육받았던 교회와 목회자 그룹이 공동으로 권면해서 알려 준다.

－템플 침례교회의 지도자들이 회복 기간 동안 경비를 대며 조언을 한다.

4. 그 지역의 교계 지도자들에게 편지를 보내 트루만에게 취해지는 단

계를 알린다.

처음에 트루만은 시간 제한이 없다는 점에 반발했다. 그는 6개월의 기간을 제안했다. 그는 훈육이 끝나는 때를 미리 확인할 수 있기를 바랐다. 그러나 우리는 이 과정이 장래 사역의 유형이나 장소를 보장해서는 안된다고 주장했다. 우리는 트루만이 다시 목회를 하거나 지도적 위치에 앉게 될 수 있다는 점을 보장하지 않을 것임을 분명히 했다.

우리는 이렇게 말했다. "우리는 당신과 하나님의 관계, 당신과 당신 가족들의 관계, 당신과 믿는 이들의 공동체의 관계를 회복하고, 당신이 어떤 뜻있는 봉사를 할 수 있도록 하는 일을 위임받았습니다. 그러나 지도적 직책을 맡는 것은 우리 소관이 아니오. 장래 사역의 재개 가능성 여부는 교회와 이 모임이 공동으로 권면해서 알려줄 것이오."

이 위원회에는 교회가 갖는 공적인 권위가 없었다. 트루만이 우리의 조언에 따르도록 요구받은 것도 아니었다. 회복 과정은 전적으로 그가 자발적으로 우리의 조언을 받아들이느냐에 달려 있었다. 그는 기꺼이, 그리고 철저히 우리의 의견을 따랐다. 내 생각으로는 이것이야말로 완전한 회복을 가져오는 데에 있어 가장 중요한 한 가지 요인이었다.

그 다음에 나는 내가 시무하는 교회에도 편지를 보내 상황을 설명하고 목회자 그룹의 권고를 알려 주었다. 그리고 다음의 내용도 알려 주었다.

6월 24일 주일에 돌라 부부는 우리 교회의 운영위원회와 만나 우리 교회의 보살핌을 받으면서 훈육도 받을 수 있는지에 대해서 의견을 나누었습니다. 솔직한 의견 교환을 거친 끝에 운영위원회는 한 사람의 반대도 없이 그들 부부를 기꺼이 초청해서 그들이 영적으로 치유받고 회복할 수 있도록 보살펴주기로 했습니다. 이 과정 동안에 그들 부부와 함께 할 위원회가 구성되었는데 여기에는 짐 드브리스(Jim DeVries) 부부(의장), 데니스 디한(Dennis DeHaan) 부부, 에이드 반위크(Ade VanWyk) 부부, 켄 엘리스(Ken Ellis) 부부, 그리고 템플 침례교회로부터 온 제이 하트필드(Jay Hatfield) 부부와 커트 윌슨(Curt Wilson) 부부가 포함됩니다.

우리는 전에 이런 식으로는 일을 해 본 적이 없다는 것을 알고 있습니다. 이번 일을 함에 있어서 우리는 그리스도의 정신을 따르고 있다고 믿습니다. 회복의 과정은 세 단계로 이루어지는 것으로 알고 있습니다.

첫째, 하나님과의 회복, 그리고 다른 사람들과의 회복(고후 2 : 5~11, 요일 1 : 9~10).

둘째, 봉사로의 회복(베드로가 그리스도를 부인했으나 오순절이 지나고서는 설교했던 이야기).

셋째, 지도력을 발휘할 수 있는 자리로의 회복. 우리는 이 단계는 하나님께 맡기고 있습니다. 우리는 돌라 부부가 회복의 과정을 거친 다음에 어떤 일을 할 수 있는가, 또는 할 수 없는가 하는 문제에 대해서는 합의를 본 것이 없습니다.

저는 성도 여러분께 몇 가지를 부탁하는 바입니다. 먼저, 하나님께서 저희들의 모든 발걸음을 인도해 주시기를 기도해 주십시오. 두번째로, 돌라 가족을 위해 기도해 주십시오. 우리는 그들이 영적으로 건강하게 회복되도록 하는 일을 맡았습니다. 이 일이 끝난 다음에 그들이 어떤 일을 할지는 하나님께 맡기고 있습니다. 세번째로, 이 모든 일들을 통해 하나님께서 영광을 받으시도록 기도해 주십시오. 네번째로, 저를 위해 꼭 기도해 주시기 바랍니다. 템플 침례교회의 지도자들과 그리고 돌라 가족들과 함께 울고 함께 기도하면서 저는 그들과 똑같은 육체로 되어 있음을 기억했습니다. 제가 하나님과 제 가족들에게, 그리고 우리 교회의 신실한 성도들에게 진실함을 지킬 수 있도록 기도해 주십시오. 저는 실수하고 싶지 않습니다.

교회에서 돌라 부부를 보게 되거든 그들의 마음이 편하게 대해주시기 바랍니다. 지금이 그들에게는 매우 견디기 어려운 시기일 것입니다. 바울이 고린도 교회에 보낸 편지 가운데 회개하는 형제를 어떻게 대할 것인가에 대해 쓴 것은 우리에게 실질적으로 적용이 됩니다. : "이러한 사람이 많은 사람에게서 벌 받은 것이 족하도다 그런즉 너희는 차라리 저를 용서하고 위로할 것이니 저가 너무 많은 근심에 잠길까 두려워하노라 **그러므로 너희를 권하노니 사랑을 저희에게 나타내라**".

회복 위원회

우리는 트루만이 진심으로 회개하는지를 알아볼 수 있는 참된 징표 가운데 하나는 그가 평신도들로 이루어진 그룹에 자발적으로 순종하느냐 하는 점이라고 느꼈다. 이 그룹은 결국 회복 과정에 결정적 요소가 되었다.

이 그룹은 갈보리 교회의 운영위원회가 지명한 사람들로 이루어졌다. 트루만은 이 그룹원들을 고르는 일에 참여하지 않았다. 그가 자신의 회복 과정을 관장하지 않았다는 점이 중요했던 것이다. 자신이 어떻게 회복되어야 할지 트루만이 우리에게 말해 주는 것이 아니라 우리 그룹이 그에게 말해야 했다.

나는 평신도 위원회는 회복 과정에 참여하도록 위임된 사람들로 이루어져야 한다고 생각했다. 그러나 그 중 몇 사람은 회의적인 사람들이어야 했다. 사람들이 회복을 인정한다고 해서 그들이 꼭 트루만이 회복되어야 된다고 믿는 것은 아니었다. 따라서 우리는 트루만에 대해 긍정적인 생각을 가지고 있는 사람들과 회의적인 생각을 가지고 있는 사람들을 섞어서 위원회를 구성했다.

이 그룹은 트루만과 돈나를 정해진 주제 없이 한 달에 한 번씩 아홉 달 동안을 만났다. 짐 드브리스는 트루만을 매주 한 번 만났다.

이 그룹원들은 배심원들이 아니었다. 이 그룹의 주된 목적은 보살피고 사랑하고 각 개인이 치유되는 과정에 도움을 주며 일자리를 정하는 일에 도움을 주는 것이었다.

그것은 곧 트루만이 일자리를 고르는 일에 도움을 주는 것을 의미했다. 템플 침례교회의 운영위원회는 일정 기간 동안 퇴직 수당을 지급하기로 했다. 그러나 트루만은 아직도 무엇이든 할 일이 필요했다.

트루만은 언젠가 이렇게 말했다. "목회를 떠났을 때 가장 큰 부담은 어떻게 생계를 꾸려 나갈까 하는 점이네. 목회를 그만두는 사람은 바깥 세상이 한때 그가 목회자였다는 사실에는 별 관심이 없다는 사실을 금방 깨닫게 되네. 목회자는 본래 어떤 일을 할 수 있는 적절한 자격이 주어진 바 없거든. 목회 기법이란 사업에 꼭 활용할 수 있는 것은 아니라네."

나는 사업하는 교인들과 이야기를 해서 트루만에게 일자리를 주기로 했다. 그가 어느 직위에 앉기 전에라도 매일 일정한 곳으로 출근하는 것이 필요했다.

마침내 트루만은 사업하는 사람들과 연결이 되어 그들 가운데 모험적 사업(ventures)을 하는 사람들과 합작을 하게 되고 나중에는 혼자만의 사업을 벌이게 되었다.

평신도 위원회는 또한 치유 과정이 지속되어야 한다는 점을 분명히 했다.

3개월 가량이 지난 다음에 생활이 기반을 잡기 시작하자 이 그룹은 트루만과 돈나에게 마블 리트릿(Marble Retreat)에 들어가도록 권유했다. 이는 콜로라도에 있는 목회자들에게 집중적인 치유를 제공하는 기관이었다.

이번에도 돌라 가족은 처음에는 반대했다. 이들은 마음의 평정을 되찾기 시작했다고 느끼고 있었다. 그런데 왜 괴로운 기억을 다시 떠올려야 하느냐는 것이었다.

그러나 평신도 위원회는 이렇게 주장했다. "이러한 상황을 몰고 온 뿌리가 있는지 살펴보아야 합니다. 한 위원회로서 우리는 그 일을 해낼 수 있는 준비가 되어 있지 않습니다. 목사님의 마음 밑바닥에 앞으로도 이러한 상황을 일으킬 수 있는 충동, 동기, 그리고 두려움이 있는지 철저하게 점검해 보시기를 바랍니다."

그 곳에서 정신과 의사인 루이스 맥버니(Louis McBurney)와 함께 하면서 집중적인 도움을 받은 두 주간의 기간은 회복 과정의 전환점이 되었다. 이들의 협동 작업을 통하여 트루만과 돈나가 회복 과정에 전념하고 있다는 사실이 드러났으며, 이들은 돌아왔을 때 그 곳의 경험을 통하여 얻은 도움들을 구체적으로 직시할 수 있었다.

예를 들어 트루만은 하나님 앞에서 자신의 중요성과 가치는 그가 목회자인지의 여부나 그가 담임하는 교회의 크기에 따라 결정되는 것이 아니라는 것을 깊이 느꼈다. 그는 인생에는 일하는 것 이상의 그 무엇이 있다는 사실을 마음과 머리로 받아들였다.

그는 또한 사람이 하나님과 맺는, 직업적 관계가 아닌 개인적 관계의 중요성을 더욱 분명하게 배웠다.

트루만은 최근에 나에게 이렇게 말했다. "지난 3년간 나는 나 자신에게 필요하기 때문에 성경을 읽고 기도를 했네. 그 전의 30년 동안은, 말로는 나에게 필요해서 했다고는 했지만, 실은 다른 사람들을 위해 성경을 읽고 기도를 했었네."

한마디로 그는 균형을 배운 것이다. 그는 지금은 시간을 내서 쉬거나 운동을 하거나 가족과 함께 시간을 보내는 것이 나쁘지 않다고 생각하고 있다. 이것들은 큰 교회의 목회자가 되는 것과는 별개의 것들이다.

위원회가 해야 할, 또 다른 일은 회복의 과정을 단축하고 트루만이 완전히 회복되었음을 너무 일찍 공표하고자 하는 생각을 이겨내는 것이었다. 트루만이 회개했다는 증표의 한 가지는 그에게 상담이 필요한 문제들이 있을 때에 자발적으로 그 문제들을 이 그룹으로 가져오는 것이었는데 그는 분명히 이러한 태도를 보여주었다.

목회적 연결

어떤 사람들은 목회자가 흔들릴 때 그를 회복하게 하는 길은 그를 밑바닥까지 끌어내려 목회자의 품위와 가치를 다 발가벗긴 다음에 다시 시작하도록 만드는 것이라고 생각한다.

내 생각은 다르다. 트루만의 경우, 사임 과정과 디트로이트 신문의 전면에 이 사건이 보도된 것으로 수욕은 충분히 받았다고 할 수 있다. 나는 이미 받은 수욕에 의도적으로 수욕을 더하는 것을 원하지 않았다. 그렇게 한다면 비참해지고 희망이 없어질 것 같았다.

그래서 나는 위원회에 들어가기 전에는 일주일에 여러 번 트루만과 통화하면서 접촉을 유지했다. 이처럼 행동이 난무하는 때에는 내가 갈보리 교회 목사로서 가지고 있는 책임에 정성을 다 쏟기는 어렵다는 사실을 고백해야만 하겠다. 회복 과정의 초기에는 이런 부가적인 부담을 환영했다. 그러나 과정이 진행됨에 따라 더 큰 노력이 필요하게 되었다. 나는 그렇게 할 수밖에 없다는 생각이 들었다.

나는 트루만의 위신을 지키는 일에 힘썼다. 나는 우리의 관계가 전과 같다는 점을 알리기 위해 그를 찾아가곤 했다. 그는 더 이상 목회자가 아니었으나 여전히 내 친구였다. 내가 교회에서의 결정 때문에 고민할 때에는 그에게 가서 문제를 해결하곤 했다. 나는 그가 어려움을 겪고 있다는 점은 아랑곳하지 않았다. 그는 여전히 지혜로웠다.

그러나 대개의 경우 우리는 그가 겪고 있는 감정들을 이야기함으로 끝을 맺곤 했다. 그것은 엄청난 박탈감과 스스로를 무가치하다고 느끼는 마음이었다. 이처럼 트루만을 방문하면 많은 시간이 소요되었지만 그럼에도 나에게는 이런 방문이 중요하게 생각되었다.

그 때 이후로 트루만은 이러한 비공식적인 대화 및 짐 드브리스와 나눈 대화를 회복 과정에 있어서 가장 중요한 것으로 지적하곤 했다. 트루만과 짐 드브리스는 대화하는 동안에 성경을 읽고 기도하곤 했다.

이제 트루만은 짐 드브리스를 자신의 친구들 가운데서도 "가장 참된 친구"라고 말한다. 다른 사람들은 모두 "조건이 붙은 친구였고, 목회 때문에 만난 친구"였다. 그러나 트루만에 의하면 짐은 그의 일생에 있어 그를 설교자나 교회 지도자로서가 아니라 한 사람으로서 받아주고 사랑해 준 최초의 인간이었다는 것이다.

짐의 계속적인 접촉은 트루만의 진보를 측정하는 일의 열쇠가 되었다.

완전한 회복은 언제 있는가?

회복 과정에서는 결국 판단을 위한 모임을 갖는 것이 필요하다. 판단이란 실로 어려운 일이므로 이를 위해서는 한 그룹이 모여야 한다. 한 개인이 전체적인 상황을 다 볼 수는 없는 것이다.

18개월이 지난 후 우리는 우리가 취한 단계들을 돌아보았다.

1. 트루만은 자신이 아직 적절한 때가 되지 않았는데도 목회 일선으로 복귀하고 싶어했을 때 평신도 위원회가 이를 거부하자 이 평신도 위원회의 권위를 기꺼이 받아들이고 책임있게 처신하려는 자세를 보여 주었다.

2. 트루만은 기꺼이 전문적인 상담을 받아들였고 자신의 영적인 기반과 감정적인 기반을 점검하는 일에 자발성을 보여 주었다.

3. 트루만은 전적으로 세속적인 일거리를 기꺼이 받아들여 오랫동안 일했다. 회복 과정이 길어질수록 그는 강단으로 복귀하는 일을 덜 원하게 되었다.

4. 트루만은 뉘우치는 증거를 보여 주었다. 트루만은 늘 힘으로 모임을 지배하는 성격의 사람이었다. 그러나 이제 그는 꼭 무대 중심에 서려고 하지 않았다. 그는 더 이상 모임을 주도하려고 하지 않았다. 이제는 대화를 이끌지 않고 말하기를 삼갔으며 말을 할 때에는 그의 말에 깊은 감정이 배어나오는 경우가 종종 있었다.

그는 이렇게 고백했다. "내가 사무실에 앉아 사업상 업무를 볼 때면 문을 닫고 울면서 스스로를 주체하지 못하던 일도 여러 번 있었네. 벌써 3년이나 된 일이지. 나는 아직도 두려움에 사로잡히곤 한다네. 그것은 꼭 내가 한 행동 때문만이 아니라 나의 행동이 가족들과 교회와 그리스도의 이름에 끼친 영향을 생각하기 때문이네."

이와같이 성숙한 모습을 검토한 평신도 위원회는 갈보리 교회에 돌라 가족을 어떤 제한도 없이 봉사할 수 있는 교인으로 받아들일 것을 권고했다. 이것은 돌라 가족이 가르치고 지도하고 봉사하며 개교회에서 어떤 통상적인 활동도 할 수 있게 되었음을 의미했다.

이 일은 목회자 위원회가 트루만으로 하여금 리더십을 발휘할 수 있는 직책을 맡도록 해주는 일에 장애물을 치워 준 셈이었다. 그로부터 얼마 되지 않아 목회자들의 그룹이 모여서 이전에 권고하면서 설정했던 제한을 철회하였다. 우리는 함께 무릎을 꿇고 트루만에게 손을 얹고 그를 위해 기도했다. 그리고 트루만에게 다시 목회를 시작하도록 격려했다.

목회자 위원회는 트루만이 이제는 자유롭게 리더십을 발휘할 수 있는 직책을 맡아도 된다는 점에 모두 의견을 같이한다. 그러나 우리는 어떠한 결정도 이 위원회의 조언과 동의를 얻어 가며 이루어질 것으로 알고 있다.

나는 회복의 과정이 다 끝났다고는 생각하지 않는다. 우리가 공식적으로 참여하는 과정은 끝났다. 이 과정에서 우리는 그가 건강을 회복하고 안정을 되찾으며 회복되는 것을 보았다. 그러나 내가 보기로는 트루만은 남은 일생 동안 이 문제들을 붙잡고 씨름할 것이다. 그러나 지금 그는 과거 어느 때보다도 하나님의 은혜와 치료하시는 능력을 개인적으로 더 잘 알고 있다.

> 목회자들에게는 논쟁의 폭풍이 자신들과 자신들이 맡고 있는 교회에
> 영향을 주는 것을 통제할 수단이 있다.
>
> —에드워드 돕슨

제 10장
교회가 신문의 머릿기사로 등장할 때

1970년대 초반에 나는 웨스트 버지니아에 있는 인구가 7,000명 되는 어느 산마을에서 작은 교회를 목회하고 있었다. 이 기간 동안에 학교에서 사용하는 교과서를 놓고 격렬한 논쟁이 일어났다. 교과서가 기독교적 가치관에 반하는 가치관을 교묘하게 반영하는 경우가 종종 있다는 것을 많은 기독교인들이 느끼고 있었던 것이다. 나도 어느 정도는 그들과 의견을 같이했으므로 이 문제에 개입하기로 결심했다.

나는 신문의 광고란을 사서 다음 주일 밤에는 이 문제에 대해 설교하겠다고 광고를 냈다. 수많은 사람들과 방문객들이 그 예배에 몰려들었으

며 나는 설교를 통해 그들을 온통 들끓게 만들었다. 그날 이후로 나는 거센 폭풍을 정면으로 받는 자리에 서게 되었다.

나는 교과서의 내용을 놓고 학교 이사회와 싸우는 일은 그만두기로 했다. 대신에 나는 보다 영구적인 해결책을 찾기로 했다. 나는 교과서를 고르는 일에 학부모들을 참여시키고 싶었다. 이에 나는 주일 밤 예배를 마친 후에 개신교와 구교를 통틀어 목회자들의 모임을 구성하고 언론 매체들을 초청했다. 그런데 나는 언론이 그날 행사를 보도한 내용에서 내가 처한 상황과는 상관없이 멋대로 인용되는 경우를 처음으로 맛보았다. 내가 보여준 청년과도 같은 열정과 공교육에 대해서 논평한 말 때문에 어떤 사람들은 나를 땀에 흠뻑 젖어있는 반지성적인 광신자로 보게 된 것이다.

이 논쟁은 학교 이사회에서 현안으로 다루어졌다. 읍내의 거의 모든 사람들이 관심을 가지고 지켜보고 있었다. 길고도 거친 밤이었다. 사람들은 이성을 잃고 상대방을 비난하는 소리를 질러댔다. 결국 투표가 실시되었는데 이사회는 교과서를 선택하는 데에 학부모를 참여시키기로 의견을 모았다.

문제가 된 교과서들을 아주 없애버리려고 했던 사람들에게 이 결과는 패배였다. 이들은 투쟁을 계속해 나갈 것을 선언했다. 그러나 나는 마음 먹었던 목표를 달성했기 때문에 논쟁에서 빠져나와 몇몇 사람들과 화해를 하면서 "타협하는 사람"이란 말을 들었다.

공적인 논쟁은 적도상의 허리케인과도 같다. 한 개인이나 교회가 통제할 수 없는 강력하고도 파괴적인 바람이 부는 것이다. 모든 것을 날려버리는 재난이 현실로 다가올 수 있는 것이다.

허리케인이 닥칠 때 해안의 거주민들 가운데 지혜로운 사람들은 완전한 보호 조치를 취한다. 세간을 싸서 묶고 내륙으로 옮겨가는 것이다. 그들의 집 창문은 테이프로 봉하고 그 위에 합판을 덧붙인다. 그리고 식량은 지하실에 쌓아 놓는다.

교회에서의 논쟁은 여러 가지 형태로 일어날 수 있다. 내부적인 논쟁도 경우에 따라서는 공적인 것으로 변할 수가 있다. 그러나 논쟁의 원인이 무엇이건 간에 목회자와 교회는 목회 도상에서 공적인 논쟁의 폭풍을 만날 때 보호 조치를 취할 수가 있는 것이다.

불필요한 공적 논쟁을 피하기

나는 목회를 해 오는 동안 이러한 폭풍을 참으로 많이 겪었다. 나는 '도덕적 다수'(Moral Majority)라는 기구를 조직할 때 웨스트 버지니아에 있는 교회를 떠나 제리 파웰의 대변인으로 자리를 옮겼다. 나는 그 수를 셀 수도 없을 만큼 많은 포럼들과 토크 쇼에 참가했으며 많은 공공연한 위기들을 파웰과 함께 헤쳐나갔다. 공적인 논쟁들에 대한 나의 인식은 이러한 경험들로 말미암아 형성되었다.

특히 지금 나는 어떠한 일이 있어도 공개적인 논쟁은 피해간다. **나는 교회 공동체의 주된 역할은 복음 전도라고 알고 있다. 그러므로 복음 선포를 방해하는 것은 어떤 것이든지 피하는 것이다.**

우리가 제어할 수 없는 논쟁들이 많이 있을 수 있다. 교회가 소송당할 수도 있으며 분리하겠다는 위협을 받기도 하고, 교회 내부에서 부도덕한 일들이 일어나기도 한다. 이러한 일들이 공개화되면 교회는 이 일들을 공개적으로 다루어야 한다.

그러나 우리는 불필요한 논쟁은 피할 수가 있다.

예를 들어보자. 내가 정치적인 이슈들에 개입하고 있을 때 사람들은 나를 어떠한 사람이라고 규정했다. 그들은 나에게 레테르를 붙였고, 나를 생각할 때에는 어떠한 입장이나 혹은 다른 입장을 가진 사람으로 생각했다. 이런 일들은 내가 교회에서 다른 큰 집단과 접촉하는 것을 방해했다. 특히 나와 정치적 견해를 달리하는 사람들과 접촉하는 것을 방해했다.

따라서 나는 선입견을 가진 사람들이 나를 한쪽 면으로 몰아서 상대하지 않는 것을 방지하기 위해 조심스럽게 운신할 수밖에 없었다. 나는 사람들에게 어떤 문제에 대해서 나는 자유주의적이고 다른 문제에 대해서는 보수적이라고 말한다. 어떤 면에서 나는 복음주의자이고 또 다른 면에서는 근본주의자이며, 한편으로는 공화당에 찬성하지만 다른 한편으로는 민주당에 찬성한다고 말한다. 나는 우리 교회가 영적인 문제들로 세상에 알려지기를 바란다. 공동체의 사람들을 돕는 일로 알려지기를 바란다. 그러나 쉽게 정치화되는 것들로 알려지는 것은 바라지 않는다.

나는 사회의 양심이 되기를 바라는 다른 목회자들도 있다는 것을 알고 있다. 그들에게 있어서 세상의 소금이 된다는 것은 영적인 문제들, 그리고 사회적인 문제들에 대해 진리로 맞서는 것이다. 교회는 세상의 복음화를 위한 세력이기도 하고 문화적 방부제이기도 하다. 이것은 회심하지 않을 사람들 사이에서도 그러하다. 이 견해에 따르면 논쟁은 불가피하며 바람직하기조차 한 것이다. 그러나 당신의 목표가 복음화라면 이것이 꼭 그런 것만은 아니다.

아직도 나는 사회적으로 민감한 문제들에 대해 발언하고 싶은 생각이 속에서부터 밀고 올라올 때가 있다. 그러나 나는 발언하기 전에 우리는 그 문제로부터 영향을 받는 사람들을 도와주어야 한다는 점을 분명히 하곤 한다.

수년 전 해롤드 이반 스미스(Harold Ivan Smith)가 우리 교회에서 설교하기 위해 마을에 왔다. 나는 대화 중에 그의 아버지가 수혈을 통해 에이즈(AIDS)에 걸려 사망한 사실을 알게 됐다. 나는 해롤드에게 주일 아침 예배를 드릴 때에 에이즈에 대해 언급해 달라고 부탁했다. 우리는 그의 설교를 듣고 이 문제에 대해서 보다 잘 알 수 있게 되었다. 그리고 우리 교회에서 활용할 수 있도록 에이즈에 대한 대책을 문서화할 필요를 느끼게 되었다.

우리는 상당한 연구를 통해 정책을 세웠다. "우리는 에이즈에 걸린 사람들을 차별하지 않고 그들에게도 그리스도의 사랑과 은혜를 나눠준다."

나중에 나는 그랜드 래피즈에 있는, 교회와는 아무 상관도 없는 기관인 에이즈 환자 수용센터에 들러 이렇게 말했다. "에이즈에 걸린 사람들을 돕고 싶습니다."

그들은 이렇게 말했다. "솔직히 말해서 우리 눈에는 목사님 같은 분은 여기 오셔서 도움을 줄 분으로는 전혀 보이지 않습니다." 우리는 마을에서 이 일을 하는 세번째 교회였다. 수용센터의 관계자들은 나를 몇 사람에게 데리고 갔으며 나는 그 중의 한 사람을 우리 교회 운영위원회의 월례회에 데리고 갔다. 그는 병을 앓고 있는 사람이었다. 나는 그에게 그의 이야기를 해주도록 부탁했고 그가 이야기를 마치자 방에 있던 모든 사람은 눈물을 흘렸다. 지금 그는 우리 교회에 출석하고 있다. 에이즈에 걸린 다른 사람들이 그러듯이.

지금 나는 동성연애자들의 세계에서도 비중을 갖는 에이즈에 관한 공적인 선언문을 만들 수도 있다. 동성연애자들은 우리가 동성연애를 성경적인 성적 행태로 받아들이지 않는다는 것을 안다. 그러나 그들은 우리가 에이즈에 걸린 동성연애자들과 함께 한다는 것을 알고 있다. 우리는 쉽게 다른 사람들을 판단하지는 않는다.

지금까지 나는 논쟁의 소지가 있는 문제들에 대해서는 오직 이런 식으로만 논쟁을 가열시키지 않고도 발언할 수 있었다. 덧붙여 말하자면 나는 논쟁의 소지가 있는 문제들을 나 자신은 개입하지 않은 채 공적인 문제로 만들지 않고도 성공적으로 다룰 수 있다는 사실을 알게 되었다.

서부 버지니아의 교과서 논쟁으로부터 얼마간의 유익이 있었다. 교사들과 학부모들과 이사회에서는 아직도 모든 교과서를 검토한다. 그러나 지금 나는 우리가 신문의 전면 기사에 오르지 않고 사람들을 소외시키지 않고도 동일한 목적을 달성할 수 있었다고 생각한다.

교인 대하기

내가 불필요한 논쟁을 피하려고 하는 것은 사실이지만 아직도 나는 논쟁에 깊이 끼어들곤 한다. 그런 문제를 다루어 오면서 나는 논쟁의 폭풍이 교회를 파괴하지 않게 하려면 관련된 양측에 주의를 집중하는 것이 상책임을 알게 되었다.

템플 침례교회에서 트루만 돌라가 겪었던 위기(9장을 보라)는 교회에서 공적인 위기가 어떻게 내부의 혼돈을 악화시키는지를 보여준다. 교회는 내부의 반란만 막을 수 있다면 공적 논쟁을 헤쳐나갈 수 있다. 그런 경우 도움이 된다고 생각되는 여섯 가지의 내용을 적어본다.

공개적으로는 단합된 모습을 보여라. 교회의 지도자들과 교인들이 각기 다른 내용을 언론에 이야기한다면 교회는 당파가 갈리고 의견이 분열하게 된다. 나는 템플 침례교회의 집사회에 이렇게 이야기해 주었다. 첫째는 한 사람의 대변인을 지명해서 언론으로 하여금 누구와 이야기를 해야 할지를 알게 해주고, 두번째로는 교회와 언론에 대해 문서로 된 단일한 입장표명이 있어야 한다는 것이었다. 함께 문서를 작성하고 문안을 다듬는 동안 지도자들은 서로를 더 잘 이해하게 되고 교회의 처지를 인식하게 된다.

교인들을 지도한다. 교인들이 언론을 어느 정도 이해할 필요가 있다. 분쟁은 큰 기사거리이다. 평화와 단합은 뉴스거리가 안된다. 언론은 기사거리의 모든 측면을 객관적으로 보도할 책임이 있다.

누구라도 짐작했겠지만 언론은 템플 침례교회에서 예배를 마치고 나오는 사람들을 인터뷰해서 사람들의 의견이 서로 다른 것으로 보이게 했다.

"돕슨 목사는 이렇게 생각하는데, 당신도 동의하십니까?"

"우리가 말할 수 있는 것은 세 명의 집사들이 이렇게 생각한다는 것입니다. 이 생각에 반대하는 다른 교인들을 혹시 아십니까?" 이렇게 되면 의견의 불일치가 더욱 커지고 교인들이 분열될 수 있다.

대부분의 교인들은 언론이 무슨 일을 하는지 깨닫지 못한다. 교인들은 기자가 자신들에게 말을 걸어서 자신들의 이름이 신문에 날 수도 있다는 사실에 마음을 뺏기는 것이다. 또한 동시에 기자들의 협박에 의해 교인들은 말해서는 안될 것들을 말하게 된다. 그래서 나는 교인들에게 그들이 무슨 말을 하고 무슨 말을 하지 말아야 할지, 어떤 일을 하고 어떤 일을 하지 말아야 할지에 대해서 우리가 바라는 바를 가르쳐 준다. 그리고 왜 그래야 하는지도 가르쳐 준다.

그렇다고 내가 독재자가 될 필요는 없다. 나는 교인들에게 그들이 원하는 바를 자유롭게 이야기할 수 있으나 대개의 경우 기자들에게 다음과 같이 대답하기를 바란다는 사실을 강조한다. "당신은 우리 교회의 대변인을 만나서 이야기를 나누어야 합니다. 그의 이름과 전화번호를 알고 있나요?"

돌고 있는 루머를 그치게 하라. 정보가 없는 진공상태란 없다. 의심 많은 사람들은 이야기할 것이고 누군가는 정보를 공급해 줄 것이다. 그것이 진실이든 거짓이든, 또는 루머이든 추측이든 가십거리이든 가리지 않고 말이다. 그러므로 지도자로서는 진실을 알려주는 것이 최선이다. 덧붙여 말하자면 수근대는 말들이나 언론을 통해서 유포된 모든 잘못된 정보들은 반박해야 한다.

템플 침례교회에서는 집사들이 매일 밤 모일 수 있어서 직접적인 정보를 얻을 수가 있었다. 또한 외부인과 언론을 차단하고 실무회의를 여는 것도 도움이 된다.

사람들이 기도하게 한다. 여기에는 두 가지 이점이 있다. 첫째, 우리 문제는 하나님께서 풀어 주셔야 한다는 점이다. 둘째, 사람들이 긍정적이고 건설적인 방향으로 관심과 정력을 돌리게 된다. 기도는 사람들로 하여금 사람이나 문제를 보기보다는 마땅히 보아야 할 하나님을 보게 만든다.

　문제를 설교가 아닌 **특별 실무회의에서 다루라.** 목사의 생각 가운데 분쟁에 관한 생각도 있기 때문에 자연스럽게 이것에 대해 설교하게 된다. 그러나 나는 그것은 실수라고 생각한다.

　나는 목사가 강단에서 분쟁에 대해 더 많이 언급할수록 교인들은 설교를 더욱 가려서 듣는 것을 보아왔다. "지금 목사님이 말씀하시는 사람이 누구일까?" 하고 물으면서 말이다. 이렇게 되면 사람들은 목사가 그렇게 말하는 뒷배경을 읽고 모든 것을 현재 진행중인 분쟁과 관련시키곤 하는 것이다. 목사가 하는 말이 자신들을 강하게 하고 세우기 위한 것이라고는 생각하지 않고 뭔가 의도가 있어 하는 말이라고 생각하는 것이다. 그래서 사람들은 자신들은 목사가 설교하는 내용에 해당되지 않는다고 생각하게 된다.

　그래서 나는 분쟁을 예배와 분리하기 위해서 할 수 있는 일은 다 한다. 실무회의를 할 때에는 가능하면 아침 예배의 끝부분에 덧붙여 하지 않고 다른 방에서 모인다.

　예배시에 나는 이렇게 말한다. "우리는 지금 어려운 상황을 헤쳐나가고 있습니다. 신문을 보신 분들도 계시겠지만 저는 오늘 아침에는 그 문제에 대해 이야기할 것이 없습니다. 성도들을 위해서 오늘 오후에 특별 모임을 갖겠습니다. 운영위원회에서 상황을 설명하고 질문에 답해 드릴 것입니다. 오늘 아침의 설교는 그 문제와는 아무 상관이 없습니다."

언론에 대한 대처

　대부분의 교회들이 언론에 바로 대처하지 않기 때문에 언론이 교회에 눈을 돌리면 아무런 대책도 없이 언론에 드러나게 된다. 물론 교회가 언론을 어떻게 대하는가에 따라 분쟁을 처리하는 데에도 큰 차이가 있게 된다.

언론을 효과적으로 다루는 방법 가운데 하나는 기다리는 것과 준비하는 것이다. 나는 미리 몇 가지를 결정한다.

정직하라. 정직은 물론 그 자체로도 옳은 것이지만 당신과 언론과의 관계에도 영향을 미친다. 언론인들은 그 하는 일이 진실이다. 그들은 조사하고 드러내서 이야기거리를 얻는다. 만일 그들이 뭔가 숨기는 것이 있다고 의심하게 되면 상황은 물에 피를 섞은 것 같이 된다. 그들은 상어가 되는 것이다. 그러나 반대로 자신들이 기사거리를 얻었다고 느끼면 그들은 물러간다. 더 이상 얻어낼 뉴스는 없는 것이다.

예를 들어, 잘못을 범한 정치인들의 경우 그들이 정직하다면 대개는 거센 비판 여론을 이겨낸다. 오늘은 이 사실이 머릿기사가 되지만 내일은 다른 뉴스가 머릿기사가 되는 것이다. 실책은 곧 잊혀지게 된다. 그러나 언론에 대해 부정직한 태도를 취한 정치인은 자신들의 문제가 계속 신문의 앞면에서 큰 기사로 다루어지는 상황을 맞게 된다.

솔직하라. 솔직하다는 것은 그 상황에 대해 아는 것을 다 이야기하는 것을 의미하지 않는다. 솔직하다는 것은 정보를 다 가지고 있지 않은 경우에 은근히 다 아는 체하면서 행세하지 않는 것이다.

나는 경우에 따라서는 언론에 이렇게 말한다. "세세한 이야기를 다 할 수가 없군요." 그리고 그런 때에는 왜 할 수 없는지를 말해 준다.

한 예를 들자면, 리버티 대학(Liberty University)에 있을 때 부도덕한 행동으로 퇴학당하는 학생들이 있었다. 이런 일이 린치버그에서는 뉴스거리가 되어 종종 언론사에서는 자세한 내막을 물어오곤 했다. 그러나 나는 학생들에게는 사생활의 비밀이 있다고 말하면서 왜 풋볼 선수가 팀에서 제명되었는지, 또는 왜 학생이 퇴학당했는지에 대해 그들에게 이야기하지 않았다. 우리는 언론에 이렇게 말하곤 했다. "당사자에게 직접 가서 물어 보시오."

정보를 다 알려주지 않는 또 하나의 이유는 소송의 가능성이 있기 때문이다. 그러나 어떤 이유가 있던 간에 정보를 공개하지 않는 것은 합법적이다.

판단력이 좋은 대변인을 선정하라. 이미 말한 바 있지만 교회는 교회내에 있는 분쟁에 대해 알려줄 사항들을 정확히 찾아내야 한다. 그리고 교회의 결정사항을 언론에 공표할 대변인을 임명해야 하는데 대변인은 교회가 알리기로 결정한 정보만을 주어야 한다.

대변인에 대해서는 주의깊게 선임해야 한다는 점만 말해 둔다. 대변인은 판단력과 분별력이 좋아야 하며 적절한 것과 부적절한 것을 직관적으로 알 수 있어야 한다.

대변인은 기자의 질문에 한 두 문장으로 답할 수 있어야 한다. 질문에 몇 단락씩이나 되는 말을 해야 되는 대변인은 첫째, 교회 내부에서 사람들이 합의한 내용 이상을 말하기 쉽고 둘째, 기자로 하여금 각색할 여지를 더 많이 남겨서 사건의 배경과는 무관하게 사건 자체만 언급되는 경우가 생길 수 있다.

목회자에게 맡기는 것이 자연스럽긴 하지만 목회자는 말을 많이 하는 경향이 있어서 이것은 잘못된 선택이기 쉽다. 운영위원회 위원 가운데 말을 아끼는 사람이면 좋을 것이다.

교회가 결정해야 하는 다른 사항은 대변인이 성명서를 읽을 때 성명서만 읽고 부가적인 언급은 하지 않을 것인가, 아니면 성명서를 읽고 그 맥락 안에서 질문에 답변도 할 것인가 하는 문제이다. 그러나 대변인은 어떤 경우에도 문서화된 성명서의 내용을 벗어난 주제에 대한 질문에 답변해서는 안된다.

중요한 가정을 인지하라. 언론에 말하는 자리에 선 사람은 다음의 다섯 가지를 핵심적 가정으로 알고 있을 필요가 있다.

1. 언론은 교회를 이해하지 않는다. 편집인이 한 기사거리를 맡도록 배정하는 기자는 신학이나 교회 정치나 교회사를 깊게 연구할 시간이 없는 사람이다. 그들은 기껏해야 이 분야에 대한 문외한들이며 최악의 경우에라도 약간 편견을 가진 정도이다.

그러므로 우리는 그들이 이해하는 수준에서 대화를 나누어야 한다. 교회에서 쓰는 전문 용어는 사용할 수 없는 것이다. 그들이 복음주의자들과 근본주의자들의 차이점을 이해하리라고 생각할 수는 없다. 또 내가 대개의 경우 이혼과 재혼에 반대하는 이유가 무엇인지를 그들이 이해하리라고 생각할 수도 없다.

2. 언론사에서 일단 내 말을 취재 해가면 나는 그들이 받아간 내 말을 통제할 수가 없게 된다. 일단 인터뷰를 하거나 전화 문의에 답하고 나면, 또는 신문사 좌담에 응하고 나면, 기자들은 자기들 마음대로 내 말을 각색하고 내 동의 없이 자기들 마음대로 기사를 써서 신문을 낼 수 있다.

나는 내가 말을 적게 할수록 기자들이 각색할 여지가 적다는 것을 배웠다. 그래서 나는 성명서를 글로 써서 읽어주는데 이것은 내 말이 잘못 인용될 소지나, 내가 원하는 이상을 말할 소지나, 오해받을 소지를 현저하게 없애준다.

3. 신문은 당신이 바라는 대로 기사를 쓰지 않는다. 언론이 가진 관점과 목표는 우리가 가진 그것과는 다르다. 당신에게는 중요한 것이 언론에게는 부적절하고 따분한 것일 경우가 종종 있다. 당신에게는 위협적인 것이 그들에게는 뉴스가 된다. 당신은 좋은 평판을 누리기 바라지만 언론이 하는 일은 평판을 유지해 주는 일이 아니다. 당신은 지역사회가 당신이 봉사하는 교회를 건강하고 강하고 사랑이 있는 곳으로 보아주기를 바라지만 언론은 갈등과 문제점을 찾는다.

나는 언론이 교회에서 일어나는 일들을 의도적으로 왜곡한다고는 생각하지 않는다. 기독교인들을 어리석게 보이게 하려는 음모는 없다. 우리가 우리 스스로를 매우 빈번히 어리석게 보이도록 하는 것이다. 나는 인간의 본성을 생각해 볼 때 그들에게 어느 정도의 편견은 있으리라고 생각한다. 그러나 그 편견이 우리를 죽일 정도의 편견은 아니다. 이 사실을 기억하면 나는 내가 일하는 교회에 대해서 내가 바라는 것과는 다른 뉴스가 보도되어도 파멸되지는 않는다.

4. 언론은 결국은 내가 교인들에게 하는 말을 다 듣는다. 정보는 엎지러진 우유와도 같다. 교인들만 모여서 비공개로 회의를 하더라도 교인들은 거기서 논의된 사항들을 이야기한다. 그렇다고 내가 그들의 입에 재갈을 물릴 수도 없는 것이다. 나는 기자가 만나자는데 교인들이 입을 열지 않으리라고는 생각하지 않는다. 실로 정보의 민감성과 다른 사람들에게 일단 말을 하고 난 후에 병마개를 닫는 목회자의 능력은 반비례의 관계가 있는 것으로 보인다.

5. 뉴스도 결국은 지나간다. 신문에 좋지 않은 이야기가 실릴 때에는 마치 세상 끝날이라도 된 듯한 기분이 된다. "수없이 많은 사람들이 이 기사를 읽고 있겠지. 교회는 이제 망했다. 앞으로 찾아오는 사람은 아무도 없을거야." 우리는 이렇게 슬퍼한다.

그러나 사실은 그렇지 않다. 흠 없는 교회는 결국 승리하게 된다. 왜냐하면, 특히 큰 교회에서는 한 달 안에 사람들이 이것이 어느 교회에 대한 기사인지를 기억하지 못하기 때문이다. 사람들은 아마도 그 '스캔들' 자체를 잊어버릴 것이다. 새로운 뉴스가 날마다 그들 앞에서 크게 울려퍼지기 때문이다.

언론을 공격하지 마라. 가장 나쁜 경우는 신문에 안좋은 기사가 실리는 것이 아니라, 언론과 일전을 벌이는 것이다. 그러므로 기사가 쌓이고 내가 잘못 인용되더라도 나는 언론을 비난하면서 크게 교전을 벌이지 않는다. **언론과 싸워서는 이길 수 없다.**

"잉크를 통으로 사들이는 사람과는 싸우지 마라." 전에 클리브랜드 브라운스 팀의 코치였고 지금은 리버티 대학 팀의 수석 코치인 샘 루티글

리아노(Sam Rutigliano)의 말이다.

나는 신문 보도가 터무니없이 틀린 경우에는 신문사에 전화를 걸어 내 입장을 설명하고 기사를 취소할 것을 요구한다. 하지만 나는 그런 취소 기사는 사람이 죽었음을 알리는 사망 기사 근처에 묻혀서 등장하며 보통 의 독자들은 신경도 쓰지 않는다는 사실을 잘 알고 있다. (당신의 경우 신문에 난 취소 기사를 마지막으로 읽은 적은 언제인가?) 취소 기사가 쓸모있는 것은 어떤 사람이 교회를 비난하기 위해 신문에 처음 실렸던 그 잘못된 기사를 원용하는 경우, 이를 반박하기 위한 증거로 사용하는 경우뿐이다.

언론이 나에게 농간을 부리려고 하는 드문 경우에도 가장 좋은 대처 방안은 개인적으로 대응하는 것이다.

수년전 나는 클리브랜드에서 방송된 TV 프로그램에서 「펀더멘탈리스트 어노니머스」(Fundamentalists Anonymous)지의 발행인과 논쟁을 한 적이 있다. 그때 사회자는 스튜디오에 모인 적은 수의 청중들로부터 질문을 받았는데 한 여자가 일어나 이렇게 말했다. "나는 유대인입니다. 당신은 지금 내가 예수 그리스도를 받아들이지 않으면 지옥으로 간다고 말하는 겁니까?"

내가 가는 곳마다 사람들은 그 질문을 했고 나는 전에 수도 없이 대답했다. 그런데 나는 그날 방송이 끝난 다음 그 여자는 방송국에서 고용한 사람인 것을 발견했다. 청중 가운데 있다가 어떤 질문을 하도록 정해진 사람이었던 것이다. 나는 질문 받는 것은 귀찮게 생각하지 않지만 그런 농간은 귀찮게 여긴다.

몇 달이 지나 나는 다시 그 프로그램에 출연하게 되었다. 시작하기 전에 나는 인터뷰하는 사람에게 이렇게 말했다. "나는 사람들이 어떤 질문을 해도 개의치 않습니다. 그러나 내가 지난번 이 프로그램에 출연했을 때처럼 당신이 고용한 사람들 가운데 하나가 청중석에 앉아서 청중인 것처럼 행세하는 일은 별로 고맙지 않은데요."

그는 미소를 지었다. 그러나 내가 하는 말의 뜻을 알아들었다.

그러나 오늘날과 같은 정보시대에서는 언론이 실수를 많이 한다고 해서 맞서 싸울 필요는 없다. 대개의 경우 그것은 문제가 되지 않는데 그것은 대부분의 사람들은 뉴스를 한 귀로 듣고 다른 한 귀로 흘려버리기 때문이다.

당신의 착한 일이 돋보이게 하라. 나쁜 뉴스를 접할 때 교회는 종종 교회의 이미지를 높이기 위해 캠페인을 벌여 광고를 함으로써 나쁜 뉴스를 반격하려 할 때가 있다. 그러나 나는 그런 방법이 효과를 낸 경우는 보지를 못했다. 베드로전서 2장 15절은 "곧 선행으로 어리석은 사람들의 무식한 말을 막으시는 것이라"고 말한다. 반짝광고를 통해 대중적 이미지를 개선하려고 해봐도 효과는 그 때뿐이며 또한 돈을 낭비하게 된다. **교회 바깥 사람들의 존경을 얻는 길은 곤궁한 사람들을 도와주는 우리의 순전함과 헌신이다.** 결국, 지역사회에 봉사하는 교회에서의 공적 논쟁은 그저 화면을 지나가는 영상에 불과한 것이다.

언제든지 가능하면 복음을 이야기하라. 상황이 마치 서커스라도 된 것처럼 소란스러워질 경우라도 나는 복음을 이야기할 수 있는 몇 가지 방법을 찾아낸다. 나는 나 자신의 이미지나 교회의 이미지보다는 복음을 전할 수 있는 길을 찾아내는 데에 더 관심이 많다.

몇년 전 나는 도나휴 쇼(Phil Donahue Show)에 출연한 적이 있다. 청중들은 내가 소개될 때 야유를 보냈다. 보이 스카우트에서는 독수리 대원 한 사람이 무신론자라는 이유로 그를 제명한 일이 있었는데 나는 도나휴 쇼에 출연해서 보이 스카우트를 변호했었다. 나는 진이 다 빠졌는데도 시간은 지루하게 흘러가는 힘든 시간이었다. 그러나 나는 기회를 잡아서 하나님을 믿는다는 것이 무엇인지, 그리고 하나님과 관계를 갖는다는 것이 무엇인지를 간단하게 청중들에게 이야기해 줄 수 있었다.

법률에 대한 대처

대부분의 목회자들은 알고서도 의도적으로 법을 위반하지는 않는다. 그런데 우리는 그렇기 때문에 법률에 대해 마땅히 기울여야 할 만큼의 관심을 기울이지 않기가 쉽다. 공적인 관계에 찾아온 위기는 어떤 것이라도 법적인 위기로 비화될 소지를 가지고 있다. 나는 몇 차례의 힘들었던 경험을 통해서 법적인 문제에 대해 두 가지의 교훈을 얻었다.

의심스러운 일이 생기면 언제라도 변호사와 상의하라. 우리 교회에 출석하고 있는 어느 결혼한 여대생이 자기 아이를 우리가 운영하는 탁아방에 맡겼다. 그런데 얼마 지나지 않아 탁아방에서 일하는 봉사자가 이 아이가 학대받는 아이일 가능성이 있다는 의심을 품고 나에게 알려 왔다. 내가 아이의 아버지를 만났을 때 그 아버지는 아이를 학대했다는 사실을 인정했다. 우리는 자격증이 있는 심리학자를 구해 아이의 아버지를 돌보게 하고 그 아이는 의사의 치료를 받게 했다. 우리는 이 사실을 행정 기관에 알리려고 했으나 부모들과 아이를 전문가의 치료를 받게 했기 때문에 알리는 일을 늦추었다.

이것은 큰 실수였다. 그 아버지가 아이를 또 다시 학대한 것이다. 그런데 이번에는 행정 기관에서 학대 사실을 발견했다. 그리고 나는 아동 학대를 감지하고도 행정 기관에 알리지 않았다는 이유로 경찰에 구류되었다.

내가 법정에 나갔을 때 판사는 내 책임은 없다고 했지만 나는 이로 인해 법적인 문제를 미적거려 두면 안 된다는 교훈을 힘들게 배웠다. 목회자가 수십 년간 법률이 도움을 주는 면만 보면서 무심하게 지내고 법률에 의한 폐해를 입지 않을 수도 있다. 그러나 단 한 번의 송사만 있어도 엄청난 돈이 소요되고 시간도 크게 낭비하게 된다. 공공연히 곤혹스러움을 겪는 것은 말할 필요도 없다.

그래서 나는 의심스러운 사안에 대해서는, 특히 교회에서의 권징에 관련된 사안에 대해서는 변호사에게 전화를 걸어 문의한다. 전화 비용이 들긴 하지만 이렇게 함으로써 나중에 낭비할 수도 있는 훨씬 많은 돈을 절약할 수 있는 것이다.

타인의 명예를 훼손하지 않도록 주의하라. 어떠한 공적인 논쟁에 있어서도 빠져들기 쉬운 법률적인 함정 한 가지는 명예훼손이다. 무심코 범할 수 있는 명예훼손에 대한 안전장치는 내가 도덕적 다수(Moral Majority)의 대변인으로 일할 때 배운 한 마디이다. 제리 파웰의 변호인들은 어떤 말을 할 경우에도 **"내 의견으로는"**이라는 말로 시작하라고 내게 강력하게 충고해 주었다. 법률에 의하면 누구나 자기 의견을 말할 권리가 있기 때문에 이 간단한 한 마디는 당신과 당신이 속한 기구의 책임을 경감해 주는 것이다.

무자비하고 모든 것을 삼키는 것 같은 허리케인의 위력은 가공할 만한 것이다. 허리케인은 토네이도와는 달리 영원히 그치지 않을 것처럼 보인다. 그러나 결국에는 저기압대가 소용돌이치면서 내륙으로 들어온다. 그리고 더 이상 바다의 열에 의해 데워지지 않기 때문에 바람은 소멸하게 된다.

그리고 바람이 휩쓸고 간 지역의 주민들이 자기 집의 지하실과 대피처로부터 하나 둘씩 나오기 시작한다. 그들은 물론 부서진 잔해를 보게 된다. 그러나 그들이 올바르게 대처했다면 그들의 집과 재산의 피해는 한정적일 것이다. 몇 주간 동안만 집을 청소하고 수리하면 그들은 마치 허리케인이 오지 않았던 것처럼 살아갈 수 있는 것이다.

공적인 논쟁도 우리가 잘만 다루면 이와 마찬가지이다.

의사가 발목을 삐인 데에 얼음주머니를 사용하고 감염을 막기 위해
항생제를 사용하듯이 나는 논쟁에 어떤 요소들을 가미함으로써 다투고
있는 쌍방이 스스로 자신들을 치료하도록 고무할 수 있다.

—에드워드 돕슨

제 11 장
다투는 교인들 화해시키기

우리 교회에 한 젊은이가 있는데 이제 막 신앙을 갖게 된 말 그대로 새
신자이다. 그는 우리 교회의 어느 교인이 운영하는 회사에 고용되어 있
었는데, 그 회사가 자신에게 상당량의 돈을 빚진 것을 알고는 일자리를
사임했다.

몇 달이 지났는데 우리 교회의 오랜 교인인 고용주는 돈을 지불하기를
거절했다. 결국 존은 소송을 걸지 않고 이 문제를 우리 교회의 회복과 치
료 위원회에 맡겼다. 6개월간의 중재를 통해 쌍방은 원래 액수의 20%만
지불하면 되는 것으로 합의를 보았다.

다시 몇 달이 흘렀다. 우리는 회사의 소유주가 돈을 지불하지 않는다는 소식을 들었다. 다시 교회의 운영위원회가 개입하게 되었다. 이 문제를 맡은 위원회는 그 회사의 소유주를 권징할 것을 투표를 통해 결정했다. 교회에서 그가 봉사하는 일을 금지하며 등록 교인으로서의 권한을 정지시키기로 했다.

그런데 토요일 밤 10시에 그가 나에게 전화를 걸어 즉각 만나줄 것을 요청했다.

좋든 싫은 목회자들은 종종 소방관이 된다. 경보가 열 번도 울리기 전에 불은 목회자를 태울 수도 있다. 성냥을 한 번 긋기만 해도 3도의 화상을 입을 수 있다. 그리고 매트리스에서 나는 연기는 들이마시기만 하면 사망할 수도 있다.

교인들이 서로 싸우는데 예를 들면, 메리가 깜빡 잊고 베티를 차 마시는 데에 초대하지 않은 사소한 일로 싸우든, 아니면 수천 달러가 걸린 큰 문제로 싸우든, 목회자는 감정을 상하게 할 위험을 겪으며 반대의 명목만 쌓이게 할 위험을 겪으며 적을 만들 위험과 분파를 만들 위험을 겪는다.

왜 그런 위험을 무릅쓰는가? 교인들로 하여금 자신들의 문제를 스스로 다루게 하면 어떻겠는가?

왜 불에 탈 수도 있는 위험을 감수하는가?

나는 사실 대부분의 경우에는 개입하지 않는다. 우리 교회에서는 회복과 치료를 위한 위원회를 구성했는데 이 위원회는 항시 12개에서 15개에 이르는 문제들을 다루고 있다. 그 다루는 문제에는 이혼의 위기에 처한 결혼 생활, 사업 분쟁, 개인간의 다툼과 같은 문제들이 들어간다. 나는 그 위원회에 들어가지 않는다. 사람들은 내가 개입하지 않아도 대부분의 문제들을 해결한다.

그러나 항상 그런 것은 아니다. 내가 앞에서 말한 그 논쟁에 빠져들지 않기 위해 주의를 기울였지만 토요일 밤 그 회사의 주인이 내게 전화를 했을 때 나는 행동해야만 했다.

그와 만났을 때 그는 이렇게 주장했다. "저는 정말 그에게 돈을 빚진 것이 없습니다."

얼마간의 대화를 나눈 다음에 나는 이렇게 대답했다. "당신은 이 문제를 해결하기로 합의해 놓고 서명까지 했습니다. 그런데도 약속을 지키지 않았어요."

다음 주에 그는 수표를 끊어 가지고 왔다. 전에는 가까운 친구였던 두 사람과 그 아내들이 나와 함께 만났다. 그들은 서로 사과하고 용서를 구했다. 그리고 서로를 끌어안고 기도했다.

이런 식의 해결에 있어서는 종종 목회자가 결정적 요인이 되곤 한다. 목회자가 다른 사람들과 다르게 말하거나 행동할 수는 없을지도 모른다. 그러나 목사라는 직임의 무게와 영적 권위로 막힌 벽을 뚫는 것이다. 이렇게 문제가 해결되면 관련된 개인들은 영적으로 더욱 건강해질 수 있으며 교회는 더욱 잘 단합할 수도 있다. 이러한 해결은 자동적으로 일어나지는 않는다. 하지만 수년간에 걸쳐 나는 문제의 해결 가능성을 높여주는 몇 가지 사실들을 배워 왔다.

피해야 할 실수들

나는 세 가지의 실수가 화해를 위험하게 하는 것을 알아냈다.

혼자만 생각한다. 우리 교회의 교인인 한 여인이 남편과 이혼하겠다고 알려 왔다. 그래서 자동적으로 우리 교회의 회복과 치료를 위한 위원회가 그녀의 문제에 개입하게 되었다. 위원회 위원들은 이 여인과 그 남편을 만나본 다음에 이들 부부가 이혼을 할 만한 성경적 근거가 없다는 결론을 내리게 되었다.

이들은 그 여인에게 위원회의 결정을 통보하고 도움을 주고 상담을 받도록 해주었다. 그리고 교회의 정책에 따라 이렇게 말해 주었다. "앞으로 열 두달 동안 교회에서의 활동은 하지 마시기 바랍니다. 그 동안 당신이 겪고 있는 갈등을 성경적으로 해결하도록 힘써야 합니다. 만약 열 두달이 지난 다음에도 문제를 해결하지 못했다면 교회는 당신의 등록 교인으로서의 자격을 박탈할 수밖에 없어요."

그 여인은 문제를 해결하는 데 실패했고 등록 교인으로서의 자격을 잃게 되었다. 하지만 일년 후 그녀는 재혼하고 다시 교회로 돌아왔다. 그때 우리는 모종의 조치를 취했는데 이제와서 돌이켜보건대 그것은 현명하지 못한 행동이었다고 생각된다. 장로들이 그 여인에게 다음과 같은 내용의 편지를 썼다. "당신이 등록 교인으로서의 자격을 잃을 당시 해결하지 못했던 그 상황을 다시 대면해서 해결하지 않는다면 우리는 당신을 흔쾌히 받아들이지 않을 것입니다." 우리는 그 여인에게 새로 결혼한 남편과 헤어지기를 바란 것이 아니었다. 다만 그저 "예, 제가 하나님의 뜻을 떠났었습니다. 잘못했습니다." 하고 자신의 과오를 인정하기를 바란 것이었다.

한 주일이 지난 후 우리는 우리가 한 일이 어리석은 행동이었다는 결론을 내렸다. 우리는 교회에 출석하는 사람들을 나오지 못하게 막을 생각은 없었다. 그래서 운영위원회의 의장과 내가 그들 부부를 만났는데 그녀는 자신의 행위가 성경적이라고 변명했다. 우리는 그녀와 의견을 달리했다. 그리고 그 여인과 그 여인의 새 남편이 원한다면 교회에 출석할 수 있다고 말해 주었다. 그러나 동시에 잘못을 시인하지 않으면 등록교인으로는 받아 줄 수 없다고도 말해 주었다.

그녀는 "우리는 앞으로도 계속 출석할 거예요."하고 대꾸했다.

이들 부부는 한동안은 교회에 출석했다. 그러나 결국 교회에 나오지 않게 되었고 내가 얼마 전에 들은 바에 의하면 그 여인은 변호사를 고용해서 우리를 고소할 것을 고려하고 있다고 했다. 이유는 이혼한 사람들을 우리가 차별했기 때문이라는 것이었다.

나는 이런 곤경에 처할 때마다 늘 내가 혼자서 그 논쟁에 개입하지 않았기 때문에 어려움을 벗어나곤 한다. 이런 일에 혼자 개입하는 것보다 목사에게 더 위험한 일은 없다. 그룹으로 개입하는 것이 바람직한 이유로는 다음 세 가지 이유를 들 수 있다.

1. 상담자가 많은 가운데 지혜가 나온다. 이런 경우 우리는 그룹에서 나온 지혜를 따라서 제반 조치를 취했다. 한 사람이 의견을 제시하면 다른 사람이 상반된 의견을 제시한다. 그리고 그런 다음에 공감대가 이루어지는 것이다. 그룹에 속한 여러 사람들로부터 나온 지혜는 내가 혼자 결정했을 경우의 그것보다 더 나은 것이었다.

2. 사람 수가 많으면 보호받을 수가 있다. 상황이 좋지 않게 되면 목회자가 운영위원회의 합법적인 보호를 받거나 법인으로서의 교회의 보호를 받아야 할 때가 있다.

3. 사람의 수가 많으면 논쟁이 개인 간의 ―나와 다른 사람 사이의 ―갈등으로 번져나갈 가능성을 줄일 수 있다. 결정을 내려도 나의 결정이 아니라 교회의 결정인 것이다. 어떤 경우는 최종적인 합의를 보았는데 그것이 어느 한 쪽이나 양쪽 모두에게 불만족스러운 것일 때도 있다. 그러면 그 한 쪽이나 양쪽 모두가 불만스러워하거나 괴로워할 수 있다. 이렇게 되면 이런 결론을 홀로 주도해서 이끌어낸 목회자는 자기에게 결코 이롭지 못한 상황에 처하게 된다.

어느 한쪽의 편을 든다. 내가 알고 있는 어느 목사가 결혼 상담을 하는 중에 이 실수를 범했다. 남편과 아내가 둘 다 술을 마시는 부부가 있는데 그 중 아내는 술 중독자였다. 한번은 결혼 세미나를 하는데 남편이 아내에 대한 불평을 해댔다. 아내가 술을 마시기 때문에 자기가 결혼 생활에 충실하려는 마음이 무척 약해진다는 것과 십대인 아이들이 그 어머니를 크게 증오하고 있다는 것이었다. 그런데 이 말을 들은 목사가 남편의 편을 들었다.

목사는 그 아내에게 이렇게 말했다. "절제하지 않으면 아주머니는 가족을 잃을 수도 있어요. 자신의 행동에 대해 스스로 책임을 지셔야 합니다."

그것은 사실일 수도 있었다. 그러나 자기 입으로 이 말을 한 다음 순간 목사는 자기가 실수했다는 사실을 깨달았다. 그 남편은 결점 투성이의 인간인데도 자신이 옳다고 인정받았다고 느꼈다. 그리고 그 아내는 자신이 사방으로부터 공격받는다고 느꼈다. 그녀는 다시는 그 목사에게 상담하러 오지 않았다.

논쟁을 벌이는 양자는 목회자가 그들의 재판관이 되어주기를 절박한 마음으로 원한다.(그리고 자기 편을 들어주기를 둘 다 바라고 있다.) 나는 그런 부부들에게는 예수님의 말씀을 빌려 이렇게 말하는 법을 배웠다. "누가 저를 여러분의 재판관이나 중재자로 세웠습니까?" 그리고는 다음과 같이 분명히 말한다. "저는 여러분이 스스로 이 문제를 해결하도록 돕기 위해 여기 와 있습니다."

나나 위원회는 다른 사람들의 갈등을 해결해 줄 수 없다. 우리는 그들을 대신해서 합의해 줄 수 없으며 그들을 대신해서 용서해 줄 수 없다. 참된 화해와 평화는 싸운 당사자들이 이루어내야만 한다.

성급하게 달려들어 개입한다. 아무 것도 하지 않으면 작은 불길도 큰 것으로 만들 수 있다. 그러나 갈등을 해결하려고 성급하게 구는 목회자는 똑같이 큰 문제나 더 큰 문제를 야기할 수도 있다.

1. 작은 문제나 사소한 갈등에 목회자가 개입하는 일은 지나치게 위협적인 일이 되어 심각하게 다루어질 수 있다. 교인들 가운데에는 자기들이 다른 사람들과 사소한 다툼을 벌일 때마다 목회자가 놓치지 않고 개입하는 것을 알고는 교회를 떠나는 사람들도 있다. 목사가 약방의 감초처럼 끼어들어 참견하는 것을 바라는 사람은 아무도 없다.

2. 목회자가 논쟁에 끼어들면 개인간의 갈등이 교회 차원의 문제로 비화될

수도 있다. 교회의 지도자로서 내가 하는 행동이나 말은 교회적인 문제가 될 가능성을 지니고 있다. 그래서 교인들 사이에 분열을 초래하거나 양쪽으로 갈라지게 만들 가능성이 있다. 다른 사람들은 내가 권력을 휘두른다고 느끼거나 권력을 남용한다고 느낄 수 있다. 또 이미 내 리더십에 대해 반대하는 사람들에게 공격의 소재를 제공한다고 느낄 수도 있다.

내가 알고 있는 어느 목사가 미숙하게도 여자들 모임의 리더 네 사람 사이에 생긴 갈등을 해소하려고 했다. 처음에는 개인간의 갈등으로 약간씩 나타나던 문제가 월례회의 프로그램을 계획하는 일에 서로 의견을 달리하게 되었을 때 불이 붙었다. 목사는 그 모임의 리더의 결정을 공개적으로 밀어주어서 다툼을 해소하려고 했는데 그러자 갑자기 다른 세 명의 여자들이 목사의 적이 되어 버렸다. 곧 그들의 남편들이 목사를 반대하게 되고 몇 달이 안 되어 그가 목회하던 작은 교회에서 거의 모든 헌신된 지도자들이 교회를 떠났다.

3. 특히 작은 교회에서는 목회자가 자주 갈등을 해소하는 일에 개입하려 들면 오히려 분쟁을 더욱 조장하게 된다. 사소한 일로 싸우는 어린아이들마저도 어떻게 하면 자기 편을 더 많이 만들 수 있는지를 본능적으로 알고 있다. 눈에 눈물이 그렁그렁한 채로 자기 부모에게 달려가는 것이다. 목회자가 다툼을 많이 말릴수록 믿음의 형제들 사이에 경쟁의 불꽃을 더욱 부채질하게 된다. 그리고 다툼이 있을 때마다 판정해달라는 부탁을 더 많이 받게 될 것이다.

4. 성숙하기 위해서는 다른 사람들과 갖는 다툼을 해결할 줄 알아야 한다. 내가 뛰어들어서 다투고 있는 양자의 문제를 해결하도록 도와준다면 그것은 그들이 그리스도 안에서 자라나도록 돕는 일이 아니다. 그들은 이런 문제를 스스로 해결하는 법을 배워야 한다. 나는 통제 불능의 상황이 올 가능성이 있을 때에만 개입하려고 한다. 그리고 결국 이것은 즉, 위기 가운데 들어가는 것은 교회가 존재하는 목적 가운데 하나이다. 그러나 사람들로 하여금 믿음 안에서 성숙하도록 도와주는 것도 교회의 목적 가운

데 하나이다. 그리고 이것은 대개의 경우 사람들이 자신의 갈등을 스스로 해결하도록 하는 것이다.

개입의 단계

논쟁은 대부분 복잡하며 싸우는 사람들이 자기들의 벙커에 웅크리고 완강하게 버티기 때문에 나는 그들을 무대 위에 있는 화해의 탁자로 나오도록 달래야 한다.

개입이 필요한 것인지를 결정한다. 개입하는 일은 당연히 끼어들어 판별하는 것이 된다. 그러나 대부분의 경우 논쟁이 진행되고 있고 교회에 영향을 미치려 한다면 그 때는 개입해야 할 때이다.

주일학교 부장과 주일학교 교사 사이에 자료실에 크레용이 없는 것에 대해 논쟁이 발생하는 것이 한 가지 경우가 되겠다. 주일학교 교사와 부장이 교사들에게 어떤 교사가 완고하다고 말하기 시작하면 부서 전체에 의혹과 분노를 불러일으키게 된다. 그 때가 개입할 단계라고 할 수 있을 것이다.

이것은 다투는 양자가 나에게나 위원회에 오거나 오지 않거나 간에 마찬가지이다. 갈등을 겪고 있는 어떤 사람이 우리에게 왔기 때문에 위원회가 꼭 그 때 개입해야 한다고는 할 수 없다. 또한 사람들이 우리에게 오지 않았기 때문에 우리가 개입해서는 안 된다고도 할 수 없는 것이다. 우리가 개입하느냐 마느냐는 그 갈등이 어느 정도나 파괴적인 것이 될 수 있는가에 달려 있다.

이 원칙은 교회의 다른 교인들이 직접적으로 관련되지 않은 경우에도 마찬가지로 적용된다. 예를 들어, 이혼 수속은 개인적인 문제로 볼 수 있다. 그러나 이혼절차를 밟고 있는 남편이나 아내가 교회의 지도층에 속해 있다면 교회의 순전함이 문제가 된다. 그래서 그들 부부가 스스로 자기들의 차이점을 해결하지 못하면 그들이 교회에 오든 오지 않든 간에 우리는 개입하려고 한다.

다투는 양자가 다툼을 그치려고 하는지 주목하라. 우리가 개입하는 것이 필요하다고 생각했더라도 꼭 실제로 개입하는 것은 아니다. 경험에 비추어 볼 때 다투고 있는 양자가 다툼을 끝내고 싶어하지 않는 한 해결을 시도하는 것이 아무런 의미가 없다. 서로 반목하는 사람들은 자신들의 다툼이 하나님을 노하시게 한다는 사실을 인정하고 이 문제를 어떻게든 해야 한다는 점을 인정할 필요가 있다. 이들이 이 사실을 깨닫지 못한다면 해결점을 찾는 것은 의미가 없다. 그렇게 되면 유일하게 남는 길은 교회에서의 권징이다.

다투는 양자가 동의할 수 있는 해결 과정을 가지고 교섭하라. 우리가 해결을 이루어갈 수 있는 가이드 라인을 제시하더라도 양자는 해결 과정에 있어서 그들 스스로가 협상에 임해야 한다. 우리가 만약 우리가 준비한 내용을 그들에게 단순히 부과하기만 한다면 그들은 그 결과에 대해 동의하지 않을 가능성이 많다.

양자는 그들이 무엇을 결정할 것인가에 대한 그 과정에서 어떤 절차를 밟을 것인가에 대해, 그리고 결정하는 일에 누구의 도움을 받을 것인가에 대해 의견의 일치를 보아야 한다. 만약 회복 위원회의 위원 한 사람이나 또는 몇 사람에 대해 어느 한 쪽이라도 불편한 감정이 있을 경우에는 우리는 그들이 신뢰하는 사람을 모셔들이도록 허락한다.

다른 말로 하면 우리는 다투고 있는 양측이 문제를 해결하는 과정에서 훼방을 놓지 않고 서로가 동의할 수 있는 절차를 개발해 내는 한 이런 문제에 대해서는 참으로 유연한 입장이다.

서론에서 언급한 바 있는 사업문제로 다투었던 두 사람은 그 때, 주어진 권고 사항을 지킬 뿐만 아니라 협상의 과정에 따르기로 의견의 일치를 보았다.

결과야 어떻든 문제 해결 과정에 순응하기로 서약할 것을 요구하라. 양자가 그 과정에 동의하면 우리는 그들이 그로부터 나오는 결과에 따를 것으로 간주한다. 그러나 어느 경우에든지 우리는 그들이 입으로 그렇게 말하기를 바란다. 이것은 다툼을 해결함에 있어서 한 발 더 나아간 서약이다. 사람들 앞에서 이와같이 말하는 것은 그들로 하여금 문제 해결을 협상하는 과정에서 꽤나 진지했다는 사실을 기억하게 해주어서 그들이 협상한 내용 그대로 살겠다는 마음이 들게 해준다.

우리는 이에 덧붙여 다음과 같이 그들에게 주의를 준다. "당신은 아마도 결정된 모든 사항에 동의할 수는 없을 것입니다. 그러나 성숙하고 성경적이며 객관적인 사람들은 조정을 할 줄 압니다. 문제의 해결은 가능한 한 공정할 것입니다. 화해를 이루는 유일한 길은 양측이 주고 받는 것(give and take)을 통해서입니다. 당신은 세세한 모든 부분에 동의하지 않고도 화해할 수 있습니다…."

우리가 고용주로 하여금 이전의 피고용인에게 돈을 지불하게 할 수 있었던 것은 이러한 단계를 밟았기 때문이었다. 그 고용주는 협상 초반에 그가 했던 약속을 기억하도록 내가 강력하게 촉구할 때까지 그 약속을 계속 어기고 있었다.

중재과정을 실행에 옮겨라. 이 실행은 6개월에서 1년까지도 걸릴 수 있다. 또 그 과정에서 다투고 있는 양측이 장애물을 놓을 수도 있다. 그 과정에서 불만을 품은 양쪽 당사자들을 함께 만나야 할 때도 있을 것이고 따로따로 만나야 할 때도 있을 것이다.

예를 들어보자. 최근에 우리 교회의 교인인 어느 고용주가 그의 비서 한 사람을 해고했는데 이 비서 또한 우리 교회의 교인이었다. 해고된 이 여비서는 그 지방 고용위원회에 자기 상관이 연령차별을 했다면서 이에 항의하는 탄원서를 냈다. 이 여비서는 우리 교회에도 자기가 취한 행동을 알려 왔다.

우리는 그녀를 만나서 공공의 자리에 제기한 탄원을 취소해 줄 것과 그녀가 처한 상황에 교회가 개입해 중재하도록 허락해 줄 것을 부탁했다. 이에 여비서는 승낙하고 그녀의 고용주도 우리가 중재하는 것에 동의했다. 양자가 자리를 함께 하고 문제를 해결하기까지는 몇 번의 개인적인 만남이 필요했다. 이 중재에는 고용 관계와 법률의 전문가도 참여하였다.

화해를 마무리하라. 우리가 추구하는 바는 불길을 끄는 일을 넘어 관계를 회복하는 일이다. 우리는 문제를 해결한 후에 이전에는 적이었던 사람들이 중재위원회와 함께 성찬에 참여하도록 격려한다. 이렇게 하는 가운데 서로가 용서를 구하는 일도 있을 수 있다. 어떤 경우에는 많은 상처를 고백하고 해결하는 데에 몇 시간이 소요되기도 한다. 두 사업가의 갈등이 해결되었을 때 그들은 만나서 용서를 구하고 울었으며 포옹했다.

개입에서의 목사의 역할

나와 알고 지내는 사람이 의사한테서 들은 말을 내게 해주었다. "몸을 치료하는 것은 의사가 아닙니다. 몸은 스스로 치료합니다. 그런데 질병이나 전염병이 우리 몸이 감당할 수 있는 정도를 넘어설 때가 가끔 있습니다. **우리는 약물치료와 여러 방법들을 통해 몸이 스스로 치료할 수 있도록 해주는 것입니다….**"

나는 갈등을 중재할 때에 내 역할을 같은 맥락에서 본다. 나는 사람들이 화해하도록 강요할 수 없다. 그러나 의사가 발목이 삐인 데에 얼음주머니를 사용하고 감염을 막기 위해 항생제를 사용하듯이 나는 논쟁에 어떤 요소들을 가미함으로써 다투는 쌍방이 스스로 자신들을 치료하도록 고무할 수 있다. 그 요소들은 다음과 같다.

성경 목회자는 가끔 자신이 가진 권위가 세계 레슬링 연맹에서 주최하는 경기의 심판이 가진 권위 정도라고 느낀다. 그러나 세계 레슬링 연맹이 꼭 레슬링 경기의 심판을 뒤에서 받쳐주고 있는 것은 아니다. 반면에 하나님은 당신의 말씀을 전적으로 뒷받침해 주신다.

성경은 사람들이 화해를 이루어가는 힘든 과정을 시작하고 지속해 나가도록 영향을 주는 가장 강력한 요인이다. 하나님을 두려워하는 사람들은 갈등과 분노가 하나님을 즐겁게 해드리지 못한다는 것을 알기 때문에 자신들의 자존심을 묻어두고 대적들과 화해한다. 사람들이 화해하도록 고무하기 위해서는 부드러운 권고의 말씀을 특히 에베소서의 몇 구절을 보는 것으로 충분하다.

물론 나는 성경을 사용할 때에는 성경의 명료성에 의거해서 사용한다. 당면한 구절이 분명할 때(예를 들어 도둑질은 나쁘다는 등), 나는 내 입장을 분명하게 밝힌다.

만일 성구가 두 가지 이상의 해석이 가능할 경우에는(예를 들면 이혼 문제의 경우), 나는 내가 취하는 해석을 설명하고 이것은 내가 취한 해석임을 알려준다. 나는 교인들이 내가 취하는 해석을 받아들이도록 고압적으로 몰아붙이지는 않는다. 나는 교인들에게 스스로가 옳다고 생각하는 바를 정해야 한다고 말한다. 나는 이 문제를 당사자들과 하나님 사이의 문제로 남겨둔다. 이 문제는 궁극적으로 하나님과 그들 사이의 문제이기 때문이다.(이 문제는 **그들의** 갈등이다.) 나는 어떤 것이 올바른 해석인가 하는 논쟁에는 말려들지 않는다.

동기. 나는 갈등을 겪고 있는 양 당사자들에게 다가가서 "이 문제를 함께 해결해 봅시다."라고 말함으로써 화해의 촉진자요 추진자로서 일한다. 설교자가 사람들을 특히 그냥 두었으면 결단을 회피했을 사람들을 "제단에서의 부름"을 통해 신앙의 경지로 인도하듯이 나는 "화평으로의 부름"을 통해 다툰 사람들을 부른다.

생산적 대화. 다투었던 사람들은 대화를 시작하기 전에는 화해할 수 없다. 그러나 적대적인 사람들이 자기들끼리만 대화를 시도하면 그들은 왕왕 서로 충돌하게 되고 좋은 일을 하기보다는 상대방을 들이받는 일이 더 많다. 그들은 비난하고 위협하며 소리를 지른다.

그러나 목사의 앞에서는 이들도 이런 행동은 훨씬 덜 한다. 교회의 위원회도 같은 효과를 볼 수 있다. 하지만 목사의 서재는 사람들로 하여금 최선의 행동을 하게 만드는 그 무엇이 있다. 나는 목회를 하면서 만나는 어떤 상황들에서는 그러한 사실 때문에 머뭇거릴 때가 있다. 대개의 경우 나는 사람들이 내가 있는 자리에서 가식적인 태도를 보이는 것을 좋아하지 않는다. 그러나 내가 화를 내고 있는 두 사람 사이에 서 있게 될 때에는, 그들이 내 서재에 있기 때문에 인내심을 보인다는 사실에 대해 고마운 생각을 갖는다.

책임. 경우에 따라서는 나는 싸우는 사람들에게 계속 다투는 것 때문에 그들은 교회에서 누리고 있는 여러 기회들과 특권들을 상실할 수 있다고 경고하기도 한다. 나는 그들에게 다툼을 그치지 않으면 리더십을 발휘할 수 있는 자리나 봉사하는 자리(예를 들면 성가대 봉사), 나아가서는 교인으로서의 자격을 박탈하겠다고 말한다.

그렇게 말할 때에 나는 권세를 부리는 것이 아니다. 나는 그저 그들에게 그들의 완악함을 알려 주는 것뿐이다. 다른 사람과의 관계 회복을 거절함으로써 영적 생활에 결함이 생긴 사람은 그 누구라도 봉사의 일을 해서는 안된다. 몹시 뻔뻔스럽게도 성경과 교회 지도자를 무시하는 사람은 그 누구라도 교인의 자격을 누려서는 안된다. 그리고 위원회의 위원들도 이런 식으로 사람들에게 책임을 지울 수는 있지만 요점을 분명히 납득시키기 위해서 목회자의 말씀 한마디가 필요한 경우가 종종 있다.

특별한 경우 : 교역자 및 직원들의 갈등

교역자나 직원들이 겪는 갈등도 평신도들이 갖는 갈등과 마찬가지의 역동성을 갖는다. 이 경우에는 두 가지 사실만 기억하면 된다. 특히 교역자나 직원들이 겪는 대부분의 갈등은 다음 두 가지 가운데 하나가 그 원인이다.

1. 대화의 결여. 교역자와 직원들은 다른 교역자나 직원들이 무엇을 하고 있는지, 무엇을 하고 있지 않은지를 머릿속으로 짐작한다.

2. 궁지에 몰린 경우. 교역자나 직원들은 자신들의 직책이 있기 때문에 모양새 좋게 선선히 뒤로 물러나는 일을 못한다.

어느 주일 저녁에 교회 화장실의 변기가 물이 내려가는 곳에 종이 타월이 끼어 막혔다. 관리인들은 목격자가 아무도 없는데도 청소년들에게 그 책임을 돌렸다. 이들은 청소년 목회자에게 와서 이렇게 말했다. “목사님, 아이들을 좀 잘 통제하세요….”

“아이들이 거기 들어가는 것을 당신 눈으로 봤습니까?” 목사가 물었다.

“아뇨, 못봤습니다….”

그런데 이렇게 되자 우리 교회의 사무처장은 교회 건물의 모든 문에다 다시 자물쇠를 채웠다. 그는 교회 건물의 어떤 구역에는 목사들이 접근하지 못하도록 막았고 아이들이 활동을 마친 후 들어오지 못하도록 청소년 목회자에게 교회 건물의 정문 열쇠를 주지 않았다. 그 결과는 불신과 눈에 보이는 미움이었다.

결국 내가 관리자 일곱 명과 교역자들을 모아 놓고 말했다. “이번 열쇠 사건은 우리에게는 목에 가시와도 같은 사건입니다. 털어 놓고 이야기해봅시다….”

그 날 조정을 위한 모임에서 이 일에 관련된 모든 사람들은 보다 유연한 태도를 보여 주었고 우리는 그 문제를 빠르게 해결할 수 있었다.

나는 교역자나 직원들이 만나는 갈등의 대부분은 그들이 앉아서 스스로 대화

하게 함으로써 해결할 수 있다는 점을 알게 되었다. 만약 그들이 그렇게 했는 데도 다툼을 해결하지 못하면 내가 그들과 함께 앉아 문제를 중재한다.

나는 다른 교인들의 문제를 중재할 때와는 달리 직원들의 문제를 중재할 때에는 당사자들 사이에 나 혼자만 개입해서 중재하려고 한다. 그렇게 하는 이유는 한편으로는 그 일이 직원들의 책임자인 나의 책임이기도 하고 또 한편으로는 직원들 사이에는 밖으로 공개할 수 없는 직원들만의 독특한 역동성이 있기 때문이다.

나는 난투극을 말리기 위해서 목회의 길로 들어서지 않았다. 싸움을 말리기 위해 설교, 전도, 제자 훈련에 쏟아야 할 시간을 빼앗길 때 나는 낭패감을 맛보곤 한다. 그러나 목회란 결국 관계의 문제가 아닌가? 하모니를 이루면서 함께 일하는 개인들의 문제가 아닌가? **적극적이고 평화로운 관계들은 튼튼한 교회를 세우는 소재들이다.** 그러므로 갈등을 해결하는 일은 씁쓸한 입맛으로 어쩔 수 없이 해야만 하는 일 이상의 일인 것이다. "화평케 하는 자는 복이 있나니 저희가 하나님의 아들이라 일컬음을 받을 것임이요."

제5부

회복된 갈등

목회 사역은 매우 큰 감정적 투자를 요구한다. 특히 긴장이 감돌 때
는 그러하다. 당신은 가끔 목회에 대한 보상이 있을지 궁금해질 것이다.
—마샬 셸리

제 12장
목회의 쓰라린 대가

윌리엄 바클레이(William Barclay)는 성도를 "그 삶이 하나님 믿는
일을 보다 쉽게 해주는 사람"이라고 정의했다. 갈등에 휩싸인 목회자에
게 도대체 당신은 하나님께 조금이라도 영광을 돌리려 하고 있는가 하고
묻는 것은 쉬운 일이다. 이 질문은 얼마나 효과적으로 목회하고 있느냐
하는 질문이기도 하지만 또한 하나님과의 관계는 어떤가 하고 묻는 질문
이기도 하다. 우리가 헝클어진 관계성 속에 있을 때에는 "너의 부르심과
선택을 분명히 하라"는 성경의 명령을 지키기가 가장 어려운 때이기도
하다.

목회 사역은 모든 일이 가장 잘 되어갈 때에도 감정의 투자를 크게 요구한다. 그리고 가끔 당신은 목회에 대한 보상이 있을지 궁금해질 것이다. 게다가 갈등이라도 발생하게 되면 당신은 목회란 전적으로 손실뿐이라고 결론내리고 싶을 것이다.

얼마 전 나는 덴버가의 한 공원 벤치에서 「리더십」(LEADER-SHIP)지(誌)의 수석 부주필인 케빈 밀러(Kevin Miller)를 만났다. 우리는 함께 어느 목회자가 자신이 겪었던 처음 2년 동안의 목회에 대한 이야기를 들었다. 그가 지나온 길은 분노와 비난으로 가득 찬 시간들이었다. 이 젊은 목사는 여전히 분노와 비난에 가득 차서 머리를 흔들고 있었다.

그는 아직도 이 모든 것이 갖는 의미를 깨닫지 못하고 있었다. 그러나 은혜의 편린들, 하나님께서 자신과 교인들의 삶 가운데서 역사하시는 그 희미한 움직임을 보기 시작하고 있었다.

케빈은 그 목사와 함께 그의 이야기 가운데 나오는 사람들의 정체를 숨기면서 그 이야기를 재구성했다. 교회에 갈등이 일어나 혼돈스러울 때 몇몇 사람들의 개인적인 관점들을 들으려고 하면 상황을 좀 더 잘 파악할 수 있는 위치에 설 수 있다.

―마샬 셀리

예배는 한 시간 전에 끝났다. 목사인 브라이언 웰스(Brian Wells)는 예배를 마치고 마지막으로 나가는 사람에게 작별인사를 한 지가 이미 오래 되었지만 아직 떠나지 않고 서늘한 기운이 감도는 복도에 머무르고 있었다. 왜 그러고 있는지는 사실 그 자신도 몰랐다. 그가 아는 것은 단지 자신이 만족하고 있다는 사실이었다.

캐롤(Carol)과 아이들은 모임을 마무리하는 동안 벌써 집으로 보냈다. 그들은 지금 주일 저녁식사를 눈이 빠지게 기다리고 있을 것이다. 브라이언은 앞으로 몸을 숙여 제단과 복도를 가르는 높게 세운 유리에 몸을 기대고서 텅 빈 의자들을 다시 한번 바라보았다.

그 날 아침 그의 설교는 참으로 강력한 것이었다. 그는 종종 자신의 온 힘을 쏟아 부어서 운동선수들이 말하는 이른바 '사점'에 다다르는 것처럼 보였다. 이것은 고도로 정신을 모아 집중하면 하나도 힘이 들지 않고 쾌감이 느껴지는 상태이다. 브라이언은 지금 노곤했다. 그러나 이것은 기분이 좋은 노곤함이었다. 그는 큰 승리를 맛본 농구 선수와도 같이 이 노곤함을 음미하고 싶었다.

브라이언은 제단을 가로질러 바라보면서 자신이 매디슨의 커뮤니티 교회(Community Church)에 부임한 지가 여덟 달밖에 안되었다는 사실이 믿기지가 않았다. 캐롤과 그에게는 모든 상황이 딱딱 맞아 떨어졌다. 이들 부부는 저녁식사에 초대받을 때가 그렇지 않을 때보다 더 많았다. 브라이언은 눈을 들어 제단 위 어두운 천정에 가로놓인 매끈한 떡갈나무로 만든 들보를 쳐다보았다. 그것들은 브라이언을 감싸고 있는 커다란 팔처럼 보였다.

'아 참, 캐롤이 기다리고 있지', 생각이 이에 미치자 브라이언은 문을 향해 발을 옮겼다. 그런데 옷걸이 근처의 바닥에 주보가 떨어져 있는 것이 그의 눈에 들어왔다. 그는 몸을 앞으로 숙이고 쑤욱 손을 뻗어 한번에 그것을 집어올렸다. 그런데 살펴보니 그것은 주보가 아니라 일종의 전단이었다.

"커뮤니티 교회의 전통인 성경적 신실함을 회복하자! 웰스 목사를 몰아내자!"

새빨간 색의 글씨였다.

"흐음." 브라이언은 복부에 한 방 얻어맞은 것처럼 반사적으로 신음소리를 냈다.

"브라이언 웰스는 그가 가진 자유주의적 견해를 우리 교회에 강요하기에 온통 정신을 쏟고 있다." 그 전단에는 이렇게 쓰여 있었다. "우리가 지금 당장 행동하지 않는다면 성경의 영감을 전적으로 무시하는 웰스 목사의 태도는 커뮤니티 교회를 그 소중한 성경적 지반으로부터 떨어져 나가게 할 것이다."

브라이언은 누가 이 전단을 만들었는지 알 수 있을까 싶어 자세히 살펴보았다. 그러나 그 전단은 그저 "지금 행동하라!"는 말로 마치고 있었다.

브라이언은 그 전단을 뚫어지게 바라보았다. 분명히 그의 이름을 거론하고 있었다. 그러나 그는 이 전단이 정말 자신에 대해 말하고 있는지 확신이 서지 않았다. 성경의 신뢰성을 깊게 믿는 사람이 있다면 그것은 바로 브라이언 자신이 아닌가? 그는 작년에는 성경의 무오성을 주제로 모인 회합에 다녀오기도 했다.

'누가 이런 짓을 했단 말인가?' 그는 이 교회에 와서부터 만났던 사람들을 재빨리 머릿속으로 훑어보았다. 그러나 이런 일을 할만 하다고 생각되는 사람은 없었다. '이런 생각을 하는 사람이 많을까? 아니면 한 두 사람일까? 왜 다른 사람들은 내게 아무 말도 하지 않았을까?'

브라이언은 평소에 자신이 목회적인 감각이 예민하다는 점을 자랑해 왔다. 교인들 가운데 불만이 있으면 그는 신속히 알아차리곤 했다. 그러나 이번 일은 예고도 없이 찾아왔다. '내가 왜 아무것도 모르고 있었을까?' 브라이언은 이 전모을 손아귀에 넣고 주먹을 움켜쥐었다.

브라이언이 집에 와서 주방으로 들어가자 모두가 손을 멈추고 그를 쳐다보았다. "당신 음식이 식어 가고 있어요." 캐롤이 말했다.

브라이언은 아무 말도 하고 싶지 않았다. 음식을 먹기는 더더욱 싫었다. 그는 구겨져 동그랗게 뭉쳐진 종이를 펴서 캐롤에게 건네주었다. 캐롤은 말 없이 전단을 읽어본 다음에 눈을 크게 뜨고 쳐다보았다. "브라이언, 누가 이런 글을 썼을까요?"

"나도 모르오. 하지만 밝혀 내고 말겠소." 그는 자기 기분보다 더 용감해보이는 목소리로 말했다. 그리고는 복도를 지나 침실로 가서 전화기를 집어들었다. 그러나 곧 다시 내려놓았다. 누구한테 전화를 해야 할지 판단이 서지 않았기 때문이다. 그의 전임자인 J.월터 랜디스(J.Walter Landis)는 그에게 부목사 한 명과 청소년 담당목사 한 명을 남겨 주고 떠났다. 이들은 브라이언에게 정중하게 처신했지만 아직 속마음은 열지 않고 탐색하는 중이었다. 브라이언은 그들의 이러한 태도가 있을 수도 있는 일이라고 인정했다. 그 자신 또한 그들에게 속마음은 열지 않고 떠보는 중이었던 것이다. 그러나 지금 당장 브라이언에게 필요한 것은 확고한 지지였다. 그는 결국 헨리 마이어스(Henry Meyers)의 집으로 전화를 걸었다. 그는 운영위원회의 의장이며 브라이언을 교회로 초빙해 들인 초빙위원회의 일원이었다.

"헨리, 저를 겨냥해서 뿌려진 전단을 보았습니까?" 브라이언이 물었다.

"전단이라뇨?"

브라이언은 그 전단의 내용을 설명해 주었다.

"미쳤군요." 헨리가 말했다.

"헨리, 도대체 누가 그런 글을 썼을까요?"

"확실한 것은 저도 모릅니다. 그러나 저희들이 목사님께 전화를 드리기 바로 전에 있었던 일을 목사님도 아시는 것이 필요하다고 생각합니다. 랜디스 목사님이 저희들의 생각을 전해들으시고는 새로 부임하신 교회에서 다음과 같은 장거리 전화를 주셨습니다. '여러분이 브라이언 웰스 목사에게 연락을 취하려 한다는 말을 들었습니다. 그러나 제가 말씀드리건대 브라이언 목사는 여러분에게 맞는 목사가 아닙니다.'"

"하지만 랜디스 목사는 저를 알지도 못하는데요."

"그렇긴 하지만 그분은 목사님이 스탠톤 신학교(Stanton Seminary)에 다닌 사실을 알고 계십니다. 그래서 그분은 스탠톤 신학교에 다

넜다는 사실을 가지고 목사님을 판단하고 계신거죠. 랜디스 목사님은 설교하실 때 스탠톤 신학교를 비난하시곤 했습니다.”

“그건 말도 안 돼요. 저도 그들만큼 정통입니다.”

“압니다. 저는 다만 그분이 하신 말씀을 전해드린 것뿐입니다.”

“그래, 랜디스 목사의 말에 뭐라고 대답하셨나요?” 브라이언이 물었다.

“그래서 제가 말했습니다. ‘목사님, 일부러 전화까지 하셔서 말씀해주시니 감사합니다. 그러나 저희 위원회는 브라이언 목사님에 대해 좋은 느낌을 받았습니다. 저희들은 하나님께서 그분에게 연락하도록 저희들에게 역사하셨다고 믿습니다.’ 대화는 이것으로 끝났습니다. 그러나 제 짐작으로는 목사님이 스탠톤 신학교를 나오셨다는 사실 때문에 목사님을 반대하는 사람들도 약간 있습니다.”

“얼마나 되죠?”

“누가 알겠습니까? 그저 몇 명이겠죠.”

브라이언은 수화기를 내려놓으면서 왜 랜디스가 교리적 위험에 대한 설교를 그리도 자주 했는지 마침내 알 수가 있었다. 그는 온 힘을 다해 순결함을 추구하는 사람이었음이 틀림없었다. 그러나 그가 남겨 놓은 사람들은 무엇이든 움직이는 것이 보이면 지체없이 방아쇠를 당길 자세가 되어 있는 사람들이었다. 적어도 그 중에 일부는 그랬다.

그 후 열흘간은 조용했으나 뭔가 불안한 나날이었다. 설교 작성하는 일이 참기 어려운 고역이 되었다. 성경 본문을 수도 없이 읽었지만 아무리 많이 읽어도 오역이 나올 수 있다는 두려움이 그에게 있었던 것이다. 강단에 섰을 때 그는 자신이 움츠러드는 것을 느꼈다. 그러나 그렇다고 해서 뭔가 움직여 보려고 해도 힘이 나지를 않았다.

예배 후 사람들과 일일이 악수를 나눌 때 그는 속으로 물었다. ‘당신은 내 편이요, 아니면 내 반대 편이요?’ 사람들이 다 나갔을 때 그는 자신이 마음속으로 결코 찾지 못하기를 바라고 있는 그 어떤 것이 있나 보려고 복도 바닥을 자세히 살폈다. 그러나 아무것도 찾을 수 없었다.

그런데 브라이언에게 위안을 준 일이 한 가지 있었다. 예배 후에 래리 (Larry)가 그의 사무실로 찾아온 것이다. 래리의 아내는 신실한 그리스 도인이었으며 남편을 교회로 인도하기 위해 여러 해 동안 설득하며 애쓰고 있었다. 래리는 보험회사의 중역이었는데 자신이 종교에 관심 없다는 것을 솔직히 털어 놓는 사람이었다. 그러나 그는 다시 교회를 다니도록 애써보기로 동의했다. 이들 부부는 브라이언이 부임한 지 한 달 뒤에 커뮤니티 교회에 정착했는데 그때부터 정기적으로 출석을 해오는 사람들이었다.

래리가 브라이언의 방으로 들어와서 의자에 앉았다. 그는 큰 체구에 사십대 초반의 나이였으나 실제 나이보다 더 들어보이는 인물이었다. 그는 앞으로 몸을 수그리고 브라이언을 바라보면서 말했다. "목사님, 말씀드릴 것이 있습니다. 저는 아직 기독교인은 아닙니다. 그러나 거의 기독교인이 되었습니다. 다 목사님 덕분이죠. 목사님께서는 참으로 큰일을 하고 계십니다."

래리의 말을 듣고 난 브라이언은 웃지 않을 수 없었다. '다른 사람들이 어떻게 생각하는지 알아도 그렇게 말할지 모르겠구려.' 그러나 그 말을 듣고 나니 어쩐지 긴장이 풀어지는 것 같았다.

"래리, 아 그런 말이 나에게 얼마나 소중한지 래리는 아마 잘 모를 겁니다." 브라이언이 말을 이었다. "거의 기독교인이 되셨다니 정말 기쁘군요. 이제 정말 기독교인이 되기로 결신하기에는 지금보다 더 좋은 때가 없을 것 같아요. 래리 당신만 좋다면."

브라이언과 래리는 15분 내지 20분 동안 이야기를 나누었다. 그리고 래리가 자신은 마음을 정했노라고 말했다. 그는 그리스도를 따르는 것이 어려울 수도 있다는 것을 알았지만 믿음의 길에 들어설 준비가 되어 있었다. 그들은 머리를 숙였다. 그리고 브라이언이 래리의 기도를 인도했다. 기도를 마치고 브라이언이 래리를 바라보았을 때 그들은 누가 뭐라고 할 것도 없이 행복감에 젖어 있었다. 브라이언은 두 팔을 둘러 래리를 끌어안았다. 래리와 같이 덩치가 큰 사람도 잊지 못할 큰 포옹이었다.

금요일이 되어 브라이언이 아침에 온 우편물들을 분류하고 있을 때였다. 발신자 주소가 없는 편지가 하나 있었는데 이렇게 시작하는 편지였다. "웰스 목사님, 목사님은 하나님을 남성이며 여성이라고 잘못된 내용을 가르치신 데 대해 하나님께 답변하셔야 합니다. 목사님이 커뮤니티 교회를 잘못된 길로 이끄시는 것을 우리는 더 이상 가만히 앉아서 보고만 있을 수가 없습니다. ‒ "

브라이언은 재빨리 밑줄까지 읽어 내려갔다. 쓴 사람의 서명이 없었다. 브라이언은 편지를 다시 읽어 보았다. 그러나 편지지나 사용된 타자기를 보아도 누가 이 편지를 보냈는지를 알려 주는 단서는 없었다. "하나님을 남성이며 여성이라고 했다"는 구절은 그를 화나게 하고 당황스럽게 했다. 그는 설혹 스탠튼 신학교에 대해 잘못된 생각을 가지고 있는 사람들이 있다 하더라도 그것은 이해할 수가 있었다. 그러나 이번과 같은 비난은 전혀 사실에 근거한 것이 아니었다. 이것은 브라이언이 무슨 사이비라도 되는 것처럼 보이게 했다.

그때 불현듯 브라이언의 머리 속에 떠오르는 인물이 있었다. '조지 메이슨(George Mason)이다!' 조지는 경건한 교사로서 전국적인 명성을 누리고 있었는데 수요일 저녁 예배에 와서 설교를 한 적이 있었다. 그때 그는 이런 식으로 말을 했었다. "우리가 경건 생활을 해 나감에 있어서 주의할 사항이 있습니다. 하나님을 전통적인 아버지로 생각하면서 홀로 멀리 떨어져서 우리를 돌보지 않는 분으로 생각하게 된다면 하나님을 전통적인 아버지로 보지 말아야 한다는 것입니다. 하나님은 완전한 어버이 이십니다. 그래서 사랑에 넘치는 어머니와도 같이 자녀들을 품에 안기도 하십니다." 커뮤니티 교회의 어떤 사람들에게는 이런 내용이 새로운 사상이라는 점은 브라이언도 인정했다. 그러나 이 사상은 분명히 성경에 부합하는 내용이었다.

브라이언은 그 편지에 대해 생각할수록 점점 더 화가 났다. 브라이언 자신이 메이슨을 초빙했던 것도 아니었다. 랜디스가 떠나기 전에 모든 준비를 다 해 놓았던 것이다. 그리고 조지 메이슨이 입 밖에 낸 말로부터 추론해서 브라이언이 하나님은 남성이며 또한 여성이라고 믿고 있다는 결론을 내리는 것은 불합리한 일이었다. '그럼 나더러 어쩌란 말인가? 새로운 사상을 가진 초청연사의 손에서 마이크를 빼앗기라도 해야 한단 말인가?' 브라이언의 머리 속에는 이런 생각이 들었다.

"정말 비열하군." 브라이언은 혼잣말로 중얼거렸다.

브라이언은 그때까지 쭉 야고보서를 설교해 왔다. 그리고 돌아오는 주일에는 야고보서 4장 1-12절까지를 본문으로 삼아 설교할 계획이었다. 그러나 이제는 선택의 여지가 없었다. 그는 자신을 겨냥하는 사람들이 손쉽게 자신을 맞출 수 있는 표적 노릇은 충분히 해왔다. 교인들이 총을 쏘도록 해 놓고도 미소만 짓고 있는 소극적인 목사의 모습은 충분히 보여 주었다. 누가 편지를 썼는지, 누가 전단을 썼는지는 알지 못할지도 모른다. 그러나 그들이 누구든간에 주일에는 교회에 와서 설교를 들을 것이다. 주일 설교시간은 그가 자신의 입장을 분명히 할 수 있는 기회였다.

3시가 되었을 때 브라이언은 설교의 개요와 초안을 이미 작성했다. 그의 생각은 물이 흐르듯이 거침없이 흘러나왔다. 브라이언은 자신이 일단 분발하고 나자 얼마나 생산적인 사람이 될 수 있는가를 보고 놀라움을 금치 못했다. 작성한 설교는 그 제목이 "명예와 정직"이었는데 그동안 명예와 정직을 등한시해 온 교인들에게 그 책임을 추궁하는 설교였다.

브라이언이 집으로 가려는 참에 전화벨이 울렸다. 베른(Vern)의 전화였다. 그는 덴버 근처에서 큰 교회를 목회하고 있는 그의 오래 된 친구였다. 베른은 목회를 하면서 갖가지 경험을 다 겪어 본 노련한 목회자였다. 그들은 자주 만나지는 못했지만 정기적으로 서로 안부를 확인하곤 했다. 사실 브라이언은 며칠 전 그에게 전화를 하려는 생각이 있었다.

브라이언은 베른에게 교회에 뿌려진 전단과 익명으로 보내진 편지에 대해 말해 주었다. "하지만 오는 주일에는 기강을 좀 세울 작정이네." 브라이언이 말했다. "이런 일들이 계속 일어나도록 그냥 둘 수는 없는 일이야."

"자네 기분을 잘 알겠네." 베른이 말을 받았다. "그러나 나는 강단에서 누구를 책망할 때에는 재삼 숙고하곤 했어. 내가 3가 교회(Third Street)에서 부목사로 있을 때 소여(Sawyer) 목사가 교인들에게 비난을 받았던 적이 있네. 소여 목사는 이 갈등을 강단에까지 가지고 올라가서 교인들을 질책했는데 그래서 된 일이라고는 교인들이 방어적인 태도를 취하게 되고 분노에 차게 된 것밖에는 없었어. 아무런 잘못도 저지르지 않은 교인들은 이렇게 느꼈다네. '어라? 나는 목사님을 좋아하는데. 도대체 목사님이 내게 뭘 바라시기에 저러실까?'"

"그러면 내가 어떻게 해야 되겠나?" 브라이언이 물었다. "이 사람들이 계속 나를 두고 게릴라 전을 벌이도록 그냥 두어야 한단 말인가?"

"진실이 승리하는 법이네. 자네가 잘못한 것이 있으면 인정하게. 그들이 잘못하는 것이 있더라도 자네는 스스로 변호하지 말게. **다만 하나님께서 자네가 말하기 원하시는 것에 관심을 집중하게.** 물론 어려운 일이긴 하지만 자네가 맞닥뜨리게 된 싸움을 강단으로는 가지고 가지 말게나. 진실이 승리하는 법이네."

브라이언은 그날 밤을 뜬 눈으로 지샜다. 전단과 편지가 그에게 준 상처는 너무도 커서 그는 그것들에 대해 생각하고 싶지도 않았다. 하지만 생각하지 않을 수가 없었다. 그것들은 너무도 편파적이고 너무도 일방적이며 너무도 비정상적이었다. 그러나 대개의 경우 베른의 생각은 옳았다. 만약 브라이언이 주일에 폭탄을 던진다면 그와 같은 짓을 한 사람뿐만이 아니라 아무런 잘못한 일이 없는 수많은 사람들이 상처를 입게 될 것이다. 그가 연구해 오던 야고보서의 한 구절이 다가오기 시작했다. "주

앞에서 낮추라. 그리하면 주께서 너희를 높이시리라." 그런 다음 브라이언은 잠에 빠져들었다.

주일이 되어 강단에 올라갔을 때 브라이언은 주머니에서 진실이 승리한다고 손으로 쓴 카드를 꺼냈다. 그는 그 카드를 앞에 놓고 심호흡을 했다. 그는 전에는 화를 내고 두려워하다가 금방 평정을 찾았던 적이 없었다. 그러나 어찌된 일인지 지금은 마음이 평온했다. 아이러니컬하게도 그는 "너희 중에 싸움이 어디로, 다툼이 어디로 좇아 나느뇨?"하고 묻는 야고보서 4장 1절로부터 설교를 시작하게 되었다. 그리고 뒤이은 열 한 절에 대한 설교를 마치고는 그의 자리로 돌아가서 고개를 들고 앉았다. 설교 중에 큰 소리로 질책할 기회도 있었지만 그는 그렇게 하지 않았다.

예배를 마쳤을 때 헨리 마이어스가 브라이언을 옆으로 불러냈다. "목사님, 우리가 찾던 사람을 드디어 찾아낸 것 같습니다."

"지난 밤 늦게 에드 앤더슨(Ed Anderson)으로부터 전화를 받았습니다." 헨리는 말을 이었다. "그는 목사님의 가르침을 받으면 커뮤니티 교회가 잘못된 길로 들어서게 되기 때문에 우리가 장로로서 책임을 지고 뭔가 조처를 취해야 한다고 했습니다."

"그래, 뭐라고 하셨습니까?"

"에드의 말대로 그것은 우리의 책임이라고 말했습니다. 그리고 목사님의 가르침에 대해 에드가 어떤 문제점을 느끼고 있는지를 물어 보았습니다. 그는 목사님이 성경의 무오성을 믿지 않으신다고 하면서 그 결과로서 속임수에 빠져들었다고 하더군요. 하나님을 남성이면서 또한 여성이라고 하시는 것도 그 가운데 하나라고 말했습니다."

헨리는 말을 멈추고 브라이언을 쳐다보았다. 브라이언은 그가 계속 이야기하도록 고개를 끄덕였다.

"그래서 제가 이렇게 말했습니다. '그런데, 에드. 솔직히 말해서 다른 장로들은 우리 목사님이 정말로 하나님께도 남편과 아내가 있다고 믿으신다는 말에 대해서는 심각하게 의구심을 품고 있어요.'"

브라이언은 장로들의 지원에 힘을 얻었다.

"그랬더니 에드는 정말로 이성을 잃고 흥분했습니다." 헨리의 말은 계속되었다. "그는 그런 생각을 가진 사람은 자기만이 아니라고 했습니다. 많은 사람들이 관계되어 있다고 했어요. 그리고 우리가 성경을 중시하지 않는다면 자기들이 성경을 중시하는 목회자와 장로들을 찾겠다고 말했습니다."

"그래, 어떻게 대답하셨습니까?"

"그 때 저는 우리가 그에게 불만을 표출할 기회를 주어야 한다고 생각했습니다. 그래서 에드에게 그가 품고 있는 생각을 장로들 앞에서 이야기해 줄 수 있는지를 물어 보았습니다. 그리고 목사님도 거기 참석하셔서 목사님 입장을 변증하신다고 이야기했습니다."

"에드가 그 문제에 대해서 장로님의 의견을 받아들였습니까?"

"에드와 저는 돌아오는 토요일에 만나기로 약속해 놓았습니다. 목사님과 모든 장로들이 모일 수 있다는 전제 위에서죠."

토요일 아침이 되었다. 브라이언은 8시 30분에 교회 라운지에 있었다. 모임은 9시가 되기까지는 열리지 않을 것이다. 그러나 브라이언은 앉았을 때 편한 의자를 골라 앉고 싶었고 또 잠깐 기도도 하고 싶었다. 지난 밤에 잠을 이루지 못해 그의 눈 밑부분은 처져 있었다. 그러나 그는 깨어 있는 시간을 한 순간도 버리지 않고 어떻게 자신을 변호할 것인지에 대해 생각했다. 그 때문에 그는 오늘 모임이 좋은 결과를 가져오리라는 자신감이 있었다.

브라이언은 헨리가 이야기해 준 내용밖에는 에드에 대해 아는 것이 많지 않았다. 그가 알고 있는 바로는 에드가 50대의 상당히 부유한 변호사이며 늘상 자신의 생각대로 모든 일을 하기 바라는 보통 볼 수 있는 리더라는 정도였다. 그는 장로가 되기를 바랬지만 랜디스가 두 번이나 거부했던 일이 있다. 그래서 아직도 그에 대한 분이 풀리지 않은 것 같았다.

아홉 시가 조금 지나자 에드가 들어왔다. 그는 방을 가로질러 브라이언을 정면으로 마주보는 곳에 자리를 잡았다. "안녕들 하시오?"그는 멀찌감치 모여있는 사람들에게 불평이라도 하듯 인사를 하고는 말 없이 자리에 앉았다.

마지막 장로가 도착하자 헨리는 지체 없이 모임을 시작했다. "에드, 우리가 여기 모인 것은 당신이 하고자 하는 말을 다 듣기 위해서입니다. 그리고 브라이언 목사님도 여기 모셔서 질문이 있으면 답변하시고 또 목사님이 무엇을 믿고 가르치시는지 명백히 해주시도록 했습니다. 그럼 시작하시죠."

에드는 무릎 위의 노트를 힐끗 내려다 보고는 브라이언을 쳐다보았다.

"목사님, 신약성경에는 서신서가 몇 권이나 됩니까?" 에드가 질문했다.

브라이언은 순간 당황했다. 에드가 의도하는 바를 도대체 알 수가 없었고 또한 그런 질문을 하리라고는 생각지도 못했던 것이다. "갑자기 묻는 말이라 모르겠군요." 브라이언이 대답했다. "하지만 어디 봅시다. ─ 로마서가 있고, 고린도 전후서 ─ ."

브라이언은 머리 속이 멍해졌다. 그는 신약성경의 바로 다음 책도 생각해낼 수가 없었다. "으흠, 모르겠소. 하지만 대략 스무 권쯤 되는 것 같소."

"스물한 권입니다." 에드가 알려 주었다. 그는 장로들을 둘러보면서 말했다. "제가 알고 싶은 것은 왜 지난번에 발행된 교회 회보에는 스물 여덟 권이라고 하셨는가 하는 점입니다."

"그것은 말하자면…." 브라이언은 말이 궁해졌다. 그러나 다음 순간 대답할 말이 떠올랐다. "저는 회보에 쓴 글에서 요한계시록에 나오는 일곱 교회에 보낸 편지까지 포함시켰습니다. 그밖에 그 글의 요점은 서신의 정확한 수가 아니라 우리 한 사람 한 사람이 다른 사람들에게 알려지고 읽히는 하나의 편지라는 내용이었습니다. 사람들은 우리 행동을 읽어서 우리의 믿음이 어떤가를 평가합니다."

"그건 목사님이 성경을 잘 모르신다는 사실을 회피하기 위해서 교묘하고도 알레고리칼하게 말씀하시는 겁니다."

"그건 상관없는 말이요." 헨리가 끼어들었다. "그런 것은 사소한 문제요. 문제의 핵심으로 들어갑시다."

"좋습니다. 목사님은 성경의 무오성을 믿지 않으시죠?" 에드가 몸을 앞으로 기울여 브라이언을 쳐다보면서 물었다.

"그렇지 않습니다. 저는 성경에는 틀린 곳이 없다고 믿습니다."

"하지만 그런 문제에 대해 설교하신 적이 한 번도 없는데요."

"뭐, 항상 그 주제만 붙들고 설교하지는 않습니다. 그러나 제가 이 교회에 부임한 이후로 성경의 신뢰성에 대해서 설교한 적이 한 번 있어요. 또 제가 하는 모든 설교는 오직 성경만이 우리의 권위라는 점을 드러내 줍니다."

"그러면 목사님이 성경의 무오성을 믿으신다는 공적인 문서에 서명을 하실 수 있습니까?"

"벌써 그렇게 했지요. 저는 이미 커뮤니티 교회의 청빙을 받아들일 때 교회의 헌법과 신조에 전적으로 동의한다는 내용의 문서에 서명했습니다. 거기에는 성경의 무오성도 포함되지요."

그런데 장로 가운데 한 사람인 고든(Gordon)이 공격에 가세했다. "목사님은 스탠톤 신학교에 다니셨는데, 그 학교에서 성경의 무오성을 가르친다고 말씀하실 수 있습니까?"

브라이언은 고든이 에드가 내세운 명분을 거드는 데에 어안이 벙벙해졌다. "거기서 가르치는 교수들이 다 그렇다고 제가 확언할 수는 없지요. 그러나 분명한 것은 제가 성경의 무오성을 믿고 있다는 것입니다."

"여러분," 에드가 브라이언으로부터 고개를 돌리고 말했다. "지금 여러분 앞에 있는 사람은 자기가 성경의 무오성을 믿는다고 이야기하고 또 성경의 무오성을 믿는다는 내용의 문서에 서명까지도 하는 사람입니다. 그러나 그 마음 중심에서는 성경의 무오성을 진정으로 믿지 않는 사람입니다. 이런 사람이 어떻게 우리의 목사가 될 수 있습니까?”

브라이언은 웃어야 할지 울어야 할지 몰랐다. 그럼 혈서라도 써야 믿겠다는 말인가?

그 때부터 모임은 교착 국면에 접어들었다. 에드는 브라이언의 신앙고백을 받아들이지 않았다. 헨리는 마침내 그 모임을 끝내려고 했다. “에드, 당신이 생각하는 바를 우리에게 이야기해 주어서 고맙소. 무슨 말을 해야 할지 모르겠구려. 브라이언 목사님은 성경의 무오성을 믿는다고 말씀하셨고 그런 내용의 문서에 서명까지 하셨어요. 우리는 그것으로 충분한 증거가 되었다고 생각해요. 그런데 당신은 그것이 충분치 않다니 참 딱하군요.”

“그럼 투표는 하지 않겠다는 겁니까?” 에드가 물었다.

“무슨 투표 말이요?”

“이 사람을 우리 교회의 목사 자리에서 쫓아내야 할지 말아야 할지 묻는 투표 말이요.”

“그런 것이 왜 필요한지 모르겠군요. 그러나 좋소. 우리가 이 일을 기록에 남기기를 원한다면 투표를 할 수도 있지요. 브라이언 웰스 목사님을 커뮤니티 교회의 목사 자리에서 물러나도록 하는 일에 찬성하는 분은 ‘예’라고 대답해 주십시오.”

“예.” 고든이 큰 소리로 대답했다. 그리고 투표권도 없는 에드가 찬성에 가세했다.

“다른 분들은 어떻습니까?”

“반대합니다.” 그 방에 있던 다른 사람들이 모두 말했다.

“한 가지 경고하겠는데,” 에드가 일어나면서 입을 열었다. “이 목사에 대해 걱정하는 사람은 고든과 저만이 아닙니다. 부목사마저도 이 사람을 지지하지 않아요. 저는 이 교회를 사랑합니다. 저에게 있어서 교회를 떠난다는 것은 생각지도 못할 일입니다. 그러나 여러분이 너무도 심약해서 교회를 뒤집어엎고 있는 목사 한 사람을 쫓아내지 못하신다면 저희들은 말씀을 바로 선포하는 교회를 찾아가겠습니다." 이 말을 남기고 에드는 떠났다. 고든이 그 뒤를 바로 따라나갔다.

집으로 돌아오는 브라이언은 괴로웠다. "부목사마저도 이 사람을 지지하지 않는다."는 에드의 말은 무슨 뜻일까? 화가 난 에드가 그냥 한번 해 본 소리일까? 아니면 어느 정도 사실성이 있는 말일까? 그렇다면 에드는 어떻게 알았을까? 에드와 그 부목사가 브라이언 몰래 만나 왔을까? 분별력이 있어야 할 고든이 자신에게 반기를 든 것도 쓰라렸다. 장로 수련회에 갔을 때에는 그토록 브라이언을 돕던 고든이 이제와서는 모임중에 자기 담임목사를 믿을 수 없다고 생각을 굳힌 것이다.

브라이언은 그러나 다른 장로들에 대해서는 마음이 뿌듯했다. 그들은 시험을 거친 정련된 정금과도 같았다. 이들과 브라이언은 이긴 것이다. 그러나 이상하게도 브라이언은 그런 기분이 거의 들지 않았다. 이 모든 일을 겪으면서 브라이언을 가장 괴롭히는 것은 아마도 이 사실일 것이다. 에드와 고든이 얼마나 잘못을 저질렀든지간에 이번 일은 브라이언에게 크나큰 감정의 타격을 주었다. 브라이언은 어떤 일에도 기분이 좋아지지 않았다. '끊임없이 포위공격을 당한다면 도대체 어떤 목회를 펼칠 수 있단 말인가?' 그의 마음에는 회의가 일었다.

3주 후 브라이언은 에드와 고든, 그리고 75명의 다른 사람들이 마을 저편에서 모임을 시작한 것을 알게 되었다. 그는 헨리에게 전화를 걸어 이 사실을 알려 주었다.

"그래서 그 사람들이 쭉 협박을 했었군요."

"그렇죠, 그들은 주일 아침에는 제 칠일 안식일 교회의 건물을 빌려서 사용하고 있어요. 이제 곧 목사를 세운다고들 이야기합니다."

"에드에 대해 우리가 할 수 있는 것은 별로 없지요. 하지만 그렇게 많은 사람들이 에드를 따라다니는 것은 분명히 마음 아픈 일입니다.”

“저도 마찬가지입니다.” 브라이언이 말했다. “그러나 저는 어느 정도 마음이 진정됐어요. 이런 일은 목사가 새로이 부임할 때 의레 나타나는 부작용이라고나 할까요? 아마 이제는 모든 일들이 차분하게 가라앉고 우리는 다시 목회에 전념할 수 있을 겁니다.”

“그렇게 말씀하시니 이런 말씀 드리기는 정말 싫습니다만, 에드와 함께 만났던 자리를 기억해 보건대 그가 어떻게 부목사까지 목사님을 지지하지 않는다는 말까지 입에 담았을까요? 저는 그 날 이후 그 말이 늘 알쏭달쏭합니다.”

“저도 그렇습니다.” 브라이언이 말했다. “에드가 허세를 부린 건지 아니면 정말로 우리가 모르는 것을 알고 있었던 건지 판단이 안 섰습니다. 또 더그(Doug)와 팀(Tim)을 앞에 놓고 ‘당신은 내게 충실한가? 에드와 만났는가?’하고 물어볼 수도 없는 일이었고요.”

“그런데 제 아내가 팀의 아내와 이야기를 나눈 적이 있는데 아내 말에 의하면 그 전단이 뿌려지기 이전 달에 에드가 팀과 더그를 자기 집으로 초대했다고 합니다. 에드는 교회에서 되어가는 일들에 대해 팀과 더그가 어떻게 생각하는지 알아보고자 했습니다. 그때 팀은 분명히 목사님을 지지했는데 더그는 꽤나 부정적이었습니다. 이것 때문에 팀과 그의 아내는 크게 화가 났지만 그런 일을 지나치게 일찍이 말하는 것은 옳지 않다고 생각했습니다.”

브라이언은 전화를 끊고 의자에 등을 기댔다. 그리고 천장을 올려다보았다. ‘이건 아직 끝난 일이 아니야.’ 그는 생각했다. 이제 문제는 교역자들 간에 있었다. 그러나 그가 할 수 있는 일이 없었다. 더그가 자기를 비난했다고 그만두게라도 한단 말인가? 브라이언 자신도 부교역자로 있을 때에는 담임목사가 하는 일에 전부 동조하지는 않았었다. 물론 이번 일은 좀 다른 일이기는 하다. 브라이언은 어떻게 해야 할지를 몰랐다.

몇 주가 지난 어느 주일 브라이언이 설교를 막 시작하려는데 래리가 뒷자리에 앉아있는 모습이 눈에 들어왔다. 지난 몇 달간 느꼈던 분노와 좌절이 솟구쳐 올라왔다. '여기 그리스도 안에서 성장하기 위해 따뜻하고 안전한 장소를 찾아다니는 새신자가 있다. 그러나 우리는 이 사람이 바라는 것을 줄 능력이 없다. 내 신앙은 이 모든 험담과 수근대는 소리들을 견뎌낼 만큼 강하지 못하다. 우리는 이 사람도 이런 일을 당하게 할 것이다. 이 새신자는 자신이 바라는 것을 결코 얻지 못할 것이다.'

일을 더욱 복잡하게 하는 것은 래리와 더그가 이웃하고 산다는 것이었다. 그들의 아이들은 좋은 친구 사이가 되어 있었다. 브라이언은 그들이 어느 정도나 가까운 사이인지 알 수 없었다. 그러나 더그가 만약 브라이언 자신이나 교회에 대해 비판적인 이야기를 한다면 래리는 아마도 그 이야기를 듣게 될 것이다. 혹여 브라이언과 더그가 갈라서는 경우라도 생긴다면 래리는 온갖 추잡한 꼴을 다 보게 되는 셈이다. 브라이언은 더 이상 교회의 분란이 있을 경우 래리의 어린 신앙이 견딜 수 있을지 알 수가 없었다.

봄이 되자 브라이언은 기독교 학자이자 문필가인 브래드필드(R. T. Bradfield)에게 커뮤니티 교회에 와서 강연해 주도록 부탁을 했다. 늘 상 교회에서 하던 대로 브라이언은 비서를 시켜서 서명을 하도록 되어 있는 교회의 교리적 선언문을 브래드필드에게 보냈다. 그 다음 주에 브래드필드가 전화를 걸어 왔다. 그는 커뮤니티 교회에 오기를 바라는 마음은 간절하나 보낸 선언문에 포함되어 있는 종말론의 세부항목 몇 가지에 대해서는 기꺼운 마음으로 서명하기는 좀 어렵다는 입장을 전달해 왔다.

브라이언은 그가 세부항목 몇 가지에 대해 기꺼이 서명하지는 못하더라도 그로 인해 어떤 문제가 야기되지는 않을 것이라고 말하고서 그러나 장로들의 찬성을 얻고 싶다고 말해 주었다. 그는 아직도 조지 메이슨의 말 한 마디로 일어난 회오리바람을 의식해서 조심하고 있었다.

목요일이 되자 브라이언은 브래드필드가 한 말을 운영위원회에서 설명했다.

"제가 브래드필드의 책 두권을 읽어 봤습니다." 헨리가 말했다. "무거운 주제였지만 내용은 좋았어요. 또 그는 성경의 무오성에 대해 책도 써내지 않았습니까? 종말론의 소소한 문제 때문에 그의 강연을 거부한다는 것은 우스운 일입니다."

다른 장로들도 이에 전적으로 동의했다. "당연히 강사로 모셔야죠." 장로 한 사람이 말했다. "게다가 강사가 신앙고백서에 서명을 하지 않으면 설교할 수 없다는 규정은 헌법 어디에도 없습니다."

브라이언은 더그가 마음이 상한듯이 보인다고 생각했다. 하지만 정말 그런지는 알 수가 없었다.

다음 주 주례 교역자 회의시간이 되었다. 브라이언은 다음 분기의 설교와 예배 일정을 점검하고 있었다.

"당신 생각은 어떻소?" 브라이언이 더그에게 물었다.

"그 동안 이와 관련해서 말씀 드리고 싶은 것이 있었습니다. 그런데 지금 말씀 드릴 때가 된 것 같군요." 더그가 말했다. "많은 사람들이 제게 와서 이렇게 말했습니다. '우리는 더욱 영양가 있는 음식, 더욱 깊이 있는 설교를 원합니다.' 그래서 제 생각으로는 주일 아침에는 목사님이 설교하시더라도 주일 저녁에는 제가 설교해서 교인들을 먹일 수 있게 해주신다면 좋을 것 같습니다."

브라이언은 의식적으로 아무렇지도 않은 것처럼 보이려고 애썼다. 비판이라면 얼마든지 받아낼 수 있었다. 그러나 "보다 영양가 있는 음식"이 더그가 설교하는 것과 같은 설교 스타일을 뜻한다면 그는 정말로 사양하고 싶었다. 언젠가 더그가 설교할 때에 모인 성도들 가운데 남자들을 모두 일어서게 했다. 그리고는 이렇게 말했다. "여성분들은 일어선 남자들을 한번 보십시오. 여기 일어선 남자들 가운데 1 /3만이라도 마땅히 갖추어야 할 만큼의 영성을 갖춘다면 이 교회가 달라질 것입니다."

그는 협박의 대가였다.

"더그, 그 문제는 잠시 생각해 봅시다." 브라이언이 말했다. 그는 자신이 이 문제를 올바로 처리했다는 점을 확실히 해두고 싶었다. 그런데 지금 이 문제에 손을 댔다가는 조용히 해결될 수 있는 일이 언쟁으로 번질까 두려웠다.

다음 주 브라이언은 어떻게 할 것인지 전략을 세웠다. 그는 다음 달에 휴가를 떠날 예정이었다. 그에게는 휴가가 절실히 필요했던 것이다. 이에 그는 더그에게 자신이 떠나 있는 동안 주일 저녁 설교를 맡아 달라고 부탁했다. 그리고 그 때부터 매달 주일 저녁 설교를 최소한 한 번은 그에게 맡기겠다고 이야기했다. 브라이언은 더그가 설교하는 방법이 마음에 들지 않는 만큼 그를 도와주고 싶었다. 더그는 유능한 제자훈련 지도자였으며 커뮤니티 교회에서 6년을 일해 온 사람이었다.

그가 이런 생각을 알려주자 더그는 이와같은 기회를 얻게 된 데 대해서 무척이나 기분이 좋아보였다. 또한 이렇게 되자 더그가 매주일 저녁 예배를 맡기에는 아직 역부족인 것으로 브라이언이 생각한다는 사실은 살짝 묻힌 채 지나갈 수 있었다.

여행을 떠나서 처음 맞이한 주일 저녁 브라이언과 캐롤은 인디아나 폴리스 외곽의 홀리데이 인에 머물고 있었다. 브라이언이 침대에 앉아 「유에스 에이 투데이」(USA Today)지(誌)를 읽고 있는데 전화벨이 울렸다. '누굴까?' 그는 전화기가 있는 쪽으로 몸을 옮기면서 의아하게 생각했다. '내가 여기 있는 것은 아무도 모르는데.'

"목사님, 번거롭게 해드려서 정말 죄송합니다. 더구나 이렇게 늦은 시간인데, 정말 죄송합니다." 헨리 마이어스의 목소리였다.

"장로님! 무슨 일입니까?"

"더그 때문에 문제가 생겼습니다. 아시다시피 오늘 저녁에는 더그가 설교하지 않았습니까?"

“그런데요?”

“목사님, 더그가 장로들을 심하게 공박하는 설교를 했습니다. 우리가 약하며 교인들에 대해서 전적으로 성실하지 못하다고 했습니다. 또 우리가 성경의 기준에 이르지 못했기 때문에 교인들은 우리가 완전히 성실해질 때까지 우리를 따라서는 안된다고 했습니다.”

“맙소사.”

“이런 식으로까지 연락드리고 싶지는 않았습니다. 하지만 지금 교인들 사이에는 야단이 났습니다. 방금 전에도 이 문제로 전화를 다섯 통이나 받았습니다. 정말 이런 말씀은 드리고 싶지 않습니다만 목사님이 여기 계신다면 사태를 진정시키실 수 있으리라고 생각합니다.”

다음날 아침 브라이언은 I-65 고속도로를 타고 북쪽으로 릴라이언트 왜곤(Reliant wagon)을 몰아 매디슨으로 향했다. 캐롤은 말 없이 앉아 있었다. 아이들도 무슨 일이 일어난 것을 알아차리고는 순순히 따라나섰다. 브라이언은 캐롤에게 무슨 말을 해야 할지를 몰랐다. 캐롤은 이 사정을 이해했지만—그녀는 정말로 이해했다—브라이언은 스쿠루지 같은 구두쇠가 이번 휴가로부터 캐롤을 떼어놓는 것 같은 생각이 들었다. 캐롤은 이 휴가를 몇 달간 기다려 왔다. 그런데 여행을 떠나자는 그들의 모든 약속이 또다시 휴지조각이 되고 만 것이다.

무릎 높이까지 자란 옥수수밭을 지나면서 브라이언은 더그에게 할 말을 생각했다. 때때로 래리가 그의 머리 속에 떠올랐다. ‘이런 일이 일어날까봐 걱정이 되더라니. 브라이언은 생각했다. 그리스도는 위대하신 분이며 문제거리는 바로 우리 그리스도인들이라는 사실을 래리가 어떻게 이해하겠는가? 래리, 이봐 친구, 자네가 만약 이 모든 것을 감수하고 모든 기대를 포기한다면 비난할 대상은 우리들밖에는 없을거야.’

그날 저녁에 브라이언과 장로들은 더그를 만나 긴급모임을 가졌다.

“더그, 당신은 이 교회의 장로들을 성실하지 못하다고 공개적으로 비난했어요." 브라이언이 입을 열었다. "이건 아주 심각한 일입니다. 무슨 뜻으로 그랬는지 설명해 주시오."

"저는 이 교회에서 6년간 일해 왔습니다." 더그가 말했다. "저는 늘 이 교회의 지도자들을 도와주면서 함께 일해 올 수 있었습니다. 그러나 금전문제에 대해 깨끗하지 못한 장로들과 아무리 자격이 없는 사람이라도 강사로 불러 강단에 세우고는 그 사실을 숨기는 장로들을 볼 때마다 저는 크게 못마땅한 생각이 들었습니다."

"예를 들어 어떤 강사들 말이오?"

"예를 들어 R. T. 브래드필드입니다. 그 밖에도 우리 교회의 신앙 고백서에 서명하지 못하는 사람은 이 교회 강단에 세워서는 안 됩니다."

"그 문제는 운영위원회에서 이미 논의하고 지나갔습니다." 헨리가 즉각 말을 받았다. "그 문제에 대해 이견이 있었다면 미숙하게도 공적인 예배석상에서 우리를 공박할 것이 아니라 그 당시에 우리에게 무슨 말을 했어야 하지 않습니까? 그리고 어쨌든 브래드필드는 아무 하자가 없어요. 그는 여기 있는 누구 못지않은 정통 신앙을 가졌습니다."

모임은 한 시간이 넘게 이어졌다. 더그는 금전 문제가 있었다는 어떠한 증거도 내놓지 못했다. 브라이언은 더그가 증거를 내놓지 못하는 것은 금전 문제가 없기 때문이라는 것을 알았다. 진짜 문제가 된 것은 더그가 교회의 "나약한 리더십"에 반감을 가진 것이었다.

모임이 거의 끝날 때가 되자 더그가 말했다. "저는 놀랐습니다. 커뮤니티 교회는 제 집과도 같았고 가족과도 같았습니다. 그러나 여러분이 이 교회를 경건한 방향으로 이끌려고 하지 않는 것이 분명해진 이상 저는 더 이상 여기 있을 수 없습니다. 사임하겠습니다."

브라이언은 마음이 아팠다. 그러나 그는 더그를 말리려고 하지 않았다. 사실 그는 이 문제를 해결함에 있어서 다른 방법은 생각이 나지 않았다. 경건하지 못하다고 공박해 오는 사람에게 무슨 할 말이 있겠는가?

"더그," 헨리가 말했다. "사임을 받아들이는 바입니다. 하지만 이런 기분이 들게 한 점은 유감으로 생각합니다. 그리고 오늘 모임 초반에 당신이 말하는데 말을 끊고 끼어든 데 대해 개인적으로 용서를 구합니다. 용서해 주시오.”

방에는 침묵이 흘렀다. 더그는 헨리에게 고개를 끄덕이고는 일어나서 밖으로 걸어나갔다.

주일이 되자 교회는 더그를 위해 예배 후에 송별회를 열었다. 브라이언은 래리가 더그에게 작별인사를 하는 것을 보았다. 래리의 아이들은 울고 있었다. 래리는 더그의 사임 뒤에 쌓인 온갖 더러운 것들을 알아야 했다. 브라이언은 그에게로 가서 무슨 말이라도 하고 싶었다. 하지만 무슨 할 말이 있겠는가?

그 후 5주가 지나도록 브라이언은 더그에 관한 어떤 소식도 듣지 못했다. 그런데 주일학교 장년 반의 리더가 브라이언에게 와서 자기 반에 속한 사람들의 절반이 교회에 오지 않는다고 알려 왔다. 그들은 주일 아침마다 더그와 만나고 있었던 것이다. 자세한 전말을 조사해 본 브라이언은 더그와 만나는 사람들의 수가 모인 지 두 주일만에 백 명을 넘어섰다는 것을 알게 되었다.

이 소식에 접한 브라이언은 밑으로 곤두박질하는 기분이었다. 에드와 그를 따르는 무리들이 떠나가자 그는 거의 안정을 되찾을 수 있었다. 그러나 똑같은 일이 이렇게 빨리 다시 일어난 것은 그에게는 너무도 큰 타격이었다. ‘나는 지금 교계에서 무언가 새로운 기록을 세우고 있는 것이 틀림없어.’ 브라이언은 생각했다. 스탠튼 신학교의 동창회보에 어떤 머릿기사가 실릴지 상상할 수 있었다. “웰스가 담임한 교회는 그가 목회를 시작한 지 첫 2년 동안에 두 번의 분열을 겪다.”

내가 잘못하고 있는 것이 무엇일까? 브라이언은 책상 앞에 앉아 연필을 빙글빙글 돌리면서 생각했다. ‘오 하나님, 저는 지쳤습니다.’

브라이언은 그의 책상 위에 있는 달력의 일정표를 들여다보았다. 오후

시간이 자유롭게 비어 있는 기적을 기대했지만 두 건의 약속이 그를 기다리고 있었다. 첫번째 약속은 래리와의 약속이었다. 브라이언의 비서는 그 약속을 조정해야만 했다.

'완전히 망쳤군.' 브라이언은 생각했다. 래리는 들어와서 이렇게 말하겠지. "웰스 목사님, 그동안 저는 기독교가 무엇인지를 가능한 한 올바로 알기 위해서 애써 왔습니다. 그런데 제가 보니 마땅히 갖추어야 한다고 여겨지는 모습을 갖추지 못하고 있군요."

래리는 약속된 시간보다 5분 늦게 왔다. 그가 들어올 때 브라이언은 그에게 수심의 기색이 있다고 생각했다. 래리는 브라이언과 책상을 사이에 두고 맞은편의 갈색 의자에 앉았다. 그리고는 앞으로 몸을 내밀었다. 브라이언은 긴장했다.

"목사님," 래리가 입을 열었다. "올해는 저에게는 지옥과도 같은 해였습니다."

"그게 무슨 말이죠? 자세히 이야기해 봐요." 브라이언은 기계적으로 답변했다.

"직장에서 저의 상관은 제가 이제껏 만난 사람들 가운데 가장 사람을 닦달하는 사람입니다." 래리가 말했다. "그는 어떤 사람이나 어떤 일에 대해서도 친절한 말은 한 마디도 하지 않습니다. 저는 3년간 그 밑에서 혹사당하다가 커뮤니티 교회에 나오게 된 겁니다."

'그런데 교회에 나와 보니 그리스도인들도 마찬가지더란 말이군,' 브라이언은 마음속으로 래리의 말을 건너짚었다.

"그러다가 저는 목사님을 보게 되었습니다." 래리의 말은 계속되었다. "저는 중상모략과 비난하는 말들, 온갖 실없는 소리들을 듣게 되었습니다. 목사님은 충분히 맞대응하실 수 있는 입장에 계셨는데도 그렇게 하지 않으셨어요."

브라이언은 가만히 있었다.

"저는 생각했습니다. 하나님께서 목사님이 겪으신 모든 일들에 대해 맞대응하지 않도록 목사님을 도우실 수 있다면 제가 겪는 모든 일들에 대해서 맞대응하지 않도록 저도 도우실 수 있을 것이라고. 그래서 저는 상관에게 갔습니다. 그리고는 제가 그때까지 살아오면서 한번도 안해 보았던 일을 했습니다. ─그건 순전히 하나님 때문입니다. 왜냐하면 저는 그런 일은 못 하기 때문이죠. ─제가 한 일은 상관에게 사과하고 그 동안 제가 그에게 대들었던 일과 그에 대해 가졌던 나쁜 태도에 대해 용서를 구한 것입니다.”

브라이언은 입을 열어 무슨 말을 하려고 했지만 아무 말도 할 수가 없었다.

“제가 오늘 찾아뵌 것은 그것 때문입니다. 지난 일 년간 목사님은 제가 주님을 만나도록 도와주셨을 뿐 아니라 하나님은 우리가 겪는 역경 가운데서도 참으로 살아계신 분이라는 사실을 증명해 주셨습니다.”

브라이언의 눈에 눈물이 고이기 시작했다.

“목사님, 목사님이 다른 어떤 사람을 위해서 매디슨에 오신 것이 아니라면 목사님은 바로 저를 위해서 오신 겁니다.”

브라이언은 울기 시작했다. 그는 래리가 보는 앞에서 자신이 바보처럼 보일 것이라고 생각했지만 거기에 신경 쓰지 않았다. 그는 흐르는 눈물을 감추지 않았다.

─케빈 밀러

하나님의 사람들은 우선 '투쟁하는 교회'가 되지 않으면 '승리하는 교회'가 될 수 없다. 투쟁한다는 것이 중요하다.

—마크 겔리

에필로그

갈등이 없는 교회란 상상할 수 없을 뿐만 아니라 하나님의 계획에 들어있지도 않은 것으로 보인다. 왜냐하면 하나님의 사람들은 우선 '투쟁하는 교회'가 되지 않으면 '승리하는 교회'가 될 수 없기 때문이다. 투쟁한다는 것이 중요하다.

교인들은 끊임없이 이런 저런 일들로 투쟁하고 있다. 그것은 예배 중에 박수를 치느냐 마느냐 하는 것과 같이 얼핏 보기에 별로 중요하게 보이지 않는 문제일 경우도 있고 실제로 상당히 논란이 되는 문제일 경우도 있다. 예를 들면, 선교를 위해 돈을 더 많이 사용하는 문제, 이혼한 사람이 교회에서 지도적인 자리에 앉을 수 있는가 하는 등의 문제이다.

어떤 경우에도 우리가 단순한 전투를 구속적 만남으로 바꿀 전략을 마련하도록 부름받은 것은 바로 이 투쟁 가운데서이다. 문제가 무엇이든간에 갈등을 겪는 것은 바로 사람이기 때문이다. 또한 갈등을 관리하고 문제를 해결하려고 노력하지만 우리는 기본적으로 사람들과 잘 지내는 법을 배우고 있는 것이다. 좀 더 구체적으로 말해서 그리스도 안에 있는 우리 형제들과 자매들과 잘 지내는 법을 배우고 있는 것이다.

이 책에서 저자들은 우리들에게 진리와 용서, 은혜, 그리고 하나님의 계획 가운데 우리가 맞서 싸우도록 부름받은 일들 가운데에서 함께 살아감에 있어 실천적 단계 몇 가지를 보여주고 있다.

분노와 분열의 와중에서도 그렇게 사는 법을 배울 때 우리는 회중석에 앉아 있는 우리의 이웃들을 사랑할 수 있게 되고 승리하는 교회에서의 삶을 위해 스스로 준비하게 되는 것이다.

저명한 퀘이커 교도인 윌리엄 펜(William Penn)은 이 사실을 다음과 같은 짧은 말로 나타냈다. "고통이 없으면 승리도 없다. 가시가 없으면 보좌도 없다. 쓴 맛이 없으면 영광도 없다. 십자가가 없으면 면류관도 없다."

그는 이렇게도 말 할 수 있었을 것이다. **"갈등이 없으면 교회도 없다."**

갈등과 논쟁, 어떻게 할 것인가

1995년 2월 15일 초판 발행
지 은 이 : 에드워드 돕슨의 공저
옮 긴 이 : 임 상 훈
발 행 인 : 이 형 자
등 록 일 : 1992년 6월 10일 제21-355호
등록주소 : 서울시 서초구 양재동 55번지
　　　　　 횃불선교센타

총　　판 : 기독교백화점 횃불서적
　　　　　 전화 570－7233, 7234
　　　　　 팩스 570－7239